公共事务与国家治理研究丛书 · 经典译丛系列

中心—边缘结构：一个社会科学研究的新视角

张桐　王亚婷◎编译

南京大学出版社

本书系江苏省社会科学基金后期资助项目“‘中心—边缘结构’文献翻译与汇编”（编号：17HQ010）的成果。

译　序

中心—边缘结构：能否成为一个跨学科的新视角？

今天我们所面对的这个世界，可以说在任何一个方面都表现为中心—边缘结构。

张康之

帝国主义是中心国与边缘国之间的一种关系……帝国主义可以被定义为一种方式，中心国家通过这种方式对边缘国家享有权力，并导致二者间的利益不一致。

约翰·加尔通

欧洲的夜间卫星图像并未显示出清晰的政治疆界，却清楚地呈现出以比利时及其周边区域为核心的中心—边缘模式。

保罗·克鲁格曼

世界、城市、国家与大陆：中心—边缘结构的现象似乎在与公共政策有关的所有层面都发生着。

约翰·弗里德曼

“中心—边缘”——作为一种分析概念、视角或框架——在国际关系、区域经济、组织管理、复杂系统与复杂网络、哲学、文化等诸多领域都得到了不同程度的使用或探讨。然而，受制于既有的科研分工体系，研究者们仅仅在自己的领域内低头耕耘，很少关注到同一用语在其他领域的流行情况。同样的“中心—边缘”用语在不同领域间是否表现出了某种共性？它有没有可能被建构成一种跨学科的总体视角？

本书编译了与“中心—边缘”概念或视角相关的八篇英文论文，不仅为了帮助更多的读者了解“中心—边缘”这个在众多领域被广泛探讨或运用的分析概念或视角，更希望在诸多研究者的共同努力下，将中心—边缘结构建构成一个社会科学研究中的新的跨学科（乃至总体性）视角。

第一篇是西韦尔·兰厄姆的《中心与边缘的概念》。作者在文中简要区分了四种中心—边缘的概念，并提出了自己的一项新定义。选择此文仅仅是为了说明概念之于研究的重要性，以及中心—边缘议题中的一个重要方面。显然，兰厄姆所论及的仅仅是其关注的政治学领域。事实上，关于中心与边缘的概念，每个学科或研究领域内部都急需一篇有关概念的文献综述，而就众多领域来看，更是急需一篇跨学科的文献综述。正如作者所言，该文的写作动力源于他“惊异于这些概念的模糊不清”，而考虑到其他领域，这种概念上的“模糊不清”及相互间的纷繁复杂将更让人感到“惊异”。因此，读者不要寄希望于通过阅读此文就能理解中心与边缘的概念。

第二篇是斯宾塞·维尔霍弗的《中心—边缘的动态模型》。作者同样从概念出发，区分了政治学研究中有关中心—边缘的两种模型：新古典主义模型和新马克思主义模型。两种模型由于受惠于不同的理论流派，因此表现出了若干差异。这些差异也为进一步的理论探讨提供了空间。维尔霍弗有时甚至将中心—边缘的分析视角表述为一种“范式”，尽管这种论点有待商榷，但它表明了这种分析视角的价值所在。

第三篇是约翰·加尔通的《帝国主义的中心—边缘结构理论》，原文题为《帝国主义的结构化理论》。该文是和平学创始人加尔通的早期成名作之一，不仅在和平学研究中具有某种“里程碑”的意义，在中心—边缘相关研究中——尤其在未来建构一种总体性视角方面——也发挥着极其重要的作用。在该文中，加尔通创造性地将“帝国主义”阐述为一种国内力量与国际关系的精妙组合——“中心—边缘结构”，而非一种简单的国际关系，他还区分了垂直互动关系与封建互动结构两种帝国主义的机制，讨论了经济、政治、军事、传播与文化帝国主义等五种类型，分析了帝国主义发展的三个阶段，并最终提出了打破这一不平等结构的若干战略。如果要了解中心—边缘议题，这篇文章毫无疑问应当位列榜首。

第四篇是威姆·艾特玛的《发展地理学中的中心—边缘视角》。这是一篇针对发展地理学中的中心—边缘视角的广泛的文献综述，其中涉及了数量众多的理论和实证研究，为该领域的中心—边缘研究提供了一个极好的概略性观察，但更为重要的是，它旨在明示中心—边缘的概念或视角之于该领域的潜在价值。正如艾特玛所言，中心—边缘可以被视为传统的现代性观点或处理方式的某种替代物，而且是在整合了经济学(其中的空间极化议题)与政治学(其中的依附论观念)中的中心—边缘观念的基础上所形成的替代物。

第五篇是卡尔·穆勒和尼可·托斯的《现代社会的结构:中心—边缘还是垂直分层?》。显然，这样的标题拟定具有很强的吸引力，但有意思的是，对于研究者和社会大众而言，它似乎是两种完全相反的吸引力。至少在部分研究者那里，正如作者所展示的，当代社会的结构在垂直分层这个维度上是逐渐弱化的；而对于社会大众而言，强调不平等的"社会结构"一词一直以来都与纵向或垂直相关联，却很少想到中心—边缘。无论如何，标题所展示的选择题都是有意义的。除此之外，我们选择此文的一个重要理由在于，它——至少就其实证分析的结果而言——否定或拒绝了中心—边缘结构。类似声音(包括第七篇译文)在有关中心—边缘的研究中——包括倡议将中心—边缘建构为总体分析框架的本书——都应当受到足够的重视。

第六篇是西蒙·安德鲁和理查德·费洛克的《中心—边缘结构与区域治理:对公共行政的启示》。相较而言，中心—边缘结构的概念或视角在公共管理研究领域中还没有引起重视，甚至该领域中的许多学者都未曾听说过这一概念。选择该文章不仅为了，如同安德鲁和费洛克一样，将克鲁格曼的中心—边缘模型介绍给公共行政学界，进而希望为他们所熟悉的集体行动等老生常谈的框架提供一些启示，而且为了在更广泛的意义上期望某个"领域"内的研究者跨出自己的"领地"来认识世界。正如萨米尔·阿明——另一位中心—边缘概念的重要阐述者——所言，社会事实是统一的不可分的，没有什么政治事实或经济事实，有的只是不同研究者持有不同的视角在观察同一个世界。

第七篇是阿恩·卡勒贝里的《组织灵活性及其中心—边缘模型:新世纪灵活的企业》。与其他学科或领域有所不同的是,在组织学研究中,中心—边缘概念被安置在一个极为具体的研究问题上,即组织灵活性。作者在文中区分出数量灵活性和功能灵活性两种类型,并指出,通常的研究和实践都只关注其中一种而忽略了另一种,而中心—边缘模型则提供了一种理解二者间关系的框架。不过,作者最终的旨趣是要超越中心—边缘的框架,呼吁一种"灵活企业"的观念。

第八篇是弗兰·科利尔的《社会学、社会学家与中心—边缘的映像》。与其他领域相较,中心—边缘结构在社会网络分析中是一种独特的存在,其在实证意义上的模型化水平很成熟,这就能帮助我们有效识别现实社会中哪些单元构成了中心,而哪些单元组成了边缘,尽管这个问题在一些以思辨见长的理论家眼里并不重要。这篇论文的另一个创新点在于,它尝试将社会网络与世界体系的中心—边缘观念联结起来,即探讨全球知识生产体系中的国家定位与全球政治经济体系中的国家定位之间是否存在着某种关联。这种尝试无疑是十分重要的,尤其对于中心—边缘结构的总体性视角的构建而言。

最后的综论部分是笔者对这一命题的简要概述。文章粗略回顾了中心—边缘结构在国际关系、区域经济、复杂系统、组织管理与文化哲学等领域的研究历史与现状,并努力从不同领域的中心—边缘概念或视角中抽象出一些共性,进而尝试性地建构一种总体性的分析视角。该文是在笔者的硕士学位论文(中国人民大学,2013年)基础上修改而成的。显然,类似的综述是极为粗略的,尤其在中心—边缘这个广泛的跨学科议题面前,它既难以深入地评述某个领域内有关中心—边缘研究的情景,在广度上又很难将所有领域的所有相关文献都囊括其中。仅希望这篇综述能够激发相关领域的读者对中心—边缘议题的兴趣。

需要说明的是,在上述文献的选择上,除了考虑到版权获取和翻译能力等问题,一个主要的考量是尽可能选择(在现代的科研分工下)隶属于不同学科或不同研究领域的论文,以此来凸显在社会科学研究中中心—边缘盛行的状况,进而展现出其被建构成一种总体性视角的可能性。为此,我们在每一篇文章的标题前都加上了其所属的学科或研究领域(对部分原文的标题也略做了改动)。然而,不得不承认，这种划分是非常粗糙的，或者说是不够严谨的。其中的多篇文献都与多个学科领域相关，因而很难将其划归到某一个具体的领域中去。例如，第五篇论文由于关乎社会结构，自然就被归为社会学，但其所涉及的劳动力弹性问题又与组织学有重要关联，而最后从社会研究向医学研究的扩展却又指向了医学这个更为独特的学科；第八篇论文，就其研究对象而言，与传统社会学的关系更为紧密，但就其研究路径来看，可归为当前流行的复杂系统与复杂网络研究。在一定意义上，这种归类的困境恰恰表明了中心—边缘议题的跨学科属性，甚至反映了各领域之间的相互影响与渗透。不过，总体来看中心—边缘相关研究，学科分割导致的各自为政现象仍然非常严重，例如在社会网络分析意义上使用中心—边缘框架的研究者对政治学与国际关系中的相关论述知之甚少，组织学中对所谓弹性劳动力的讨论似乎对其他学科也没有产生什么影响。这一学科分野的现状也证明了类似本书所做的努力是必要的和有价值的。

最后，虽说学科融合可能是一种趋势，当下热门的跨学科（或多学科）研究也至少反映了人们对这一美好愿景的向往，但这一努力中充满了挑战，是对既有学科分工体系的挑战，更是对体系中研究者的挑战。对本书的编译工作同样如此，因此还得写下那句“套话”：错讹疏漏之处在所难免，请读者海涵和指正。[①] 在此感谢！

张 桐

2019 年 5 月于南京大学

---

① 以下内容是原文的相关版权方要求编译者在中译本中必须做出的声明，在一定意义上这自然也是本书编译者需要表达的，不过，英语法律文书实乃长篇累牍，以汉语一言以蔽之，即“文责自负”：“虽然已尽一切努力确保本文的内容真实无误，但作者或出版商均不承担——继而在法律允许的最大范围内免除——因其内容而产生的任何责任，包括原文或译文中的任何错误、遗漏与不准确之处及其产生的任何后果。本声明不会规避任何法律不允许规避的责任。”（While every effort has been made to ensure that the contents of this publication are factually correct，neither the authors nor the publisher accepts，and they hereby expressly exclude to the fullest extent permissible under applicable law，any and all liability arising from the contents published in this Article，including，without limitation，from any errors，omissions，inaccuracies in original or following translation，or for any consequences arising therefrom. Nothing in this notice shall exclude liability which may not be excluded by law.）

目　录

第一章 概 念

中心与边缘的概念*

西韦尔·兰厄姆(Sivert Langholm)
奥斯陆大学(University of Oslo)

一、导 言

作为一名历史学者，在从事历史情境中的政治参与研究过程中，当我尝试接受中心与边缘的概念时，我惊异于这些概念的模糊不清，以及当前的社会研究在使用这些概念时所反映出的一些潜在的谬误。本文试图指出其中的一些问题，以供大家讨论。

我首先将回顾中心性—边缘性(centrality-peripherality)的四种不同的概念，它们分别由四个不同的社会学家提出：莱恩概念(the Lane concept)、米尔布雷斯概念(the Milbrath concept)、加尔通概念(the Galtung concept)，以及罗坎或者瓦伦—罗坎概念(the Rokkan or Valen-Rokkan concept)。

所有这四种概念都被用来解释政治参与。就连加尔通(Galtung 1967，164 - 165)也认为，"政治参与"就是"我们最感兴趣的"。

---

* 本文译自 Langholm，S. "On the Concepts of Center and Periphery." *Journal of Peace Research*，1971，8(3～4)：273 - 278. 原文注释：本文是 1969 年 3 月奥斯陆和平学研究会(Peace Research Institute Oslo，PRIO)论坛上的演讲的修改版，可通过 PRIO-publication no. 16 - 9 查询。

(1) 莱恩概念。罗伯特·莱恩(Robert E. Lane)(Lane 1961,195－196)并没有给出中心的明确定义,但其概念的首要特征就在于"区位的中心性"(centrality of location),即沟通(communication)意义上的"空间位置"(spatial position)["……中心的附属(apartments)被策略性地安置在交叉路口或在阶梯的底层……"]。在同等社会地位的意义上,莱恩还用了"可达性"(accessibility)一词(例如,组织中成员的可达性)。他指出,区位的中心性与社会经济关系或情感状态有关,这在他的用语中是一种与另外某些维度相关联的位置。

必须指出的是,莱恩并没有将他的"区位的中心性"或"可达性"概念与某个具体的中心相对应,也没有考虑所谓"通达"(access)的相互性(reciprocal)这一同样重要的维度。

(2) 米尔布雷斯概念。对于莱斯特·米尔布雷斯(Lester W. Milbrath)(Milbrath 1965, 110－114)而言,中心性不是,或者说主要不是,一种空间维度:它是指一种更广泛意义上的社会位置(social position)。中心性是和社会中心(the center of society)的"接近程度"(closeness)(Milbrath 1965, 111,115)。不过,他并没有定义这里所谓的大家都仰赖的中心到底是什么,尽管他特别强调这一定义的必要性(Milbrath 1965, 111)。但是,从"处于中心的决策者""感觉接近了共同体决策的中心"(Milbrath 1965, 114,133)等表述中,我们仍然能够推论出一个潜在的定义:中心就是那些高层决策者所处的位置。

因此,(社会)中心性就是接近社会或共同体决策的程度。米尔布雷斯并没有强调这种接近程度的空间维度。他明确地将其理解为一种沟通与互动意义上的"社会的"接近性:"……距离中心近的人们占据了一种生态(environmental)位置,这一位置天然地将他们链接进社会决策的沟通网络中……"(Milbrath 1965, 113)

如果中心性是一种社会位置,那么它与阶层(rank)有什么关系?米尔布雷斯关于中心性与阶层的区分并不是特别清晰。他对此所做过的最清晰的区分是:"在一个社会里被认为有价值的或被看重的东西在另一个社会里可能并非如此。但是,无论何种东西被赋予价值,无论地位(status)如何被衡量,我们所看到的都是,处在高层的人距离社会中心更近,而底层的人通常被边缘化。中心—边缘,正如上述界定方式,是一个比地位更广的概念,因此二者并不相同,但是二者之间的相关度(correlation)却非常高”(Milbrath 1965, 115)。[①]

这是不是在表达一种实证意义上的有关不同维度之间的相关性?还是说,中心性只在以下意义上才是一个“更广泛的概念”,即中心性除了社会地位之外还包括其他维度。第一种解释可能更合理——不过这仅仅是一种猜测。

(3) 加尔通概念。加尔通(Johan Galtung)(Galtung 1964, 206－231; 1967)使我们从这种猜测中抽身而出。他对于自己所使用的关键概念有着明确的定义,“……为此,我们把社会分为三个部分:决策核心(decision-making nucleus, DN)、被一个中心(center, C)包围、外面再被边缘(periphery, P)包围……社会中心所处的位置能够获得社会性的奖励(socially rewarded),而边缘所得的奖励较少,甚至被拒斥。处在中心的是社会中的赢家(top dogs),而在边缘的则是输家(underdogs)”(Galtung 1964, 207－208)。[②] 后来这一表述变为“普遍的赢家”(the generalized topdogs)和“普遍的输家”(the generalized underdogs)(Galtung 1967, 163)。

加尔通的定义显示了这一术语的两个独特之处:(1)“中心”并不是被定义为一种社会位置,而是社会的一部分(part),即人(people);它不是一种被人所占据的位置,而是拥有了某个位置的人。(2)“中心”有一种奇特的几何属性,即围绕(surrounding)某种更为中心化的东西。

我们当然可以将加尔通的表述进行转换,将他的“决策核心”界定为中心,将他的“中心”界定为中心部分(central parts),或者社会的中心位置。如此一来,中心性就可以被定义为接近决策中心的程度了。

但是,这并不是加尔通理解中心性的方式。他的概念,正如他对“中心”的定义,不是基于接近性(或可达性/通达)等原则,而是基于阶层的原则。

除了其定义所显示的不同,加尔通还强调“中心”与“边缘”之间的“基本的结构化的差异”,即社会参与的程度(尤其是通过联合的第二类参与,以及通过大众传媒

① “输家(underdog)也许可以被视为处在社会的边缘,而赢家(top dog)处在中心”(Milbrath 1965, 112)。

② 此处所引随后就被视为“定义”,这有别于中心和边缘间其他的“基础差异”(Galtung 1964, 217; 1967, 163)。

的第三类参与)、知识(尤其是关于政策的知识)的差异,以及所持观点(尤其是关于政策的观点)的不同(Galtung 1964, 208)。所有这三个变量都明显与交流沟通这一维度相关。

在加尔通建构一种作为社会位置之功能的意见形成(opinion formation as a function of social position)的重要理论时,其理论推演大都立基于这样一个次要的区分:在沟通网络中的(假定的)相应位置。该区分并没有被包含在加尔通关于"中心"与"边缘"的定义之中(Galtung 1964; 1967)。他在该议题的第二篇论文中曾说道,"在早期的一篇论文中,关于阶层(rank)的简单观念派生出了许多观点"(Galtung 1967, 163)。这一说明是具有误导性的。最重要的派生观念应当来源于关于沟通(communications)的简单观念。

加尔通将其"中心"与"边缘"的概念操作化为今天我们所熟知的包含8个方面的社会位置指数(Galtung 1964, 217; 1967, 163)。[①] 他证明,所有8个组成部分,在当时的挪威,都是有关阶层或流动偏好(mobility preferences)的维度。然而,他并没有论证,只是简单地假定,这些组成部分也属于沟通意义上的可达性或接近性的维度(Galtung 1964, 208; 1967, 166)。

当然,这是加尔通观点中——就其理论推演而言——最不重要的部分。至于加尔通的主要议题,关键点并不在于地理区位的某个部分是否如其他7个一样触及了流动性偏好,而在于其他7个是否是在表达沟通意义上的可达性。

我并不是怀疑该假设在实证意义上——在当时的挪威——的有效性,但我质疑给出这一假设的理论正当性,以及在此之上建立的一种操作化工具的理论正当性。在阶层与可达性之间,我并没有看到必要的联结;同时,我们也不知道,那些处在最高阶层——无论是在哪个维度上——的人们是否在任何社会里都具有最高的可达性。这将是一个十分有趣的实证研究的命题。正是基于这个原因,阶层和沟

① 这8个方面包括性别、年龄、教育、收入、生态区位(ecological location)、地理位置(geographical location)、职业位置,以及职业部门。关于阶层或流动偏好的实证依据,可参见(Galtung 1964,注释19)。

通意义上的中心性这两个概念应当被区别对待。①

(4) 罗坎概念。在斯坦因·罗坎(Stein Rokkan)使用的相关概念的诸多著作中(Rokkan & Valen 1962; 1964. Lipset & Rokkan 1965 I. Rokkan 1965 II; 1966 I; 1966 II; 1970),我未能找到一个关于中心或中心性—边缘性的完备且明晰的定义。罗坎曾将中心—边缘描述为"国家裂化结构的一个地域维度(a territorial dimension of the national cleavage structure)",但为了分析,在进行概念的操作化时,其他要素又被明显地加了进来(Lipset & Rokkan 1965 I, 10)。②

让我们从以下几则引述中重构多维化罗坎概念中的若干维度,以及它们之间的关系(进而理解罗坎对相关主题的推理的结构)。

(不过,需要注意的是,下文的排序并不代表其思想的发展过程。这种排序主要是为了重构其背后的逻辑。)

1.1　挪威政治中的一个基础性议题:对中心权威(central authority)的反对(Rokkan 1965 II, 368)。

1.2　首都不仅仅是政府和中央行政的位置(seat)……在中心的公民最终……(Rokkan 1965 II, 387)。

1.3　地域化的反对……在首都和省份之间,在中心和边缘之间(Rokkan 1965 II, 389)。

1.4　主要城市……中心(Rokkan & Valen 1962, 112)。

2.1.1　农民守护着他们的传统与文化,抵抗着官僚机器与城市资产阶级所强加的标准(Lipset & Rokkan 1965 I, 12)。

2.1.2　对逐渐中心化的城市力量开展的宗教与文化抗争运动

---

① 在我将此文提交给《和平学研究》(*Journal of Peace Research*)后,加尔通在同一期刊发表了《帝国主义的结构化理论》(Galtung 1971,81-117)一文,其中,他给中心性下了一个新定义(见文章 9.1,103-104 页,题为《定义'中心'和'边缘'》)。在这一定义中,加尔通仍然将阶层作为中心性定义的一个重要维度,但是,仅仅是其所谓"中心—边缘区分的三个维度"中的一个,其他两个是"互动关系"和"互动结构"。他也明确地拒斥如下观点:这三个"维度"之间具有确定的相关性或必要的因果关系。不过,他坚持用一个概念去指称三个不同的社会维度,这很容易引发概念上的混乱和错误的假设。类似问题需要进一步的讨论。

② 关于定义和多维性的讨论,参见(Rokkan 1970, 51-53)。

(Rokkan 1965 II, 437)。

2.2.1　中心是高度商业化与工业化的区域……边缘是经济欠发达的区域(Rokkan & Valen 1962, 112)。

2.2.2　中心：城市、教区、工业化的农村(Rokkan 1966 I, 80)。

可见，在罗坎的理论中，原初的地理中心是首都，因为它是中央政府所在地，是国家的政治决策中心。然而，首都也是一座城市；而且，中心的(central)，甚至"中心"(center)，逐渐变成了其他城市和其他区域，因为它们被城市化和工业化了。因此，罗坎(以及瓦伦)对中心性—边缘性的两个操作化测量是经济落后的指标(即所谓的 Thormodsæter 指数)，以及人口密度指数(Rokkan & Valen 1962, 116, 117)。①

因此，在罗坎那里，中心性的地理(territorial)维度发展成了一种中心性的生态(ecological)维度。后者乃是一种理论旨趣，因为生态中心性的主要标准是与中心的相似度。如果其他区域在特定方面(即经济与人口结构)与首都或大都市中心相似，那么它们就被视为中心化的。至少，在文化价值与态度方面的相似性一定是罗坎所谓文化中心性(cultural centrality)的基础所在。当罗坎说"文化距离"(cultural distance)时(Rokkan 1970, 53)，他要表达的就是文化差异(cultural difference)。

需要补充的是，这里所说的与中心的生态(或文化)相似性并不是罗坎的多维中心性概念中的唯一组成部分。相反，当工业化和城市化与中心性连在一起的时候，一个潜在的但十分重要的方面就在于其与互动和通信设施之间的关联性；而

① Thormodsæter 指数，也被称为"边缘指数"，包含六个指标：超过 60%的经济活动发生在初级部门；人口规模在 1950—1965 年间缩减 4%或在 1946—1956 年间缩减 7%；少于 1/4 的农场(大于 200 亩)超过 500 亩；人均收入或每个纳税人的收入低于指定最小值，最不优惠的税率，在既有交通网络中相对孤立。人口密度指数包括三个方面：基于 1950 年普查数据，生活于住宅群(house cluster)中的居民比例；无法就读于周边的走读学校而不得不进入在人口稀少地区设立的寄宿学校的学龄儿童的比例；就读学校规模太小而无法划分为一个或多个不同龄班级的学龄儿童的比例。该指数起初被称为"可达性"(accessibility)指数，目的是为"每个公社所设投票站的平均'可达性'提供'间接测量'"，此后，被称为"边缘地位的指标之一"(Rokkan 1965 II, 411 - 412)、"'中心性—边缘性'的替代测量方法"(Rokkan 1966 II, 255)。也可参见(Rokkan 1966 II, 252)。

Thormodsæter 指数也包含了孤立状态(isolation)的六个维度中的一个。

甚至,当罗坎写下"国家的遥远边缘"(Rokkan 1965 II, 387)"边远省份的极端边缘"(Rokkan 1965 II, 437; 1970, 53)等短语时,物理距离(physical distance)这个维度也一定浮现在他的脑海里,不过,这些只是其原初的地理中心性概念的思想遗迹,并没有对它的操作化分类产生多少影响。

二、一个新的定义

至此,我们已经回顾了由不同学者所创造的多个不相一致的中心—边缘概念。接下来,本文将阐述在研究政治参与时我们所需的与"中心"这一观念相关的概念,并在此基础上指出我们需要在维度(dimensions)与标准(standards)之间做出分析性的区分。

我从事政治参与方面的研究,部分的驱动力源于,我希望能找到一个思想基石,进而得出一些至少看似合理的推论,其大致关乎如下几个方面:共同体认同、接近中心的感觉,以及参与感。最后这一点显然关联到人们对目标政策和备选项之间相关性的感知。

在现代化情境中,上述三点在总体上是相互关联的,但同时需要谨记以下两个问题:对政治系统合法性的接受程度和在传统政策背景下对备选项(在人和项目方面)的感知。这两点都与政治生活的稳定性与连续性相关,也与(感知到的)备选项的相对激进性有关。[①] 除此之外还有第三点,即角色期待对政治行为的影响(Lane 1961, 228–229)。我们也许能够将实质参与,例如选举,视为上述三种思想情态的指标。

这样一来,我们应该从何处开启思维探索之路,以获得观赏政治参与的最佳视野,它们也许还能被视为衡量上述态度的可能指标。

似乎,很自然地,我们就会开始于中心这个概念,因为我们需要关注的是人,是共同体政治决策中心的人,具体而言,就是市政厅的成员,是挪威议会选举

① 关于这三种态度的相关性,可参见(Lipset 1964, 186, 190; Lane 1961, 232; Milbrath 1965, 133; LaPalombera & Wener 1966, 3)。

(Storting elections)中的选民。这些人就处在中心，至少，要感觉到他们距离中心很近；他们必须切实感受到参与到了政策中，因为这是他们的政策；而且他们，在大多数情境下，必须着实分辨出一个他们所“占有”(own)的共同体。

如此一来，我们就有必要在到中心的距离(distance from the center)这个意义上去考察进而测量政治参与度。

显而易见，距离或者“接近程度”的一个相关维度就是通达(access)或可达性(accessibility)，在最广泛的意义上，我们可以将其定义为在社会沟通网络中的位置，包括空间上的远近、大众传媒的可达性，以及正式与非正式组织中成员间互动的可能性。不过，它并不是指任意一种普遍意义上的可达性。鉴于我们讨论的是政治参与问题，这里的可达性就必然与共同体或社会的政治决策中心相关，继而，可达性就可以被定义为在与该中心相联结的沟通网络中的位置。在上述可达性的维度中，我继续保留中心性—边缘性的概念，因为这个维度确实与接近程度和沟通联络相关。

上述意义上的可达性或中心性显然很难被操作化，对于历史学家尤其如此。有时候，我们不得不回到如下假设中去，例如某个共同体中地位高的人，一般而言，比地位低的人更容易接近中心。这一假设看似是不容置疑的，但是，我们必须谨记阶层和可达性(通达)是不同的维度。不借助可达性概念，阶层就能够解释政治参与；同样地，不借助阶层概念，可达性也能够解释政治参与。这两个维度在分析的意义上必须被区分开。

不过，我们也能用另一种方式来理解到中心的“距离”(distance)。在衡量政治参与的扩散时，我们可以将这里的“距离”理解为在社会“背景”(background)维度上的位置，例如教育、职业、收入、财产等，然后就可以与中心决策者在同样的维度上进行比较。换言之，“距离”概念背后的逻辑是与中心的相似—差异(similarity-dissimilarity)。

相似性的标准对于分析政治参与而言将是一个有益的工具，原因有很多。①

① 显然，找到相关的背景维度是十分重要的，也是相当困难的。

例如，对政策相关性最可能的感知者应该是那些与政策决策者相像的人。[①] 另外，相似性视角通过促进与决策者的共鸣(empathy)也强化了心理参与。[②] 也许我们可以猜想，与共同体统治者的相似也会强化对该共同体的认同。社会学家也通常将相似性视为社会整合的一个重要基石(Galtung 1968，378－379,375－395)。

相似性很显然又与可达性相关——谁又能比那些相似者更容易接近决策中心呢?

在实证意义上，与中心决策者的相似也同阶层相关联，但是我一再强调，阶层是另一种衡量方式，甚至有时候，阶层所衡量的东西都有所不同。

三、结论

综上，阶层、与中心的相似，以及到中心的可达性(通达)是几个不同的维度，也是理解和衡量社会位置的不同标准，对于理解和解释政治行为都是必要的。当然，这些概念所捕捉到的现实是相互关联的，但概念本身应当被区别对待。相似性与可达性的概念(至少在政治参与问题的部分研究取向中)与政治决策中心相关。同时，我坚持中心性—边缘性概念对于可达性或通达维度是有效的。

参考文献

Galtung, J. 1964: "Foreign Policy Opinion as a Function of Social Position," *Journal of Peace Research*, pp. 206－231.

Galtung, J. 1967: "Social Position, Party Identification and Foreign Policy Orientation: A Norwegian Case Study," in Rosenau, J. N. ed: *Domestic Sources of Foreign Policy*. Free Press, New York. pp. 164－165.

Galtung, J. 1968: "A Structural Theory of Integration," *Journal of Peace Research*, pp. 375－395.

LaPalombera, J. & Weiner M. 1966, "The Origin and Development of Political Parties," in LaPalombera, J. & Weiner, M. eds.: *Political Parties and Political Development*.

① 当然，需要注意的是，影响力和正式决策是有区别的。

② 关于共鸣的概念，可参见(Lerner 1958，47－54)。

Princeton University Press，Princeton.

Lane，R. E. 1961：Political Life：*Why People Get Involved in Politics*. Free Press of Glencoe.

Lerner，D. 1958：*The Passing of Traditional Society*. Free Press of Glencoe.

Lipset，S. M. 1964：*Political Man*. Mercury Books，London.

Lipset，S. M. & Rokkan，S. 1965 I："Cleavage Structures，Party Systems，and Voter Alignments：An Introduction，" in Lipset，S. M. & Rokkan，S. eds.：*Party Systems and Voter Alignments*. Free Press，New York.

Milbrath，L. W. 1965：*Political Participation：How and Why Do People Get Involved in Politics*. Rand McNally，Chicago.

Rokkan，S. 1965 II："Geography，Religion and Social Class：Crosscutting Cleavages in Norwegian Politics，" in Lipset，S. M. & Rokkan，S. eds.：*Party Systems and Voter Alignments*. Free Press，New York，pp. 367 - 444.

Rokkan，S. 1966 I："Norway：Numerical Democracy and Corporate Pluralism，" in Dahl，R. A. ed.：*Political Oppositions in Western Democracies*. Yale University Press，New Haven，pp. 70 - 115.

Rokkan，S. 1966 II："Electoral Mobilization，Party Competition，and National Integration，" in LaPalombera，J. & Weiner，M. eds.：*Political Parties and Political Development*. Princeton University Press，Princeton，pp. 241 - 265.

Rokkan，S. 1970：*Citizens*，*Elections*，*Parties*. Universititetsforlaget，Oslo.

Rokkan，S. & Valen，H. 1962："The Mobilization of the Periphery：Data on Turnout，" Party Membership and Candidate Recruitment in Norway，*Acta Sociologica* 6，pp. 111 - 158.

Rokkan，S. & Valen，H. 1964："Regional Contrasts in Norwegian Politics，" in Allardt，E. & Littunen，Y. eds.：*Cleavages*，*Ideologies and Party Systems*. Westermarck Society，Helsinki，pp. 162 - 238.

第二章 政治学

中心—边缘的动态模型*

斯宾塞·维尔霍弗(Spencer Wellhofer)
丹佛大学(University of Denver)

近年来,社会科学的许多注意力都集中于中心—边缘分析。尽管所采用的方法大相径庭,但有关中心—边缘的分析都关注两类单元之间的关系,即一个经济上发达、政治上强大、文化上自信的中心和一个经济上欠发达、政治上软弱、文化上脆弱的边缘。这种分析方法既被用于一国内部,也被用于国家间的比较,而中心—边缘关系的互动(dynamics)分析则同时关注二者。换言之,中心—边缘分析试图解释经济与政治发展维度上的国内与全球差异。

本文探讨中心—边缘分析背后的理论模型。对相关研究的回顾表明:(1)中心—边缘分析的多种类型都立基于两种理论中的一种;(2)其他分析与这两种主要类型之间的区别在于其所关注的体系内部的空间差异。本文同时考察了中心—边缘分析的最新贡献。

中心—边缘的表述并不是新的,可以将其追溯到多个源头,包括地理学(Hartshorne 1941; Gottmann 1952; Cox & Reynolds 1974)、经济学(Perroux 1950; Hirschman 1958)、政治学(Deutsch 1953)等领域。该词组近期的露面则是对世界经济增长和全球化中逐渐模糊的民族国家界限的回应。

---

* 本文译自 Wellhofer, Spencer. "Models of Core and Periphery Dynamics." *Comparative Political Studies*, 1988, 21(2): 281 - 307.

20 世纪 60 年代以后，世界经济的变迁让人们重新认识了外部力量对民族国家的影响。一方面，对欧洲国家和美国来说，新型工业化国家的兴起、进口对国内市场的渗透、世界资本的飞速流动、出口竞争力的下降、就业的下滑、生活水平的降低，以及对关键进口货物——尤其是能源——的强烈依赖，无不印证着国家边界的可渗透性。对美国尤其如此，浮动汇率的引入、对能源的依赖、军事和经济霸权的衰败等，无不宣示着“美国世纪”的远去。现实的另一面则是欠发达国家对发达国家之繁荣的严重依赖，自 60、70 年代起迅速增长的第三世界债务，还有对自由贸易的限制。这一“嵌入式自由主义的危机”(crisis of embedded liberalism)(Keohane, 1984)需要新的理论回应。

上述的两面性在一国内部同样存在，全球经济的微小变动就能导致区域发展混乱和错位。当然，一国内的经济发展从来都不是均衡的，传统工业的衰落和新型工业的兴起使得区域差异备受关注。70 年代在欧洲兴起的——通常归结于资本衰退与流动——民族—区域(ethno-regional)政治运动，不仅挑战着中央政府，也挑战着主流的社会科学范式。该范式认为阶级政治将消除民族、区域和地区差异这一前工业社会政治生活的基石，同时，政治将变成政党精英、官僚和利益集团之间相互讨价还价的过程。

中心—边缘分析就试图通过重新界定比较研究中的分析单位来回应上述变化。中心—边缘分析力图削弱将民族国家视为主要分析单位的传统倾向。罗坎(Rokkan 1970, 49)作为该分析模式的最早倡议者之一，提出了中心—边缘分析来修正“整体国家偏见”(whole nation bias)。在这一偏见中，“大多数比较研究都局限于以国家为单位的机构(institutional)或总体统计数据，却忽略了极为重要的，存在于相互竞争的经济、政治和文化中心之间以及中心与边缘之间的发展差异”。近期提出中心—边缘分析的学者还尝试修正“个体发生学”(ontogenetic)偏见(Hechter, 1975b, 217-218)，即关注一个分析单位的生命周期，并将其发展变化仅仅归结于该单位内部。在社会科学中，这种偏见以民族国家的形式显现，即民族国家被视为变迁的核心，因为人们普遍认为，“发展的原因就隐藏于被政治疆界所限定的社会单位之内”。无论是罗坎的“整体国家偏见”还是赫克特(Hechter)的“个体发生学偏见”，它们都希望削弱将民族国家视为独立的且相互平等的单元的传统倾向。所不同的是，罗坎的策略是展示民族国家内部的中心—边缘差异，而赫克特则强调全球范围的中心—边缘差异。

一、定义中心与边缘

中心—边缘分析，包括我们在此提到的最近形态，都与加尔通（Galtung 1971）界定的中心—边缘的三个方面相一致：首先，中心与边缘各自的特征；其次，中心与边缘间发生的物质交换的本质；最后，中心与边缘间的互动（Mckenzie 1977）。

在所有相关讨论中，中心都被描绘为占据了优势地位，边缘则处于劣势地位。而将中心与边缘加以区分的首先就是经济维度。在所有表述中，边缘的基本特征包括经济不发达、初级经济为主、科技含量低型和劳动密集型的活动为主（Rokkan & Urwin 1983，2－3；Wallerstein 1983a，30－31；Mytelka，1987）、生活水平与质量较低（Galtung 1971，82）、缺乏技术能力和资本货物（Seers 1979，3），以及经济更为单一（Hechter 1975a，9）。

边缘在文化上也是被边缘化的（marginal）、缺乏独特的制度的、碎片化的、只关心本地区的（parochial）（Rokkan & Urwin 1983，3），是文化的净进口国（Seers 1979，12－14；Hadjimichalis 1983）。中心则被定义为：主要从事科技含量高的活动，人均资本投入高，有高技能劳动力，是文化主导、政治权力和决策的核心（Soja 1974，53；Rokkan & Urwin 1983，3；Nairn 1977），同时在军事上也是强者（Seers 1979，3；Wallerstein 1983a，30，48，82）。

交换关系同样将中心与边缘区别开来。通常认为，边缘出口低附加值的产品而进口高附加值的产品，例如出口初级或半成品而进口制成品（Wallerstein 1983a，30：Johnston 1982，75；Rokkan & Urwin 1983，14－18），出口劳动力而进口资本（Selwyn 1979，37），出口劳动力而进口旅游（Seer 1979，3），或者进口文化而出口初级产品（Seers 1979，12－14）。

互动模型是区分中心与边缘的第三个维度。加尔通（Galtung 1971，89－91）将中心—边缘间的互动描绘为一种封建形态（feudal）的做法被广泛接受，即同一个中心的多个边缘之间的互动极为罕见，边缘与其他边缘（此处指其他中心的边缘。——译者注）和其他中心的互动则受制于其中心。这些关系如图 2－1 所示。

中心可以同任何其他的中心进行互动,但必须通过其他中心才能与那些中心的边缘发生联系。而边缘之间的互动则被中心控制。

既有文献中有关中心—边缘关系的讨论大致符合上述特征。罗坎和厄文(Rokkan & Urwin 1983, 2-3)认为边缘依附于中心进行决策,“无法掌控其自身命运”,只有有限的“机会结构”(opportunity structure),其行动也要等待中心的同意。更重要的是,边缘缺乏对资源的控制,因为只有中心“所在的位置才能提供服务、处理信息、控制交易”(Rokkan & Urwin 1983, 24-18)。在塞尔温(Selwyn 1979, 37-38)看来,边缘缺乏内部的联结和封建式的信息流动,这就造成了边缘不得不通过中心才能与其子单位和其他边缘联络。类似地,希尔斯(Seers 1979, 8-9)和罗坎(Rokkan 1975)也认为中心处于交流和交通网络的核心位置。在沃勒斯坦(Wallerstein 1983a)那里,中心居于众多“商业链条”的中心。链条的比喻十分恰当:每个单元都与其他单元相连,但是,只能同与它直接相连的上级或下级进行联络,而不可以越过或绕过这些中介点。这些有关传播与贸易的观念在中心位理论(central place theory)中得到了更透彻的分析(Christaller 1966; Smith 1976a, 1976b),该理论将类似情景描绘为一种树状结构(dendritic patterns)。

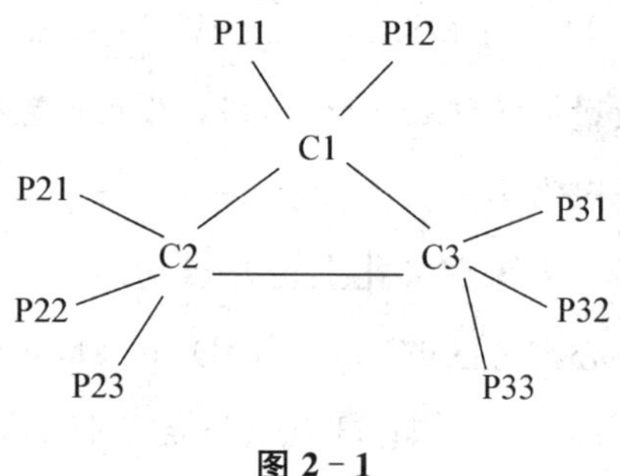

图 2-1

二、中心—边缘的动态模型

中心—边缘研究通常在以下三个维度上界定中心与边缘:发展水平、物质交换的本质、互动结构。研究的不同在于它们对这些维度的不同解释。

我们可以从中区分出两种主要的模型:新古典主义模型和新马克思主义政治经济学模型。

新古典主义模型

该中心—边缘模型的核心假设来源于新古典主义经济学。这一流派的主要假设包括:(1) 社会如同一个稀有资源的容器,市场通过价格机制对其进行持续分配;(2) 长期来看,市场会通过自我规制回到均衡状态;(3) 不平等是非累积性的;(4) 贸易是基于市场参与者的比较优势运行的;(5) 参与者基于自主选择进入市场;(6) 财富是通过自由市场与劳动分工创造的;(7) 公私有别,分别与政治和市场相对应;(8) 冲突是竞争性的,将竞争者整合进一个新的均衡状态中,这也是当前社会秩序的一种再造机制,但是,竞争并不会导致失败,反而会增强灵活性,并促成新的最优状态。

有四篇文献能够反映出上述假设。最能体现新古典论断的就是雅各布斯的著作(Jacobs 1984)。之所以将她的作品归为中心—边缘分析,是因为她指出,尽管民族国家是一种政治和军事实体,但不能成为经济学中的分析单位。相反,她关注城市及其周边的市场区域。需要说明的是,城市之所以重要,并不是因为它们是人口聚集区,而因为它们是市场活跃区,在那里,个人利益与劳动分工为了经济发展而实现了分离。更重要的是,在城市内和城市间都存在劳动分工与市场,以至于城市本身成了世界劳动分工的基本单位。基于这一逻辑,民族国家作为一种人为建构事实上阻碍了市场(城市)的自主运行,进而限制了经济发展。

在雅各布斯的理论中,城市具有中心—边缘模式里中心的所有特质:它们是创新、资本形成、贸易和文化发展的集聚地;但是它们的活力被民族国家限制和剥削。限制城市活力的则是政治:国家——作为非生产性的组织——必须依赖城市产生的财富去支持它的政治野心。因此,国家对城市财富征税并进行再分配,以维护国内农村的和平,并维持其海外帝国。借用卢梭(Rousseau)的表述,雅各布斯好像在说:“城市生而自由,但无所不在枷锁之中。”

城市中由个人利益驱动的自由市场与劳动分工所产生的优势同样对边缘是有好处的。中心的自由市场将进步带给乡村,而且城市与乡村之间是一种互补与和谐的关系(Jacobs, 1984;古典政治经济学的类似观点可参见亚当·斯密 Adam Smith 1982, 496－508)。尽管源于中心的经济力量的最初影响力具有一定的破坏性,但是,如果边缘能够抵抗扰乱或调和市场的诱惑,那么结果就是有利的。最终,边缘的经济会开出创新之花,进口替代品也将带来繁荣。因此,基于比较优势的自由贸易经由自我修复机制的调节,将会阻碍长期积累的劣势(Jacobs 1984, 140－

144)。这种论点产生于古典贸易理论，在古典贸易理论看来，"生产要素在不同地区间的自由流动会拉平不同地区间生产性服务的绝对和相对价格"，由此推之，国际贸易中的商品自由流动，作为要素流动的补充，会拉平要素的绝对和相对价格(Samuelson 1948, 163)。在雅各布斯的模型中，自由市场经济为发展和社会进步提供了所有必要条件；而政治对市场的干预则会导致短期扭曲，进而造成长期衰退。

雅各布斯有关中心—边缘之和谐与互补关系的解释主要是基于资本主义民主国家的经验，而不能直接用于世界上的许多其他地区。首先，在多数自由资本主义民主国家，边缘区域保持着一定程度的政治影响力，这在发展中国家是不确定的：在许多工业化民主国家中，尤其在联邦体制国家中，边缘区域在立法机构中拥有超过比例的代表，这种政治影响力使得边缘能够促使发展政策朝着有利于它们的方向前进。其次，那些农村边缘地区拥有某种乡村生活令人神往的意识形态上的优势，这会促使社会政策去维护这一图景。这两种优势在发展中国家的边缘地区都不具备。在一些发展中国家，政治体制将大部分权重赋予了城市中心，在意识形态上则通常忽略农村的发展。除此之外，一些发展中国家存在某种反农村的偏见，这是后殖民主义精英对殖民时期农村发展政策的回应(Lipton 1977, 39, 66ff; Bates 1981, 119ff)。

雅各布斯的新古典主义经济学假设比大部分学者所做的同类假设更加清晰，但这些假设确实强化了罗坎等政治科学家的理论模型。罗坎对民族国家之兴起的分析主要基于中世纪欧洲"城市带"上的不同权力中心之间的竞争(Rokkan 1975)，以及不同宗教、法律、官僚、文化中心间的竞争(Rokkan 1973, 77 - 91)。通过将社会划分为经济、政治、文化和法律部门，并给每个部门同样的权重，罗坎也沿袭了新古典主义的理论范式(Rokkan 1973, Fig 8 - 2)。另一个新古典主义的假设是所谓自我修复机制的提法。在罗坎看来，多元竞争的政治制度，就如同经济学中的市场机制，能够限制长期的累积效应。在其政治宣言中，新古典主义模型坚持认为，边缘通过在立法、司法和行政部门中获得代表的方式也许可以纠正发展的不平衡(Rokkan & Urwin 1983, 118 - 165; Rokkan 1970, 121; McKenzie 1977, 60 - 61)。因此，平衡是通过在不同部门中允许异见的方式来维持的，这足以保证整个体系的正常运行。对于罗坎，新古典主义模型在政体、社会和经济之间是共通的，而部门间的互动可以维持平衡和限制失调。不过，自相矛盾的是，新古典主义的政治学模型却削弱了新古典主义的经济学范式，尽管它是从后者那里获得的灵感，因为如果新古典主义经济学模型是准确无误的，它就足以实现自我恢复与平衡，政治也就无足轻重了。而新古典主义政治学，由于假设了政治的纠偏角色，就必须假定经济的修复机制存在不足。目前，关于经济运行的所有讨论还未能理清上述矛盾。

这些假设强化了罗坎和厄文关于中心产生与兴起的理论。中心之所以产生，是因为：它们拥有被劳动分工进一步强化的天然的竞争优势；社会由在经济、政治和社会交换中互利共赢的中心与边缘构成；冲突是一体化的和可再生的。尽管中心的产生源于天然优势，但它们由于外部效应能够吸引来更多的增长。这种中心—边缘关系的模型在许多研究者那里都能看到。例如，帕克（Parker）谈到"天赋异禀的区域"成长为经济中心。在那里，经济学与政治学再一次被分离开来：市场作为一种非人格化的机制，其天性就是奖励那些既有天赋又勤劳的人，而免受人为干扰。中心—边缘的交换是互惠互利的：奥布莱恩（O'Brien 1982）认为，中心的发展并不依赖于从边缘获取资源；边缘也能够从中心—边缘的交换中获利。与中心的交换也并不总是会造成依附。通过考察苏格兰与英格兰在 17 世纪的关系，斯莫特（Smout 1980，623 - 624）总结道："总体来说，（上述考察）表明（英格兰与苏格兰之间的）这一关系正如传统经济学家所假设的那样良好地运行，并且对苏格兰是有利的。首先，自由贸易改善了市场准入，苏格兰在其中也具有比较优势，这一点——尤其通过亚麻加工——又带来了劳动力市场的完善、资本的迅速积累，以及更丰富的商业知识。其次，技术与商业人才的灵活流动又帮助苏格兰迅速超越了南方。这两个因素共同促成了一个更好的供需环境，相反，如果苏格兰被高关税和政治壁垒阻隔，情况会糟很多。这样一来，苏格兰才更有可能实现经济的飞速发展。"

但是，中心一旦建立，就会通过积极的外部性与规模效应吸引更多的经济活动。在有关金融中心形成的分析中，金德尔伯格（Kindleberger 1978）指出，金融中心最早产生于那些能够提供交通、交流和法律服务的城市中，这使得它们对银行家更有吸引力，银行又会吸引更多的银行及其他的金融机构。显然，这种论点又会再一次涉及效率、劳动分工和自由市场。

新古典主义经济学的上述假设在其政治学变体中被保留了下来：政治中的平衡机制能够限制中心的积累（Rokkan & Urwin 1983，166 - 192）；冲突被解释为一种对民族国家具有再生和保健功能的竞争机制；“地方主义的让步使民族国家得以强化，民族国家表面上官僚的、中心化的、科层制的运行方式已经变得与过去三十年社会和经济的变化不相容”（Meny & Wright 1985，6）。除此之外，中心—边缘间的竞争还产生了“互补—互相依赖而非自主—依赖”（complementarity and interdependence and not autonomy of subordination）的新型关系（Meny & Wright 1985，7）。

综上，新古典主义的中心—边缘模式沿袭了新古典主义经济学的观念：政治学与经济学是两种分离的行为领域。无论在哪个领域里，多个主体都相互争夺稀缺资源。经济与政治生活的开放性则保证了没有哪一个主体可以夺取主导地位。这种竞争是再生性的。当社会进入一种新的互惠平衡时，这些机制在最少干预的情境下能够得到最好的运行。至少从长期来看，中心—边缘的交换是互惠的。与上述假设相对立的则是从新马克思主义政治经济学那里繁衍出的中心—边缘模式。

新马克思主义政治经济学的中心—边缘模式

新马克思主义政治经济学的中心—边缘模式与新古典主义模式完全不同。它们在许多基本假设上都大相径庭。第一，新古典主义模型将社会、政治与经济视为相互独立的——如果不是自主的——领域，而新马克思主义政治经济学模式认为这三者是相互关联的，其中经济具有先导作用。第二，在新古典主义模型中，中心与边缘是依据生活水平来界定的，而在新马克思主义政治学经济学模型中，中心与边缘是根据生产方式来界定的，而生活水平是生产方式的反映。第三，在新古典主义模型中，市场是以自由贸易与比较优势为基础的，它导致了互惠的交换，并由自我修复机制加以调节，而在新马克思主义政治经济学模型中，市场通常——并不完全——被描绘为一种基于强力（force）的强制性关系，这有利于中心产生累积优势。市场并不能自动平衡，相反存在着巨大的波动和明显的不稳定性。第四，在新古典主义模型中,中心的财富源于劳动分工与自由市场,利润则是对企业家的必要补偿,而在新马克思主义政治经济学模型中,中心的财富则是从边缘那里攫取的剩余。近期的一些研究试图对这些机制进行更加精确的定义。第五,在新古典主义模式中,冲突被解释为一种一体化与再生性的竞争机制,也是自我修复机制的一部分,而在新马克思主义模式中,冲突却是内在的、累积性的、分裂性的。

所有上述假设在我们这里选择的文献中都有所体现。沃勒斯坦(Wallerstein 1978, 7)指出:"将真实世界划分为三个(或更多的)类型——政治的、经济的和社会的,进而采取不同的方法,在封闭的领域内部(甚至是暂时性地)进行研究,这种分析路径没有价值。经济是'制度性'嵌入式的;政体是社会经济力量的一种表述;'社会'结构则是政治—经济压力的一种结果。"相关表述也可参见梅西(Massey 1984, 12 - 17)、布洛维(Burawoy 1985, 30 - 32)和史密斯(Smith 1984, 81 - 90)。

中心与边缘是通过各自的生产方式和相应的劳动制度来定义的:二者都是资本主义从中心开始的差异化扩散的结果。在进行全球扩散之前,资本主义及其雇佣劳动、工厂体系和自营方式都只存在于中心,边缘主要是封建制,半边缘则主要是分成制(Wallerstein 1976a, 65 - 66)。在沃勒斯坦看来,区别中心与边缘的主要特征是无产阶级化的程度,即雇佣劳动的程度和劳动从生产资料中的分离,它会迫使劳动力对劳动力市场产生依赖。随着资本主义的全球扩散,区分中心与边缘的则是与不同经济制度相适应的劳动力控制机制。

通过生产方式对地域进行划分是新马克思主义的中心—边缘分析的主要特征。空间是通过生产方式进行分类的:资本主义的、非资本主义的、前资本主义的,或者资本主义发展的不同阶段。资本主义经济与非资本主义或前资本主义经济的区分也许可以追溯至马克思主义理论家——尤其是卢森堡(Luxemburg)——在20世纪初所阐述的帝国主义理论,在弗兰克(Frank)、伊曼纽尔(Emmanuel)与阿明(Amin)等人的近期著作中也能看到。在20世纪的全球资本主义背景下,这种区分变得不那么明显,人们转而探讨不同水平的资本主义发展的空间分布这一议题。

通过空间的生产方式与劳动制度来定义中心和边缘的做法已经在中心—边缘分析中存在了一段时间(Wallerstein 1976b, 65 - 66; Naustdalslid 1977, 217 -

219；Piore 1979；Gordon et al. 1982，1－47)。布洛维(Burawoy 1985)和沃勒斯坦(Wallerstein 1983a)的近期著作还将社会的、技术的与文化的劳动分工等因素加入了分析之中。尽管布洛维也细致考察了资本与劳动之间的斗争，不过，对生产技术中资本与劳动的空间关系的变换图景进行最详尽阐释的当属梅西(Massey 1984)和史密斯(Smith 1984)。

布洛维(Burawoy 1985，263－268)在有关发达资本主义的分析中同时描绘了劳动制度的时间与空间维度。在资本主义的早期阶段，资本主义的关键特征是马克思所描述的市场专制主义，在那里，强制压制了共识。布洛维(Burawoy 1985，123－128)的分析聚焦于"生产的政治学"，即工人、资本家和国家如何建构了劳动力对劳动力市场的依赖。不过，有必要指出的是，在这一分析中，国家具有一定程度的自主性，这在某些新马克思主义政治经济学理论中并没有被提到。承袭马克思，布洛维认为，专制体制中的资本积累带来了消费不足的危机，进而导致劳动力的反抗，这二者都要求国家进行干预，以提供社会福利，并限制资本对劳动的权力。国家干预通过保障消费满足了资本的需求，同时又通过维护安全满足了劳动力的需求。国家对专制主义的这一调和促生了一种霸权式的劳动体制，在那里，劳动力必须被说服——而不是被强制——去工作。这样一来，高水平消费和弱化的管理权就为资本收益率带来了风险，于是，国家通过以下方式力图规避这一风险，即在边缘地区发展专制的劳动制度，在中心地区则要求工人让步——通常利用前者的威胁来达致后者，这样一来就在中心造就了一种新的专制主义——"霸权式的专制主义"(hegemonic despotism)。不过，尽管布洛维在空间上将不同的生产方式分别定位于中心与边缘，他却很少谈论二者之间的互动关系。

布洛维关注的是中心与边缘的内部劳动制度，而史密斯则关注生产与资本积累的空间组织。对于史密斯(Smith 1984，99－112)而言，当代资本主义的空间化或地域化劳动分工较少地受到传统的自然禀赋与交通成本等因素的影响，而更多地受到资本的策略化管理的影响。其结果就是，尽管在早期阶段，地理将资本结构化了，但随着时间的推移，资本却将地理结构化了，即"当固定资本占据中心地位，空间的相对性就越来越多地被固定资本中的投资的地理图景所决定"(Smith，1984：116)。沿袭马克思关于资本积累、集聚和中心化的观念，史密斯大致描绘了资本在中心的空间集聚现象。

梅西则在描述生产的空间组织的著作中解释了中心与边缘的价值转移和差异化的阶级发展问题。在梅西的著作中，生产的空间化形式的特征得到了更为细致的描述，即它会导致“不同的空间结构（它预示着）一种地理差异或地理不平等的独特形式”（Massey 1984，82）。梅西指出（Massey 1984，112），这种情况源于生产的新型组织形态，这种新形态逐渐将资本主义的概念、管理与生产因素分离开来。这种分离的最终形态可以在一些分工厂的部分—过程（part-process）结构中体现出来：“不仅管理职能被移除，工厂所嵌入的更大范围的技术分工整个部门也被移除了。工厂不仅服从于一个外在的有着所有权和财产权的官僚科层，还受制于一种可以称为‘生产依附’的东西，这一依附的结果则完全不同，也包含着不同的政治意味”（Massey 1984，105）。

这种分离反过来又改变了财富创造的空间分布：“并不是说，一些地区失去了某些工作类型及其相应的人员（因为以前这些地区根本就不存在相应的工作与社会结构因素），它们所真正失去的是整个生产关系中的一种功能。这种空间上的不平等，与其说表现为不同社会类型的职位（和某种地理的‘机会平等’）的不均衡分布，毋宁说表现为控制生产的权力、观念和策略水平在不同区域的不平等分布”（Massey 1984，112）。

布洛维、史密斯和梅西的作品描绘了中心—边缘关系的三个维度：(1) 区分中心与边缘的劳动制度；(2) 其所强化的价值攫取过程；(3) 生产的空间组织形式。因此，界定中心与边缘的关键点就在于生产方式与劳动制度，而中心与边缘的生成则被归于资本主义的空间扩散。这一范式可以追溯到马克思（Marx 1967，Vol. 1，626－628）和卢森堡（Luxemburg 1968）那里，资本主义被他们描述为一种内在活跃的、具有扩张性的体系，但该体系受周期性危机的影响；为了规避这一危机，或者从危机中得以恢复，资本主义就必须扩张其地理和社会领域，以攫取剩余价值。这一过程导致了一种资本的空间性积累和集聚现象（例如，参见 Wallerstein 1974，406－407；1983a，36－39）。关于资本主义和非资本主义经济的这两个假设以及持续扩张的必要性是解释中心发展的关键所在（Wallerstein 1976a，65－66；1983a，14，17）。如果不从边缘攫取剩余价值，中心就不可能发展，也不可能繁荣。这些假设也从根本上改变了对中心、边缘及其关系的定义。中心不仅仅更富有，更是需要边缘来实现这种富有，即中心必须依靠边缘来实现繁荣。

价值创造及其向中心转移的机制也许还能追溯至更早时期。新马克思主义政治经济学理论在如下方面都沿袭了马克思的经典论述（Marx 1967, Vol. 1, 177－198）：将价值视为劳动的产物，以及剩余价值乃是劳动创造的价值与工人工资之间的差额。它们将分析的重点集中在与财富流通不同的财富创造与积累方面。正如马克思所言，“利润产生的秘密”（secret of profit making）并不在于市场中的机会或技能，而在于“生产的隐秘之处”（the hidden abode of production）（Marx 1967, 176）。马克思（Marx 1967, 315）还区分了剩余价值产生的两种机制：“绝对剩余”和“相对剩余”。前者是资本家通过“延长工作日”来实现的，即工人的工作时间超出了劳动的社会再生产所必需的时间，而由资本家占有其中增加的价值。“相对剩余价值”则是通过技能、机械化或其他资本投入来提高劳动生产率进而获取的剩余价值。近期的中心—边缘研究同时借助这两种机制来解释剩余价值的产生：沃勒斯坦（Wallerstein 1976b, 65－66; 1983a, 29）强调绝对剩余价值，而梅西（Massey 1984, 23－24）、布洛维（Burawoy 1985, 32－35）和史密斯（Smith 1984, 120）同时强调二者。

跟随马克思的理路，资本主义的精妙之处就藏在“生产的隐秘之处”，剩余价值的积累发生在生产过程的深处：(1) 整日的劳作似乎都得到了回报；(2) 利润在市场中得以实现，而这和生产过程是分离的；(3) 利润被粉饰为对投资的回报而不是剩余的劳动价值；(4) “生产资料的所有与对劳动的管理相分离”（Burawoy 1985, 195; 1983a, 29ff）。通过这些机制，资本主义将榨取剩余价值的行为以无偿劳动的形式掩藏了起来。

价值从边缘向中心的传输是通过生产过程的空间组织形式及其导致的劳动分工来实现的，沃勒斯坦又在上述机制中加入了市场的垄断因素。生产与劳动分工的空间组织是梅西研究的核心内容。在她看来，现代资本主义的独特性就在于上述的现代资本主义企业所采取的劳动技术分工的空间分布。这种空间分布进一步掩盖了剩余价值的榨取，加之利润从生产方转向了决策方，这一空间分布同时又提供了一种价值转移的机制。类似地，布洛维也指出，在生产的组织过程中可以看到这样的转移机制,不过,是国家在其中扮演了主导者的角色。在殖民时期,国家的功能是在资本主义生产方式和前资本主义生产方式之间进行协调,同时保证资本主义模式的最终胜利。而在后殖民时期,国家则努力“获取资本的大规模积累,而非资本的原始积累;从生产中榨取相对剩余价值,而非通过交换榨取剩余劳动力;促成特定类型的工人权力,而非创造劳动力供给”(Burawoy 1985, 214 - 215)。

沃勒斯坦是唯一一个将流通过程视为一种价值积累机制的学者。他以作为一种积累机制的劳动价值论开启自己的分析,却将积累的过程扩展到了市场关系,即每一笔市场交易都代表着“买方从卖方手里夺回部分利润的一次努力,这些利润是在之前的所有劳动过程中实现的”(Wallerstein 1983a, 26)。沃勒斯坦同时指出,掌权者对市场的垄断也是一种积累机制。他指出,促成中心积累的不完美市场的两个方面——垄断和资本主义企业的垂直一体化——都会扭曲市场进而产生积累。市场交易的数量越大,二者导致积累和蒙昧(obscuration)的程度就越深。从此,积累就具有了累积效应,而那些处在“商品长链”(long commodity chains)末端的人们就获得了财富的累积。在商品链顶端的中心——如同食物链顶端的捕食者——继而变得繁荣。

中心—边缘的新马克思主义政治经济学流派内部的争论源自特定生产方式的内在矛盾,以及新型生产方式带来的进步力量与早期生产方式之间的辩证。在中心—边缘分析中,新马克思主义政治经济学文献中的这一常见矛盾被赋予了空间维度。这样一来,资本主义与市场所产生的中心—边缘不平等就会导致分裂性的冲突,这就为新的社会形态埋下了种子。多位学者都对这一辨证过程进行了讨论。例如,沃勒斯坦提出了“两个重大的历史变量——工人—社会主义运动(在中心)和国内的运动(在边缘)”,以回应历史资本主义的矛盾。而体系内的这些矛盾将导致资本主义的灭亡(Wallerstein, 1974)。梅西(Massey 1984, 294 - 295)则谈到了英国工业的空间再造和再组织化,它为中心的工人阶级的战斗性的提升提供了“新的动力”。奈恩(Nairn 1977, 73ff)将英国的边缘民族主义看作对边缘落后经济的回应,但历史地看,它对旧制度的崩溃起到了积极和进步的作用。史密斯(Smith 1984, 148 - 149)提出了一种不均衡发展的“拉锯”(see-saw)假设:资本主义在边缘所造成的落后境遇会让资本显得更有魅力。加尔通等人(Galtung et al. 1980,

140)则认为，边缘的不满是帝国迟暮的先兆。

三、新近的贡献与持续的不足

中心—边缘分析的两大类型分别依赖新古典主义理论和新马克思主义政治经济学。通过在相关分析中引入空间变量，二者都与各自的源头理论产生了不同。中心与边缘在地理空间分布上存在差异。它们要么被视为空间维度的分析单位，例如中心、半边缘和边缘，要么被当作空间实体中的某种集合，例如中心、半边缘，以及边缘中的阶级和民族等。其核心要义均在于，空间区位被视为分析中的一个重要因素。不过，在本文提及的所有文献中，仅有两份（Massey 1984；Smith 1984）显示出，空间区位对于我们理解该模型的动力学（dynamics）有着重要意义，尤其是梅西的著作，它将空间区位置于最显著的地位：部分—过程式的生产过程的关键是对生产的概念、执行、命令与控制等要素的空间阻隔（territorial separation）。尽管这些功能的部分空间差异已经在资本主义中存在了，但它们在现代资本主义中得到了强化。其最重要的影响也许在于，它会导致阶级的空间阻隔，但是，其所导致的确切结果仍然有待进一步的阐明：熟练工人与非熟练工人的区分，或者资本家与工人的区分强化了还是弱化了工人阶级的战斗性？在梅西看来，“阶级的区域化”能够产生内聚力，进而产生区域意识。其他的空间分析对于这一有着长久传统的理论而言，显得并不那么重要。

既然上述两种取向均源自对社会关系所做的传统分析，那么，它们是否成功克服了前辈们常被诟病的那些不足呢？

中心—边缘分析之新古典主义模型的批判者们将这一模型称为“发展主义者”和“个体发生学”（Hechter 1975b；Wallerstein 1979，49－65），进而指出了该模型的诸多不足：(1) 该模型认为“所有社会都有潜能在历史上同时达到同样的发展水平”，却未能解释不同制度与文化间的差异（Hechter 1975b，217－218）；(2) 对发展的解释局限于被政治边界所圈定的社会内部，而低估了更为广泛的国家间的互动过程；(3) 国家反映了某种共同体（community-wide）利益；(4) 该模型将注意力放在了连续性和最终结果上，以至于任何的偏差都被视为这一朝向自由民主的大趋势中的畸形，而对中心的抵制都被划归对发展本身的“偏离”；(5) 功能的或经济的分裂将最终占据主导地位，政治和社会生活则趋于同化，因此文化上的边缘将被整合进中心的价值体系；(6) 该分析忽视了政治中的主要部分变得孤立和冷漠这一日渐清晰的事实(Crewe 1974)。最后，20 世纪 70 年代发生于欧洲的边缘民族主义的复活不断挑战着这一新古典主义的范式。

罗坎与厄文、梅尼(Meny)与怀特(Wright)等人的近期著作似乎试图对其中的一些批判进行回应，而雅各布斯的著作虽然没有直接对其进行回应，却对相关讨论大有裨益。前者的相关论述以罗坎(Rokkan 1981)、托尔斯维克(Torsvik 1981)、高夫曼(Goffmann 1980)、马德威克与罗斯(Madgwick & Rose 1982)等人的早期著作为基础，同时也继承了其先辈的诸多不足。罗坎与厄文(Rokkan & Urwin 1983, 191)继续着力阐释民族国家内部的边缘抗议，并认为，对边缘的不满进行调和是最有可能发生的。厄文(Urwin 1985, 167)和柏林顿(Berrington 1985)则将边缘的抗争视为对走向民族国家这一长期趋势的偏离。尽管边缘抗争可以说是民族国家形成历史中持续的要素，但它们却不被看作这一历史的根本挑战或是深层冲突的表征。然而，这两份文献都将注意力从作为政治行动之熔炉的民族国家，转向具有更大区域的西欧，不过，它们仍然忽略了全球的大背景。除此之外，关于国家的讨论也进一步被修正，以包容这样一种可能，即国家可能并不能代表所有群体，尤其在它的生成阶段(Rokkan & Urwin 1983, 25 - 28, 179 - 198)。这一点在梅尼与怀特(Meny & Wright 1985, 5)的著作中并不明显，他们坚持认为，20 世纪 60 年代中心—边缘关系的变化应当部分归因于“中心的自利与边缘的自利”，二者似乎是同等重要的。这些著作代表了一种鲜明的学术努力，即将 70 年代早期出现的边缘抗争的政治学考量纳入分析当中，不过，这些改变仅仅属于微调，而不是对理论假设的深层挑战。

尽管雅各布斯的著作在范围上更显狭窄，因为她仅仅讨论经济发展而非政治发展，她的书也遵循了新古典主义的模型，但是，我们很难像上述评论家那样将她的著作称为发展主义的或个体发生学的。雅各布斯认为，正是不同城市在不同发展阶段上的差异才造就了比较优势，进而巩固了自由贸易的优势。换言之，恰恰是不同的发展水平造就了贸易优势。这种论断并非个体发生学的，因为经济发展与不发展的原因分别存在于全球市场和民族国家中(Jacobs 1984, 171, 182 - 183)。

不过，这一主张在下述意义上仍然具有发展主义的味道，即自由市场的结果就是不断迈向更细的劳动分工、更高的生活水准和更好的经济发展。如果市场确实允许自由运作，事情就会越来越好。但是，市场却被国家的利益扭曲了。这倒不是像马克思主义所认为的那样，会促进资产阶级的利益，而是政治家和帝国主义者力图将城市的财富转为军事产出和对贫穷边缘区的资助，同时努力促进发达经济与落后经济间的不自然(unnatural)贸易(Jacobs 1984, 183－203)。这里所谓的不自然贸易包括发达的中心经济与不发达的边缘之间进行的强制交易。在雅各布斯的模型中，所谓的自然(natural)贸易发生于发展阶段相近的各方之间。在这里，雅各布斯将依附理论倒置了过来：不是边缘滋养(subsidizing)着中心，而是帝国构筑者在其扩张野心的驱使下破坏了中心城市的财富源泉用以滋养整个帝国。如果对此不加克制，国家会将中心城市的财富拖入苦海，进而让整个经济消耗殆尽。正如上述所言，雅各布斯是怀着西方资本主义民主催生的城市偏见来开始她的理论分析的。

雅各布斯不太关心连续性问题，而更加关注发展模式之间的转换。如果罗坎与厄文，以及梅尼与怀特等人对连续性的强调将他们引向一种由自我修复机制维持的线性发展理论，那么雅各布斯的分析则要更加开放。对于雅各布斯而言，萧条的经济也许难以复苏，尤其当它们被强大的帝国主义国家所阻碍的时候；但是，如果市场力量是自由和积极的，那么复苏仍然是很有可能的(Jacobs 1984, 229－230)。

对中心—边缘分析的新马克思主义政治经济学模型的批判主要集中于以下五个方面：(1) 未能呈现一种表达清晰的理论(Stinchombe 1982; Roth 1982)；(2) 对资本主义和中心崛起的解释力不足(Stinchombe 1982; Skocpol 1977)；(3) 对国家自主权的严重低估(Skocpol 1977)；(4)有关资本的产生、积累和聚集的理论解释不足(Janowitz 1977)；(5)未对帝国主义之于资本主义发展的必要性进行充分证明(Janowitz 1977)。

近期的一些研究试图推进这一模型的理论发展。沃勒斯坦提供了一种资本主义扩张的宏大理论。布洛维对资本积累的过程进行了更为详细的阐述，而梅西和史密斯则扩展了该分析的空间维度。这些贡献使得完成本文的第一部分更加容易，但并未能很好地克服上述的一些批判。

对资本主义和中心崛起的解释仍显得较为薄弱。沃勒斯坦(Wallerstein 1983a, 41－43)直截了当地给出了一种目的论的解释，而且还抨击了现代科学对这一解释的拒斥：当封建欧洲的上层阶级的利益受到残酷的战争、对土地所有制的挑战、平权运动，以及效率不断提升的小农生产的威胁，历史资本主义得以产生，用以保护这些上层阶级的利益。简言之，"现实确实在土崩瓦解"。没有资本主义，"欧洲的封建结构将演化为一种相对平等的小规模生产体系，进一步削平上层贵族乃至整个政治结构"。史密斯(Smith 1984, 47)的解释也大同小异。我们是否被要求接受"上层阶级为了他们自身的利益，有意识地来调动经济和技术资源"这一观念？不！甚至连沃勒斯坦都拒绝称"有人有意识地表达了这一意愿"。然而，这种解释未能阐明资本主义生成这一难题，也未能回答如下问题：为什么是资本主义？为什么是欧洲？为什么是封建时期？

中心—边缘分析的一个独特的魅力在于，它试图减少人们对作为首要分析单位的民族国家的长期依赖。尽管新古典主义和新马克思主义政治经济学模型都对此进行了有益的矫正，但二者也都未能完全摆脱民族国家。这一点批判很早就存在了(参看 Skocpol, 1977, 1080)，然而，这一问题在今天仍旧存在。例如，在沃勒斯坦那里，"国家—结构"仍然被当作"政治调适最有效的工具"。而对于布洛维而言，国家似乎成了中心的再分配机制，福利国家用来缓解阶级冲突。但问题是，如果国家将收入重新分配给工人阶级，它是否还能处于资本的独立控制之下？对于这一问题，布洛维(Buroway 1985, 32ff)、史密斯(Smith 1984, 49ff)和沃勒斯坦(Wallerstein 1983a, 75ff)等人的答复都是基于剥削者的虚假意识得出的：资本主义的一个重要优势在于它有能力"掩饰"对剩余价值的攫取。这一论点在很大程度上依赖马克思主义经济学。

因此，该模型的内核仍然是马克思主义经济学的假设：劳动价值论、资本积累、资本聚集、利润率下降，以及过度生产的危机。在这些假设的基础上，该模型加入了外在于资本主义的经济领域这一观念，这在资本主义发展和中心—边缘互动中扮演了重要角色。总体来说，上述假设未经考证直接被拿来用于理论分析。最近的一些研究则尝试对其进行修正。

李嘉图(Ricardo)和马克思的劳动价值论是这些分析的重要基石。没有这一理论，对剥削和资本主义之角色的阐释将被严重削弱。首先，劳动被视为市场均衡和完全竞争状态下的一种商品。换言之，在该理论中，市场、土地、资源，以及动机的差异化占有等因素对于价值而言并不具有特别的作用。其次，劳动作为一种商品也意味着，劳动力的价格就是劳动力再生产的价格。再次，劳动仅仅在创造剩余价值的意义上才被视为生产性的。尽管在马克思（Marx 1967，Vol. 1，192）那里，工厂劳动是通过劳动价值论来进行分析的，但资本家提供的却是一种非生产性的服务。最后，劳动被视为生产的唯一要素，以及价值的唯一创造者。与劳动相比，资本并没有赋予商品更多的价值，并且在生产过程中被消耗掉了。这些假设暗藏于中心—边缘分析的许多地方。

资本主义的驱动力是资本积累。但是这一定义性的假设并没有得到进一步的发展（Wallerstein 1983a，14）。当人们提出"为什么资本家要积累?"的问题时，大部分学者都沿袭马克思的做法在市场的独裁中寻求答案。这一假设忽视了有关资本主义企业的大量文献，这些文献阐述了资本主义除了利润以外的驱动力。

资本积累就会促成该模型的第三条原则（原文为"tenant"，疑似应为"tenet"。——译者注），即资本聚集。梅西（Massey 1984，26，47）和沃勒斯坦（Wallerstein 1983a，32），与马克思一样，认为将会有更大程度的资本聚集。尽管马克思提到了市场的杠杆作用，但资本并没有被视为一种服从市场价值并追求利润最大化的商品，否则这就会鼓励资本的去中心化（decentralization）。这样一来，资本聚集假设与帝国主义条件之间就产生了矛盾。梅西（Massey 1984，26）忽略了这一矛盾，沃勒斯坦却诉诸对廉价劳动力的追求来解释资本主义的全球扩张。这一解释就能使得沃勒斯坦达致他那线性而宏大的结论（Wallerstein 1983a，98－110）。

史密斯和布洛维则更进一步：他们放弃了用有关聚集的假设来考察资本主义的去中心化趋势，似乎也放弃了有关资本不断聚集的假设。史密斯（Smith 1984，96）引述了列宁有关金融资本主义力图消除资本在空间和功能分配不均的思想。为了解释最近发生的去中心化趋势，作者还引入了市场与均衡的一种新功能。通过这些因素，作者最终指向了自我修复的机制，史密斯（Smith 1984，148－151）将其称为一种的不发达"拉锯"理论，类似的观点也可参见布洛维（Burawoy 1985，

261－268)。这些修正进一步弱化了原有理论所特有的那种启示录(apocalyptic)倾向。

所有研究者都把如下假设视为理所当然的事情:资本主义利润率的下降、过度生产的危机,以及必然产生的扩张和帝国主义(Smith 1984, 49, 125－126, 140－141; Burawoy 1985; Wallerstein 1983a, 27－28, 35)。马克思有关利润率下降的理论是以劳动价值论为先决条件的:如果劳动是价值与利润的唯一创造者,那么新创造的价值与支付给工人的价值之间的差异,以及利润率(利润和资本的比例)就一定会随着资本中用于雇佣工人的比例的变动而变动,这就是马克思所谓的资本的"有机构成"。换言之,如果越多的资本被用于不产生剩余价值的生产资料,那么花在劳动力身上的资本就越少,随之,剩余价值就越少,或者说资本的利润率就越低(Marx 1967, Vol. 1, 42－26, 387－390)。简言之,马克思的利润率下降理论只有在劳动价值论的基础上才能成立。而人们却很少关注马克思自己所提出的相反趋势(Marx 1967, Vol. 3, 232－241)。

类似地,过度生产的危机是以剩余价值所必需的工人的贫困化(immiseration)为基础的。过度生产或消费不足的危机之所以会产生,是因为,只有劳动而非资本才能创造价值。马克思(Marx 1967, I, 312ff)显然意识到了资本投资在提高劳动生产率方面的重要性,即他所谓的"相对剩余价值",但是尽管资本的运用提高了生产率,但增加的价值却被资本家以剩余价值的形式剥削了。如果生产率降低了商品价格,资本家就会相应地减少工人的工资,最终就会导致过度生产的危机。不过,马克思也指出,劳工协会(labor associations)也许能使工人保留一定比例的剩余价值。

新马克思主义政治经济学的中心—边缘模型的最突出的特点在于其将价值创造、积累和聚集等理论主张在空间维度上进行了扩充。梅西的分析关注的是一个资本主义经济体(英国)的内部,而沃勒斯坦的分析则将资本主义扩充到非资本主义区域,而后者是前者实现资本积累的必备条件。表面上看,这种观念只是马克思原始积累理论的空间扩展,但实际上,它包含了许多新的内容。对于马克思(Marx 1967, Vol. 1, 716)而言,在资本主义的兴起过程中,原始积累和前资本主义是在某种特殊的历史条件下运行的,但是,在资本主义产生后,其重要性就有所下降了。

这种有关资本主义和前资本主义的区分来源于卢森堡(Luxemburg 1968)的内外领域区分(internal and external spheres)，卢森堡认为，原始积累对资本主义的成长持续发挥着重要作用。这就意味着，当资本主义不能继续像非资本主义区域那样扩张时，它就会面临重大危机(Wallerstein 1974; 1983a, 34 - 35, 109 - 110. Smith 1984, 95, 140 - 141)。换言之，资本主义必须通过扩张来维系自己，但是在扩张过程中，它又在摧毁它的生存条件。不过，当人们尝试对外部领域和内部领域进行明确界定时，该理论推演中的难题就会凸显出来，那就是，它在逻辑上会限制外部环境对资本主义的重要性(Levine 1982, 313; Heim 1986)。

这一概念上的困境对于中心—边缘分析有着极大的启示意义。鉴于社会、政治与经济的组织形态，以及对资本主义扩张的回应都被归因于生产方式，而又未能详细阐明资本主义与非资本主义两种形态，如下几个有待进一步讨论的议题就产生了：前者与后者的关系和中心对从边缘榨取的剩余价值的依赖、资本的持续聚集，以及资本主义的最终危机。

另外，研究者还需要证明，对边缘的入侵是由经济驱动的，并且是有利可图的。这种分析理路忽略了入侵的宗教、文化与军事目的(Janowitz 1977, 1094)。更重要的是，正如海姆(Heim 1986)指出的，并没有证据可以证明，资本主义的早期增长是依赖前资本主义经济的。她对资本主义快速增长期(1865—1914 年)的分析表明，投资流向了新近的殖民地区(regions of recent settlement)，而非资本主义的边缘地区。奥布莱恩(O'Brien 1982, 4)则指出，在 1780—1790 年间，"也许只有1%"的欧洲贸易是与边缘地区进行的，而且这也算不上"特别地有利可图"。沃勒斯坦(Wallerstein 1983b, 582)对此的回应是，他并没有宣称边缘地区的决定性作用，尽管它可能很小，但"也有它的意义"。这很难有说服力。诚然，任何东西都可能与其他东西相关联，但是，如果说社会科学是关于任何事物的，那就应当探讨哪些东西比其他东西更加重要。

解决这一概念与现实难题的更好做法也许在于区分旧市场与新市场，而不是资本主义与非资本主义，但是这一分析路径又会产生新的问题：首先，它搁置了资本主义的定义这一问题；如果我们知道资本主义是什么，也就能定义资本主义不是什么。更重要的是，仅仅定义旧市场与新市场就会让我们接近新古典主义对社会的理解，即社会是由具有不同市场价格的资源构成的一个大容器。布洛维(Burawoy 1985，215 - 216)通过批判卢森堡回归马克思(Marx 1967，Vol. 1，765 - 774)的做法为我们提供了另一种路径。在布洛维看来，资本主义并不依赖向前资本主义区域的持续扩张，而是以符合其利益的方式对前资本主义形式进行了替代或重组。这种分析路径的转换是有价值的，因为它消除了有关资本主义发展的讨论中的一个理论瓶颈。

四、结论

如果我们就此简单地总结，无论中心—边缘分析的新古典主义模式，还是新马克思主义模式，其内容都只"是一些已逝经济学家的陈词滥调"，这种结论未免过于粗糙。不过，通过上述对两种理论模式的考察，我们看到，除了少数例外，早期经济模型的理论假设都被全然接受了。在那几个例外中，中心与边缘变成了社会中好与不好的隐喻，而它们的空间区位因素却变得不那么重要。一些研究者尝试深究这两种模型的核心假设，但是，即使在布洛维和雅各布斯那里，当他们试图挑战理论中相关的传统解释时，他们最终更多地回到了传统假设与模型中，而不是发展出新的视角。毫无疑问，只有熟悉传统的政治经济学才可能更好地理解我们所做的努力，不过，这仅仅是起点而非终点。古典政治经济学家是基于他们那个时代的现实问题来进行理论思考的，我们也应当如此。

参考文献

BATES，R. H.（1981）Markets and States in Tropical Africa：The Political Basis of Agricultural Policies. Berkeley：Univ. of California Press.

BERRINGTON，H.（1985）"Centre-periphery conflict and British politics，" pp. 171 - 206 in Y. Meny and V. Wright（eds.）Centre-Periphery Relation in Western Europe. London：Allen & Unwin.

BURAWOY，M.（1985）The Politics of Production：Factory Regimes Under Capitalism and Socialism. London：Verso.

CHRISTALLER，W.（1966）Central Places in Germany. Englewood Cliffs，NJ：Prentice-Hall.

COX, K. R. and D. R. REYNOLDS (1974) "Locational approaches to power and conflict," pp. 19 - 42 in K. R. Cox, D. R. Reynolds, and S. Rokkan (eds.) Locational Approaches to Power and Conflict. New York: John Wiley.

CREWE, I. (1974) "Do Butler and Stokes really explain political change in Britain?" European J. of Pol. Research 2: 47 - 92.

DEUTSCH, K. (1953) Nationalism and Social Communication. Cambridge: MIT Press.

GALTUNG, J. (1971) "A structural theory of imperialism." J. of Peace Research 8, 2: 81 - 116.

GALTUNG, J., T. HEIESTAD, and E. RUDENG (1980) "On the decline and fall of empires: The Roman Empire and Western imperialism compared." Review 4, 1: 91 - 153.

GOFFMANN, J. ed. (1980) Centre and Periphery: Spatial Variation in Politics. Newbury Park, CA: Sage.

GORDON, D. M., and R. EDWARDS, and M. REICH (1982) Segmented Work, Divided Workers: The Historical Transformation of Labor in the United States. Cambridge: Cambridge Univ. Press.

GOTTMANN, J. (1952) "The political partitioning of our world: an attempted analysis." World Politics 4: 512 - 519.

HADJIMICHALIS, C. (1983) "Regional crisis: the state and regional social movements in Southern Europe," pp. 127 - 147 in D. Seers and K. Ostrom (eds.) The Crisis of the European Regions. New York: St. Martin's.

HARTSHORNE, R. (1941) "The politico-geographic pattern of the world." Annals of the American Academy of Political and Social Science 218 (November).

HECHTER, M. (1975a) Internal Colonialism: The Celtic Fringe in British National Development, 1536 - 1966. Berkeley: Univ. of California Press.

HECHTER, M. (1975b) "Review essay." Contemporary Sociology 4, 3: 217 - 222.

HEIM, C. A. (1986) "External spheres and the theory of capitalist development." Social Concept 3, 2 (December).

HIRSCHMAN, A. O. (1958) The Strategy of Economic Growth. New Haven: Yale Univ. Press.

JACOBS, J. (1984) Cities and the Wealth of Nations: Principles of Economic Life. New York:

Random House.

JANOWITZ, M. (1977) "A sociological perspective on Wallerstein." Amer. J. of Sociology 82, 5: 1090 - 1112.

JOHNSTON, R. J. (1982) Geography and the State: An Essay in Political Geography. New York: St Martin's.

KEOHANE, R. O. (1984) "The world political economy and the crisis of embedded liberalism," pp. 125 - 138 in John H. Goldthorpe (ed.) Order and Conflict in Contemporary Capitalism. Oxford: Clarendon.

KINDLEBERGER, C. P. (1978) Economic Response: Comparative Studies in Trade, Finance and Growth. Cambridge, MA: Harvard Univ. Press.

LEVINE, D. (1982) "Determinants of capitalist expansion." Economic Development and Cultural Change 30: 299 - 320.

LIPTON, M. (1977) Why Poor People Stay Poor: A Study of Urban Bias in World Development. London: Temple Smith.

LUXEMBURG, R. (1968) The Accumulation of Capital. New York: Monthly Review Press.

MADGWICK, P. and R. ROSE (1982) The Territorial Dimension in United Kingdom Politics. London: Macmillian.

MARX, K. (1967) Capital, 3 volumes. New York: International.

MASSEY, D. (1984) Spatial Divisions of Labor: Social Structures and the Geography of Production. New York: Methuen.

McKENZIE, N. (1977) "Centre and periphery: the marriage of two minds." Acta Sociologica 20, 1: 55 - 74.

MENY, Y. and V. WRIGHT (1985) Centre-Periphery Relations in Western Europe. London: Allen & Unwin.

MERRITT, R. L. and S. ROKKAN (1966) Comparing Nations: The Uses of Quantitative Data in Cross-National Research. New Haven: Yale Univ. Press.

MYTELKA, L. K. (1987) "Knowledge intensive production and the changing internationalization strategies of multi-national firms," pp. 43 - 70 in J. A. Caporaso (ed.) A Changing International Division of Labor. Boulder, CO: Lynne Rienner.

NAIRN, T. (1977) The Break-Up of Britain. London: NLB.

NAUSTDALSLID, J. (1977) "A multi-level approach to the study of center-periphery systems and socio-economic change," J. of Peace Research 14, 3: 203 - 222.

O'BRIEN, P. (1982) "European economic development: The contribution of the periphery." Econ. History Rev. 35, 1: 1 - 18.

ORRIDGE, A. W. (1981a) "Uneven development and nationalism, 1." Pol. Studies 19, 1: 1 - 15.

PARKER, W. N. (1984) Europe, America, and the Wider World: Essays in the Economic History of Western Capitalism, Vol. 1: Europe and the World Economy. Cambridge: Cambridge Univ. Press.

PERROUX, F. (1950) "Economic space: Theory and applications." Q. J. of Economics 64: 89 - 104.

PIORE, M. (1979) Birds of Passage: Migrant Labour and Industrial Societies. Cambridge: Cambridge Univ. Press.

ROKKAN, S. (1970) Citizens, Elections, Parties. New York: David Kay.

ROKKAN, S. (1973) "Cities, states, and nations: A dimensional model for the study of contrasts in development," pp. 73 - 97 in S. N. Eisenstadt and S. Rokkan (eds.) Building States and Nations: Methods and Data Resources, Vol. I. Newbury Park, CA: Sage.

ROKKAN, S. (1975) "Dimensions of state formation and nation-building: a possible paradigm for research on variations within Europe," pp. 562 - 600 in C. Tilly (ed.) The Formation of National States in Western Europe. Princeton: Princeton Univ. Press.

ROKKAN, S. (1981) "Territories, nations, parties: Toward a geoeconomic-geopolitical model for the explanation of variations in Western Europe," pp. 70 - 95 in R. L. Merritt and B. E. Russett (eds.) From National Development to Global Community. London: Allen & Unwin.

ROKKAN, S. and D. URWIN (1983) Economy, Territory, Identity: Politics of European Peripheries. Newbury Park, CA: Sage.

ROTH, G. (1982) "Review: the modern world system, II: mercantilism and the consolidation of the European world-economy, 1600 - 1750." Social Forces 60, 4: 1199 - 1201.

SAMUELSON, P. A. (1948) "International trade and the equalization of factor prices." Econ. J. 58, 230: 163 - 184.

SEERS, D. (1979) "The periphery of Europe,"pp. 3 - 34 in D. Seers, B. Schaffer, and M. -L. Kiljunen (eds.) Under-developed Europe: Studies in Core-Periphery Relations. Atlantic Highlands, NJ: Humanities.

SELWYN,P. (1979)"Some thoughts on cores and peripheries,"pp. 35 - 44 in D. Seers, B. Schaffer, and M. -L. Kiljunen (eds.) Underdeveloped Europe: Studies in Core-Periphery Relations. Atlantic Highlands. NJ: Humanities.

SKOCPOL, T. (1977) "Wallerstein's world capitalist system: A theoretical and historical critique." Amer. J. of Sociology 85, 5: 1075 - 1090.

SMITH, A. (1982) The Wealth of Nations. New York: Penguin.

SMITH, C. A. (1976a) "Regional economic systems: Linking geographical models and socioeconomic problems," pp. 3 - 63 in C. A. Smith (ed.) Regional Analysis, Vol. I: Economic Systems. New York: Academic Press.

SMITH, C. A. (1976b) "Exchange systems and the spatial distribution of elites: The organization of stratification in agrarian societies," pp. 309 - 374 in C. A. Smith (ed.) Regional Analysis, Vol. II: Social Systems. New York: Academic Press.

SMITH, N. (1984) Uneven Development: Nature, Capital and the Production of Space. Oxford: Basil Blackwell.

SMOUT, T. C. (1980) "Scotland and England: Is dependency a symptom or a cause of underdevelopment?" Review 3, 4: 601 - 630.

SOJA,E. W. (1974) "A paradigm for the geographical analysis of political systems," pp. 43 - 72 in K. R. Cox, D. R. Reynolds, and S. Rokkan (eds.) Locational Approaches to Power and Conflict. New York: John Wiley.

STINCHOMBE, A. L. (1982) "The growth of the world-system." Amer. J. of Sociology 87, 6: 1389 - 1395.

TORSVIK, P. (ed.) (1981) Mobilization, Center-Periphery Structures and Nation Building. Oslo: Universitetsforlaget.

URWIN, D. (1985) "The price of a kingdom: territory, identity and center-periphery in Western Europe," pp. 151 - 170 in Y. Meny and V. Wright (eds.) Center-Periphery Relations in Western Europe. London: Allen & Unwin.

WALLERSTEIN, I. (1974) "The rise and future demise of the world capitalist system:

Concepts for comparative analysis." Comparative Studies in Society and History 16，3：387－415.

WALLERSTEIN，I.(1976a) The Modern World System：Capitalist Agriculture and the Origins of the European World-Economy in the Sixteenth Century. New York：Academic Press.

WALLERSTEIN，I. (1976b) "Modernization：Requiescat in pace，" pp. 131－135 in L. Coser and O. Larsen (eds.) The Uses of Controversy in Sociology. New York：Free Press.

WALLERSTEIN，I. (1978) "World system analysis：Theoretical and interpretative issues，" pp. 219－235 in B. H. Kaplan (ed.) Social Change in the Capitalist World Economy，Vol. 1：Political Economy of World System Annuals. Newbury Park，CA：Sage.

WALLERSTEIN，I. (1979) The Capitalist World Economy. Cambridge：Cambridge Univ. Press.

WALLERSTEIN，I.(1983a) Historical Capitalism. New York：NLB.

WALLERSTEIN，I. (1973b) "European economic development：A comment on O'Brien." Econ. History Rev. 36，4：580－583.

第三章 国际关系

帝国主义的中心—边缘结构理论*

约翰·加尔通(Johan Galtung)

奥斯陆国际和平研究所(International Peace Research Institute, Oslo);

奥斯陆大学(University of Oslo)

一、导 论

本理论的提出源于当今世界中两个十分刺眼的现实:国内和国际的极度不平等。这种不平等不仅表现在人类生活状况(living conditions)的几乎所有方面,也表现在决定这些生活状况的权力层面,以及这种不平等对改变的抗拒。世界是由中心国和边缘国组成的,而每一个国家内部又同时存在着中心和边缘。我们所要讨论的就是这种差距——尤其是中心国内的中心与边缘国内的边缘之间的差

---

* 本文译自 Galtung, Johan. "A Structural Theory of Imperialism." *Journal of Peace Research*. 1971, 8(2): 81 - 117. Copyright@1971 by SAGE Publications. Reprinted by Permission of SAGE Publications, Inc. 英语原文由 SAGE 出版集团出版,本译文经其授权翻译出版。原文注释:本文是为 1970 年 9 月在慕尼黑召开的国际政治学会世界大会(International Political Science Association World Conference)准备的论文的修订版,当时的题目是"政治发展和国际环境:关于帝国主义的论述"。感谢 Ali Mazrui 邀请我写这篇文章,也感谢 Saul Mendlovitz 主持的"世界秩序模型项目"(World Order Models Project)的其他成员参与了深入和令人兴奋的讨论,尤其是 Osvaldo Sunkel, Stephen Hymer 和 Otto von Kreye。本文也曾在如下地点展示:1970 年 7 月和 9 月在维也纳的国际和平学会(International Peace Academy),1970 年 12 月在隆德大学(University of Lund),1971 年 1 月在布鲁日的欧洲学院(College of Europe)和格罗宁根大学(University of Groningen),1971 年 1 月在奥斯陆国际和平研究所。感谢各地的讨论者,尤其是 Lars Denick, Egil Fossum, Tord Høivik, Susan Høivik 和 Kunt Hongrø。该文可标注为奥斯陆国际和平研究所(International Peace Research Institute)PRIO 出版物第 27 - 1 期。

距——背后所隐含的机制。换言之，我们旨在探讨如何认识、解释，以及应对作为**结构化暴力**[①](structural violence)的一种主要形式的不平等。无论是在理论还是在现实的意义上，关于从结构化暴力中谋求解放的任何理论都源于对支配体系(dominance system)的充分研究，正是这一支配体系阻碍了解放之路。而我们在这里即将讨论的就是支配体系的一种特殊类型——**帝国主义**。

帝国主义可以被理解为集体之间——尤其是国家之间——的一种支配关系(dominance relation)。帝国主义是一种复杂而精细的支配关系，它将国家进行划分，其中，中心国的中心在边缘国的中心建立起基于二者共同利益的桥头堡，而这正是帝国主义的基础所在。我们不能把帝国主义的形式与权力控制的其他形式相混淆。因此，A对B的军事占领可能严重限制了B的行动自由，但是，除非它们以某种特殊的方式关联在一起，否则并不能构成一种帝国主义关系。对于征服甚至占领而造成的**威胁**，同样如此(即并不能仅仅因为威胁的存在而称之为帝国主义关系——译者注)，因为两国此时可能还处在一种权力关系的平衡之中(as in a balance of power relationship)。另外，一个国家可能饱受来自底层的持续滋扰，但是这样的**颠覆类**活动也和帝国主义明显不同。

因此，帝国主义是支配与权力关系这一属(genus)中的一种(species)。它是某种东西的子集。同时，它也有自己的子集，这一点我们会在后文探讨。国家和其他集体间的支配关系不会随着帝国主义的消失而消失，同时，一种类型的帝国主义(例如政治的或经济的)的终结也并不意味着另一种类型(例如经济的或文化的)的终结。我们的观点不是马列主义者所追求的那种传统意义上的还原论，他们将帝国主义看作私人资本主义下被市场扩张需求驱使的一种经济关系，而且也将关于支配的理论建立在帝国主义理论的基础之上。根据他们的观点，当经济帝国主义的资本主义条件难以维系时，帝国主义和支配关系也将像多米诺骨牌一样同时倒塌。而根据我们在此发展的理论，帝国主义是两个集体间的一种更为抽象的结构关系，必须首先在抽象的意义上被理解，然后才能在具体现实中被理解和被反抗。这就如同，天花病只有在流行病理论的大背景下才能更好地被理解，而流行病则在

① 关于这个概念，参见(Galtung 1969)。

更广泛的病理学背景下才能更好地被理解。

简言之，帝国主义是一个系统，它首先将集体分解，然后通过**利益一致**（harmony of interest）将其中的一些部分联结，而与其他部分之间处于**利益不一致**（disharmony of interest）或**利益冲突**（conflict of interest）。

二、定义“利益冲突”

“利益冲突”是冲突的一种特殊形式，在这一情境中，相关方追求的目标间是难以调和的。在这种特殊形式中，这些目标被有的人规定为所谓的“真正”利益，而完全忽视相关方自己对其价值追求的清晰表达。采取这种做法的一个借口源自对无限理性的排斥，即行动者并**不**必然了解——或者无法表述——他们的利益所在。一个更重要的原因在于理性本身的分配是不均衡的，因为一些人可能控制着另一些人的思想，这就将导致“虚假意识”（false consciousness）。所以，学会压制他人的真正利益可能就成了社会化——尤其是教化——的一项重要内容。

让我们将这种真正利益称为 LC，**生活状况**（living condition）。我们可以用收入或者通常物质意义上的生活水平（standard of living）等等来衡量它，但这里面一定还包含**生活质量**（quality of life）的概念，当然也有**自主性**（autonomy）的概念。不过，对我们而言，LC 到底包含哪些确切内容并不十分重要，重要的是利益冲突的概念：

> 如果相关联的双方之间的 LC 差距不断增大，那么，我们就说他们之间存在利益冲突或利益不一致；
>
> 如果相关联的双方之间的 LC 差距向零缩小，那么，我们就说他们之间没有利益冲突或者他们之间利益一致。

这一定义中有几点需要澄清：

第一，各方必须相互关联，换句话说，必须存在**互动**。相互孤立的各方之间的差距并不会产生利益问题。例如，在白种欧洲人到来之前，非洲、亚洲和美洲人民之间既不存在利益一致,也没有利益不一致——**什么都没有**。

第二,这里指的是**相关方**(parties),而不是行动者(actors)。**利益**冲突(conflict of interests)理论与**目标**冲突(conflict of goals)理论不同,它并没有假设各方[更好的用词是各类(categories)]已经具体化为了行动者。行动是人们在清楚地认识了自己的处境后才会去做的,也就是说,利益冲突可能会转变为**目标**冲突。如果一国内的中心,在这里指的是"政府"(广义而言,不是"议会"),利用权力获得了比国内其他人多得多的 LC 增长,根据这一定义,政府和人民之间就存在利益不一致。进而,政府可能因此被定义为不合法的——这与不合法的通常定义不同。通常认为,不合法性是一种意见,一种由立法机关或人民表达的意见。但这种定义的问题在于,它预先假定了一定的理性、表达的能力,以及政治意识和党派形成,而这些假定只有在某种垂直社会(vertical societies)的中心才可能成立。这种认识将中心作为一个整体很好地保护了起来。它还可能导致中心内各群体间的流动——无论程度如何,从而整个垂直社会也得到了保护。

第三,如何处理**固定差距**(constant gap)的情形,即各方一齐增长,增长速度相同,他们的差距保持不变,这种情况应该被界定为利益一致还是不一致?我们在这里将其定义为不一致,因为双方最终无法发展到同一个水平。即使他们平行**发展**,价值分配仍是如此不平等,我们也就不可能将其看作利益一致的情形。相反,这是一种达到了稳定状态的不一致。

第四,这一定义的优点在于,它可以让我们通过测量两条路径的夹角(即双方 LC 的变化路径之间的夹角——译者注)来讨论**一致或不一致的程度**,甚至速度。因此,我们也就避免了在一致与不一致的简单两极下做讨论的难题,而是开始考量一致与不一致的强弱问题。

第五,定义中的"增大"与"缩小"暗含着**时间**观念。将概念操作化为静态的 LC 差距,这种忽视时间维度的做法并不能令人满意。这种做法对于**目标**冲突而言尚可接受,因为我们只需要去面对那些价值明确的、界线清晰的行动者,去考虑他们之间是否能够调和之类的问题,即没有必要考虑这个系统的时间维度,但是,为了认识**利益**冲突,我们至少需要做一个二元历时分析(bivariate diachronic analysis)才能去了解这个体系是如何运作的。

显然，我们需要对差距（即LC差距——译者注）的**大小**做出区分，并探讨这一差距在一段时期后的变化情况。如果我们仅仅能够获得一定时期内的静态数据，那我们当然要去集中考察差距的大小问题，**差距大，我们就说是利益不一致；差距小或者为零，我们就说是利益一致**。

这一简化（approximation）看起来不是太糟，但它确实带给我们一些问题。比如，按照利益不一致程度从小到大的顺序，我们应该如何对表3-1中的各种组合进行排序呢？在表3-1中，组合B和组合C的排序就是个问题。我们认为应当按字母表的顺序进行排列（即B的利益不一致程度小于C——译者注），原因有二：首先，动态的转变比静态的事实更重要（至少在相对较短的时间内如此）；其次，历时关系可能更能反映它们之间的关联性。例如，1970年挪威（作者加尔通是挪威人，所以在文中多次提到挪威的案例。——译者注）与尼泊尔生活状况的差距并不重要，还不能指向任何的帝国主义。如果这一差距持续拉大，这一怀疑的论据也许就多了一点。不过，要将其诊断为帝国主义，还需要更多的证据。这里最重要的就是定义中的“关联”（coupling）一词，它意味着在互动关系（interaction relation）与互动结构（interaction structure）（这些将在后文详述）中存在某种高于简单相关（correlation）的社会因果关系（social causation）。

表3-1　利益一致/不一致的四种类型

		差距	
		缩小	增大
差距	小	A	C
	大	B	D

总结一下，生活状况间的差距，至少在一个重要方面，是利益不一致或利益冲突的必要条件，如果不是充分条件的话。倘若还能对这一差距进行历时观察，就有更好的依据来对帝国主义做诊断。

总之，这里所采用的利益概念显然也是建立在某种意识形态基础上的，或者说建立在有关**平等的某种价值前提**基础上的。[①]那就是，如果某种互动关系和互动结构的建立在结果上导致了不平等，那么它就是一种不符合弱者利益的互动(coupling)，这就是一种价值前提，就像社会科学研究中的其他价值前提一样，比如“直接暴力是坏的”“经济增长是好的”“冲突应当被化解”等。所有的社会科学都一样，我们的目标并不是摆脱这种价值前提去追求所谓“客观的”社会科学，而是一种更加诚实的(honest)社会科学，在那里，价值前提被阐述得很清楚。

三、定义“帝国主义”

现在，我们可以利用前两节所阐述的内容来定义帝国主义了。在一个两国家模型的世界中，帝国主义可以被定义为一种方式，中心国家通过这种方式对边缘国家享有权力，并导致二者间形成利益不一致。具体而言，**帝国主义**是中心国与边缘国之间的一种关系，在这里[②]：

(1) 中心国的中心与边缘国的中心之间存在利益一致；
(2) 与中心国内部相比，边缘国内部存在更多的利益不一致；
(3) 中心国的边缘与边缘国的边缘之间存在利益不一致。

这一定义大概可以用图3-1来展示。这个复杂的定义的很多内容是从列宁

① 这一关于平等的价值前提在自由主义关于分配、再分配和社会价值的讨论中，以及马克思主义关于消灭剥削的讨论中有所表现。这两种途径的共同点在于，它们都认为一方可能享有利益，即使它们没有声称如此。不同的是，自由主义途径是在现有社会结构的基础上进行再分配，而马克思主义的方法则要求改变这一结构。人们还可能基于以下一点来区分这两种途径：是否能够通过社会生产的物质和精神价值的均等化或者通过对社会生产什么的决定权的均等化来实现和谐。但是，作为一种结构，帝国主义打破了这种区分。在我们看来，帝国主义是基于利益一致和利益不一致这些更宽泛的概念。

② 这里没有探讨我们对帝国主义的定义与Hobson，Luxemburg，Lenin，Hilferding，以及其他人给出的定义之间的异同。我们的定义来源于一定的研究传统，部分是对国际互动结构的许多发现的归纳，部分又是对与结构暴力，尤其是不平等理论，相关的思想的延伸。

那里借鉴来的[①]，我们还需要做一些具体说明。其基本观点是，中心国的中心在边缘国有着自己精心选择的桥头堡，即边缘国的中心。由此，边缘国的中心被连接到中心国的中心，而且是通过一种也许是最好的纽带加以连接的，那就是利益一致的纽带。它们捆绑在一起，共进退，甚至共存亡。这一点将在后文做详细论述。

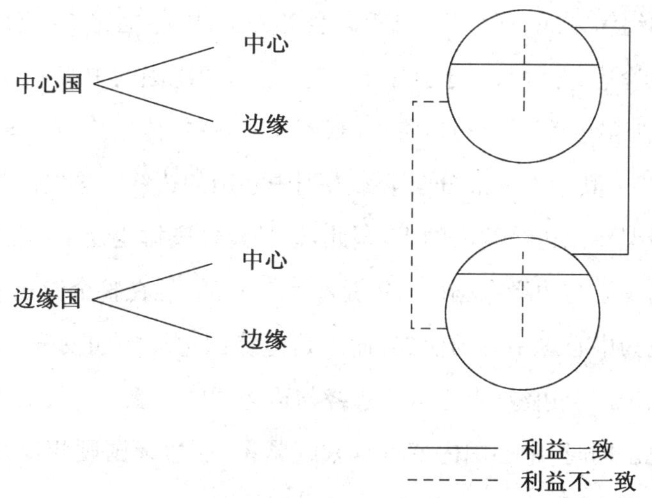

图 3－1　帝国主义的结构

而在两个国家**内部**也分别存在着利益不一致。这两个国家都是存在着生活状况差异的某种垂直社会，否则我们就无法在其内部找到中心与边缘的划分。更重要的是，这种差距并不是在缩小，充其量是保持不变，但最重要的是，有待展开的整个理论的核心点在于，**边缘国内部的利益不一致大于中心国内部的利益不一致**。在最简单的静态层面，这就意味着，边缘国内部有着更大的不平等。而在更复杂的层面上，我们也许可以说，边缘国内部的差距扩大得更快，而中心国内部的差距扩大得相对较

① 我们的定义特别借鉴了列宁对帝国主义的定义的一个方面：劳工贵族的观念。列宁引用了恩格斯的话："而工人十分安然地同他们共享英国的殖民地垄断权和英国在世界市场上的垄断权"（此译文援引自《马克思恩格斯全集》第 35 卷，第 353 页。——译者注）（L'imperialisme: Stade supreme du Capitalisme, Moscow, 1969, p. 139）。桑戈尔（L. S. Senghor）也表达了同样的思想，"欧洲的无产阶级也能从殖民统治中获益，因此，他们不会反对它，我的意思是说，不会有效地反对它"（Nation et voie africaine du socialisme, p. 51）。霍普金斯（T. Hopkins）则在《国际视野下的第三世界现代化》（"Third World Modernization in Transnational Perspective"）（*The Annals*, 1969, pp. 126－136）中指出了这一点的另外一个方面："……大多数第三世界国家明显表现出内部不平等正在逐步扩大。受过教育的人明显处于优势地位；城市工人相对还好；失业现象普遍并且递增；农村人则处于贫困。"

慢甚至保持在一定水平。通过福利国家的一些做法，利益被重新分配，不一致情况至少在生活状况的某些方面有所缓解，比如在收入方面，但是在权力方面通常不是这样的。

如果要我们用几句话来总结什么是帝国主义，也许可以这样说：

在边缘国家内部，边缘国的中心领先于边缘国的边缘，这可部分归因于中心与边缘间互动的组织方式。即使不用考虑经济关系，中心也比边缘获益更多——其方式会在后文论述。然而，对于其中的一些获益，边缘国的中心其实只是充当了传送带（例如商业组织、贸易公司），将价值（例如原材料）传送给中心国。这一价值流入中心国的中心，其中的一部分向下渗入到中心国的边缘。重要的是，中心国内的利益不一致情况要比边缘国内的少，因此，**这种整体安排也让中心国的边缘获益不少**。中心国的中心与边缘在国内可能是相互对立的，但在整个游戏中，中心国的边缘却将自己视为中心国中心的伙伴，而不是边缘国边缘的朋友——这就是整个游戏的奥妙所在。两个边缘（中心国的边缘与边缘国的边缘——译者注）之间的联合因此得以避免。同时，中心国内变得越来越紧密，而边缘国则相反，边缘国也因此难以推进其长期战略。

事实上，考察上述帝国主义的定义的三个标准，我们看到，(3)可以由(1)和(2)导出。两种中心（中心国的中心与边缘国的中心——译者注）绑在一起，而中心国的边缘又与其中心相连：这就是关键所在。如果我们现在假设边缘国的中心在边缘国内所占的比例小于中心国的中心在中心国内所占的比例，我们还能得出另一个启示：**中心国与边缘国之间存在利益不一致**。但是，这一表述，这也是人们通常所讲的，有很强的误导性，因为它遮蔽了两种中心之间存在利益媾和的事实，还会导出这样一种观念：帝国主义仅仅是一种国际关系，**而不是国内和国际关系的某种综合**。①

---

① 因此，国际统计数据不能仅仅以国家为单位给出，因为这种做法掩盖了世界互动关系的实质。一个更有效的做法是，给出我们定义中的四个群体的数据。总体来说，我们推测历时数据可能会显示，中心之中心和边缘之中心增长最快，而且差不多同步。接下来是中心之边缘，最后是边缘之边缘，它们不仅明显低于其他两方，而且增长极其缓慢，甚至没有增长。群体的人数越多，其增长水平就越低：正是这些广大民众积累的劳动才让那些居于主导地位的少数人的增长成为可能。韦斯科夫（Thomas. E. Weisskopf）对此所做的分析可谓振奋人心。他分解了发展速度并得出结论，发展中国家的发展发生在人口的上等和中等阶层，在经济生产的加工制造业方面，在城市区域。发展中国家这些地方的发展速度与发达国家这些地方的发展速度差别并不大。但是，由于缺少再分配的机制，发展中国家留下了大批边缘地带，这些边缘地带的发展接近于零甚至是负的（Weisskopf 1970）。

然而，上述定义力图界定的仅仅是帝国主义的一种理想形态，我们在次理想的情形中进行思考时，同样能得出一些重要认识。定义中的第一点——关于两个中心间的利益一致关系——显然是最重要的。假设第二点不符合，那么第三点也不符合，但此时去讨论帝国主义仍然十分有效。在这个次理想的情形中，两个边缘之间也许更容易找到对方，因为它们现在仅仅被地理距离所割裂（假设这两个国家是相距较远的两个民族国家），而不是被利益不一致割裂开来（即定义的第三个标准不符合——译者注）。因此，如果两个边缘与其中心之间的关系变得更近（即中心国内部的差距与边缘国内部的差距相近，也就是说，定义的第二个标准不符合——译者注），边缘之间的联盟就比较容易出现，此时两个中心也就不得不诉诸更直接的暴力方式（来支配边缘或压制边缘的抗争——译者注）。这与帝国主义的理想形态不同，帝国主义的理想形态依赖的或主要依赖的是一种更精妙的结构化暴力。

但是，如果两国内部没有中心和边缘的区分呢？也就是说，如果它们是完全的水平社会（horizontal societies）呢？在这种情况下，我们就不能将中心国从边缘国那里获取某些东西的支配关系看作帝国主义关系了，而应当是其他一些关系，比如打劫或者偷盗之类的。简言之，如果在边缘国的中心不存在中心国的桥头堡，根据我们这里的定义，就不存在任何形式的帝国主义。

这里还涉及方法论层面的一个重要问题。假如我们现在倒过来从另一端出发，发现一段时期后，一些国家的生活水平比另一些国家的生活水平增长得多——即形成了我们通常所说的“增长差距”（increasing gap）——而且这其中似乎还存在着某种结构和某种稳定性。正如我们前面提到的，虽然我们不能仅仅以此作为诊断帝国主义的依据，但是，我们的研究者应当沿着这个方向去寻找依据。具体来说，我们应当尝试着去研究国家间或国家集团间互动的准确性质，去判断是否可以将国家区分为我们所说的相互关联的中心与边缘。要实现这一点，就必须将这里的帝国主义概念加以具体化。为此，接下来我们会依次讨论帝国主义的两种**机制**、五个**类型**，以及三个**阶段**。

四、帝国主义的机制

帝国主义的两种基本机制都涉及相关方之间的关系，尤其是国家之间的关系。第一个机制涉及互动关系自身，第二个机制涉及如何将这些关系组织进一个更大的互动结构：

(1) 垂直互动关系的原则

(2) 封建互动结构的原则

所谓互动，其基本内涵就是，不同的人或国家具有不同却互补的价值，进而参与到交换当中。一些国家生产石油，一些国家生产拖拉机，然后它们根据比较优势进行交换。假设在我们的两国模型中，起初没有互动，后来开始了这种互动。很明显，互动就会改变双方，具体而言，从双方获益的角度来看，如果这种互动持续不对称，双方之间就会产生差距并且差距会进一步扩大。

为了研究这种互动是对称还是非对称，是平等还是不平等，我们还需要分析互动中的两个因素：

(1) 行动者之间的价值交换—行动者之间效应(inter-actor effects)

(2) 行动者内部产生的效果—行动者内部效应(intra-actor effects)

在**经济**关系层面，无论自由主义者还是马克思主义者，都常常会论及第一点。行动者之间的流动通常表现为原材料、资本，以及金融商品与服务在某种方向上的流动，这些东西能在入口处，比如海关和国家银行被量化。这两种方向的流动可以通过多种方式进行比较，其中最主要的方式就是比较**谁获益最多**。但是为了做到这一点，我们还需要考虑行动者内部效应。

表 3-2 中的收支互动关系可能有助于理解这一点。表中描绘了一种常见的交换，这种交换发生于“发达”国家 A 和“发展中”国家 B 之间，两国交换工业制成品与原材料。这种交换是发生在实物经济中还是货币经济中，对于研究完全未加

工物品(如原油)与高度加工产品(如拖拉机)间的交换而言,并不那么重要。双方都存在着负的行动者内部效应,这一点从 A 的“污染”、B 的“损耗”(depletion),以及双方的“剥削”(exploitation)等语词中可以反映出来。到目前为止,这些负的“附带效应”并没有得到系统的考量,A 的正效应也是如此,但它却是我们本文分析的基础所在。

表 3-2　收支互动关系(an interaction budget)

	A(“发达”)		B(“发展中”)	
	行动者之间效应	行动者内部效应	行动者之间效应	行动者内部效应
正的(入)	原材料	附带产品	制成品	很少或没有
负的(出)	制成品	污染,剥削	原材料	损耗,剥削

在不平等交换或非对称互动的语境下进行讨论很有意义也很重要,但是它的准确含义是什么也并非毫无问题。对此,讨论剥削的三个阶段或类型也许有所帮助,它能部分地反映时间序列中的历史**进程**(processes),又能部分地反映有关剥削的观念(thinking)的类型。

在剥削的第一个阶段,A 简单地抢掠,拿走原材料却不回报任何东西。假使它仅仅从自然中掠夺,也不会涉及与人互动的问题。但我们假设它强迫“当地人”为它工作,代它开发,这就如同奴隶主依靠奴隶的劳动——从量的角度来看,这和地主要求农民为其每周工作五天没有多大的差别。

在第二个阶段,A 开始有所“回报”。它用几个小钱“购买”油、沥青,以及土地等——这已不再是不考虑所有权的简单掠取了。当然,购买的价格毫无道理,但是,既然是一种国际贸易中的权力关系,强者就需要将弱者的权力水平从零稍稍提高一点,A 也必须贡献得更多一点,例如为石油支付更多。可问题是是否存在一个明确的临界点,在该点之后,交换就变得平等了。而且界定该点的标准又是什么?是主观不满消除了——B 说它现在满意了?还是基于客观的市场价值或是双方参与生产的工时?

这些概念都存在问题。但是,我们不应该过多地考虑如何详述这些概念,而应该将我们的注意力放在这些做法的共同缺陷上,去考察行动者**内部**效应。在行动者内部，这些互动是否导致富裕或贫穷，还是说仅仅维持着一种稳定？这些问题将我们引向剥削的第三个阶段，此时，行动者之间的流动可能达到了某种平衡，但是在行动者内部却产生了巨大的差别。①

让我们以国家间石油与拖拉机的交换为例，因为它们涉及不同层次的加工水平(processing)。在这里，我们将"processing"界定成一种将文化(Culture)强加于自然(Nature)之上的活动。在原油这个例子中，产品(几乎)是纯粹的自然；而在拖拉机的例子中，我们就不能将其称为一种纯粹的文化或纯粹的**形式**(像数学或音乐那样)。晶体管收音机和集成电路等也许是更好的例子，因为在那里，自然被消解到了最低限度，而拖拉机由于依然含有太多铁皮和橡胶，并不是一个纯粹的案例。

现在的关键点是原油和拖拉机在**加工水平上的差距**(gap in processing level)，以及这种差距对两国的不同影响。在一个国家中，油田可能就处在岸线上，所需要的只是一个油井铁架塔和一些简单的碇泊设备，然后将原油直接装船——例如一艘挪威油船——运送到其他国家，因为那里需要石油提供能量以维持拖拉机、工厂等东西的运转。而对于另外一端的国家，由于其产出的精细度和社会的关联度(connectedness of the society)，其影响也许极其广泛而且相当深远。

附带效应可能在所有方面都有所表现，我们在表 3－3 里尝试展示其中的几种。有必要对此表做一些说明，当然，这些都只是初步性的讨论。

表 3－3　不同加工水平间互动的行动者内部效应

维度	对中心国家的影响	对边缘国家的影响	分析者
1. 附带的经济效应	发展出新的**生产方式**	没有发展出什么，只留下了地上的一个洞(意指资源开发留下的伤口。——译者注)	经济学家
2. 在世界结构中的政治地位	中心地位得到加强	边缘地位再次强化	国际关系学者

① 相比国家间互动，这一点在个人间互动中得到了更深入的探讨。参见 Galtung, J.："Structural Pluralism and the Future of Human Interaction".［该文提交于 1970 年 4 月在京都召开的第二届国际未来研究大会(International Future Research Conference)］，以及 Galtung, J："Perspectives on Development: Past, Present and Future"［该文提交于 1970 年 9 月在瓦尔纳召开的国际社会学会大会(International Sociological Association Conference)］。

（续表）

维度	对中心国家的影响	对边缘国家的影响	分析者
3. 军事收益	很容易产出**破坏工具**(means of destruction)	没有收益，原材料不能用来打仗	
4. 传播(communication)收益	很容易产出**传播工具**	没有收益，原材料不能用于交通	传播方面的专家
5. 知识与研究	高水平加工急需之	不需要，这里的开发仅仅考虑当下(being)而非未来(becoming)	科学家、技术人员
6. 所需专家	**制造**(making)方面的专家，科学家，工程师	**占有**(having)方面的专家，律师	知识社会学家
7. 技能与教育	急需之，以进行加工	不需要，只是地上的一个洞	教育专家
8. 社会结构	需要改变，以将能力转化为流动性	无须改变，这里的开发基于所有权而非能力	社会学家
9. 心理状态	自力更生和自主性心理	依赖心理	心理学家

第一，假如表中所描述的都是现实，那么其影响将非常大。图中所示的其实一点也不夸张。国际互动完全有可能被设计成这样的图景，在这里，原材料输出国的正的行动者内部效应几乎为零，而加工国的正效应却影响深远。[①]同时，这一图景其实一点也不奇怪：如果加工就是文化在自然上留下的烙印，其影响一定会非常深远，同时也与发展密不可分。

第二，这些效应之间相互促进。在表 3 - 3 展示的九种效应中，经济、政治、军事、传播（“communication”在本文中是一个广义概念，包括交通运输、通信、交流和传媒等意涵，故译为“传播”。——译者注）和文化等方面相互交织在一起。如此一

① 我们在这里强调的是，一种需求可以衍生出一系列需求。经济学家就此已经形成了一些看法，例如，H. B. Chenery 和 T. Watanabe 认为，“在我们所研究的四个工业国家中（美国、日本、挪威和意大利），商品与服务的国内需求的 40%～50%都来自其他生产部门，而不是最终使用者”（Chenery & Watanabe 1958, 504）。一国经济内部联系越紧密，一种需求就会衍生出越多的需求。其他社会科学的研究者应当拥有与经济学家的投入—产出分析相对应的工具，以研究一个社会的内部关联性（connectedness）的程度。传统社会具有较低的社会关联性，即向经济活动的其他分支或者其他地区的扩散效应很弱。也可参见（Stirton-Weaver 1969）和（Hirschman 1958），尤其是 Hirschman 关于向后和向前关联（backward and forward linkages）的讨论（pp. 100 - 119）。

来，在国际劳动分工中，那些致力于提供最精细的制成品的国家——例如集中发展集成电路、晶体管和微型器的日本[东欧的日本——德意志民主共和国（东德）也类似]——显然也参与科研中。科研又需要基础设施以及广泛的文化基础等等，这又对社会、政治和军事领域有着明显的溢出效应。以此类推，我们就能读懂这张表了，也就能理解各领域间的交叉影响了。

第三，事实上，在我们的例子中，包括在表格中，我们所选取的是加工层次之差距的一个特殊类型，即其中一国提供的是原材料。不过，我们论述的关键在于**差距**，即使其中一国提供半成品而另一国提供制成品，这种差距依然存在。原油与拖拉机贸易之间的差距和纺织品与晶体管贸易之间的差距可能差不多，但是，有一点也很重要：我们总在费尽心思地去寻找一种能够很好地量化这一差距的经济贸易理论，但实际上，我们却常常忽略了**加工水平**这一附带效应背后的基础变量。

第四，讨论加工水平的差距，并不局限于分析工厂或提炼厂里发生了什么，我们更要考虑它的社会意义。表 3 - 3 最右边的一列暗示了我们未能实现这个目标的部分原因：学术研究被割裂开来，以至于在传统的大学里，没有人会考虑一个互动过程会有什么样的总体效果，甚至在那些非常复杂的学科间（inter-）、跨学科（cross-）或超学科（trans-）的研究机构里，至今都没有出现这种类型的研究，也没有提出一种合理的操作化方法，但是，这对于一种新的平等贸易的建构却是不可或缺的：**只有当相关方的行动者之间和行动者内部的总体效应相等时，这种贸易，或者更大意义上的互动关系，才是对称的或者平等的。**[①]

但是，还有第五点：为什么那些只在入口和出口处对互动效果进行比较的做法获得了如此的成功？也许主要是因为，这种观察世界的方式一直以来都显得自然而然，而且也符合两种中心的利益。这并不是说两种中心一定在有意识地强化他们的中心地位，而是由于在中心者的眼里，互动更多是一种“只涉及**相互间**的行为”

① 这就是我们提出的平等，为了开发者（exploiter）和被开发者（exploited）之间利益的平等。显然，实现它有两种途径：改变互动结构使得他们的“行动者之间”与“行动者内部”的总体效应相等，并且/或者通过再分配，但是，如果这种互动结构已经存在了很长时间，并且已经在“生活状况”方面产生了巨大差异，那么这两种方法都要用到，这一点我们会在后面的第 10 部分详细讨论。关于不平等交换的重要探讨，可参见（Casanova 1969）和（Emmanuel 1969）。

(inter-action only)。如果边缘的中心将其生存建立在当下(being)而不是未来(becoming)的基础上,建立在所有权(ownership)而不是加工(processing)的基础上,那么这种相互间的行为就对他们非常有利。原先的自然(Nature)通过与其他国家的“有利互动”转变成了金钱,金钱进一步又能转变成很多东西。**他们什么都不用做**:正是这一点造成了他们在交易中的不利地位,而这些不利只有在一段时间后才会显现出来。日本也许是唯一一个能真正将原材料的不足转变成经济发展的国家。

我们现在就来看看除了行动者之间效应也要考量行动者内部效应这一基本原则对我们有哪些启示意义。

第一,很明显,**稳定或提高原材料的价格是无法纠正不对称的**。当然,在表面上,价格可以弥补行动者内部效应之间的差距,并促进相应的附属产业、教育产业和知识产业等的发展(尽管金钱难以买到自力更生的心理)。这些也就是原材料供应国拿着赚来的钱所能做的事情了。尽管如此,我们却要认识到:一边是**为了**参与行动者之间的互动而**被迫**采取一定的行动者内部发展模式;而另一边却截然不同,他们无须如此,他们能够自由决策,而不受整个社会机制的胁迫。

第二点启示也很明显,但这一问题还要留给经济学家去回答。假设 A 国给 B 国贷款 L,要求其以每年 p%的利率在 n 年后偿还。除了这些贷款条件,还有一个条件:用这笔钱来购买 A 国的具有较高加工水平的产品。除了订单的直接效果,每一笔订单又会以我们所列的其他八种方式在 A 国产生深远的影响。显然,要估算这些效果的价值并不容易,但除此之外,n 年后,如果 B 在经历了整个过程后还未破产,A 还能从 B 得到 $L(1+p)^n$ 的回报。假如 B 购买的是生产资料而非消费品(通常主要被边缘国的中心消费),B 也会收获一定的行动者内部效应,但是,无论如何,A 国的这一效应都要大得多,原因有二:首先,互动过程的这些效应通过更高的加工水平进入 A;其次,A 本身已经具有了一种社会—经济—政治结构,能够吸收(absorb)和转化(convert)这些压力(pressures),并将其转化为最大效益。

我们现在来假设 n 较大,p 较小,也就是所谓的“慷慨的借贷”。可问题是,这种慷慨难道不是一种虚伪的假象吗?即使 A 给 B 永久的无息贷款,就像直接赞助一样,**难道 A 从中就没有获益吗**?甚至更美好一点:A 让 B 接受负利息的贷款 L,

也就是说A花钱让B接受贷款，此时，由于各种行动者内部效应的存在，A仍然能够从中获利。这就如同，某人把一笔钱给了一群人，但条件是，他们必须用这笔钱来购买他的论文，比如关于帝国主义的论文。于是，为了有所产出，为了履行承诺，这个人就必须进行创作，不断扩充自己，最终自己变得富有。①

简言之，我们认为垂直互动是这个世界不平等的主要源头，无论它采取的是掠夺、极不平等的交换，还是由加工水平的差距带来不同的附带效应的形式，但是，我们仍然可以去设想剥削的第四个阶段，那时，当代的迈达斯国王(King Midas，希腊神话中一位贪得无厌的弗里吉亚国王，能够点石成金。——译者注)成为自身贪婪的受害者，他并没有将环境变成万两黄金，而是一片狼藉，污染是如此严重而彻底，以至于加工所带来的负效应可能超过了所有的正效应。其实，欠发达国家可能处在一个有利地位：越低的国民生产总值(GNP)意味着越少的国家污染(GNP，Gross National Pollution)。

但是，这个阶段依旧遥远(也许在不久的将来?)。现阶段，我们所看到的都是国家间的不平等，这种不平等程度只有通过**强大的**结构化现象(strong structural phenomena)——例如这里的帝国主义标题下所描述的现象——的累积效应才能得到解释。我们并不否认其他因素的重要性，甚至决定性，但是，如果不在垂直互动的背景下讨论发展问题，所有分析都将是站不住脚的。

如果说第一个机制——**垂直互动关系**——是不平等背后的主要因素，那么第二个机制——**封建互动结构**——则通过保护它维持并巩固着这种不平等。这一互动结构有四个特点：②

(1) 中心国与边缘国的互动是垂直的；

(2) 边缘国与边缘国的互动是缺失的；(这里主要是指附属于同一个

---

① 当然，我们在这里指的是一种发展援助的所有形式，这种援助都基于一个观念：富国援助穷国，但条件是穷国用这些援助来获取发达国家的资本货物。在一篇出色的文章《第三世界的未来展望》("Prospective for the Third World")中，S. Sideri总结了研究发展援助成效的大量文献。但是，这些研究无论如何都不够完整，因为它们只考虑了经济附带效应的一些方面，而没有涉及那些(至少在长期范围内)可以转化为经济效应的其他因素。

② 封建互动这一概念也被用来分析社会地位系统，可参见(Galtung 1970)。

中心国的两个边缘国。——译者注）

(3) 涉及所有三方(一个中心和它的两个边缘——译者注)的多边互动是缺失的；

(4) 与外界的交流被其中心垄断，这又包含两点：

(a) 边缘国与其他中心国的交流是缺失的；

(b) 一个中心国及其边缘国与其他中心国的边缘国之间的交流是缺失的。

图 3-2 展示了这一关系。如图所示，附属于某一中心国的边缘国的数量当然是可变的。在这个图中，我们还描绘了这样一个原则："如果你远离我的卫星，我也将远离你的"。

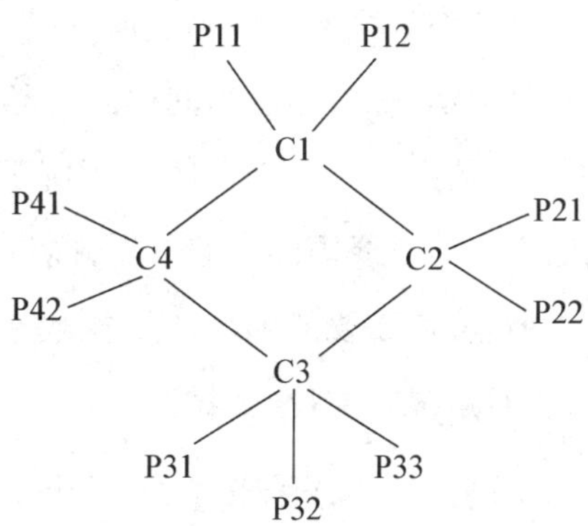

图 3-2　封建式的中心—边缘结构

我们还需要说明这一结构的一些**经济**意义：

第一，也是最明显的，就是**对贸易伙伴的依赖**(concentration on trade partners)。由于这两种机制，一个边缘国家的多数贸易是和边缘国的中心国发生的。换句话说，在现实中，在边缘国我们应该会看到高度的**进口依赖**和**出口依赖**。这和中心国不同，中心国可以更自由地在几乎任何方向上扩展它的贸易关系——除了在理想形态中无法和其他中心国的边缘国进行贸易。

第二点不太明显，即**商品集聚**(commodity concentration)：边缘国仅出口一种或几种初级产品。当然，如果这一点可以完全由地理因素来解释，例如石油国家缺矿石、矿石国家缺香蕉和咖啡等，这一点也就不重要了，但是，现实显然不是这样：因为自然不会以这种方法分配它的财富。这一点应该由历史，而不是地理，来解释。在一片土地上，那些最易获取的资源或者中心国所急需的资源被开发，这一过程塑造了某种特定的社会结构，塑造了通向资源富集地的某种特定的交通线路，塑造了某种贸易结构，以及出现了某种中心集团(当然是以这些原材料的所有权为基础的)等等。如果在这片土地上去开发另一种新的原材料，它可能会扰乱这个被精心设计出的地区平衡。因此，重找一片还没有帝国主义桥头堡的处女之地来开发这一新原料，这种做法可能更容易。为了证明这一假设，我们还需要指出，在一种原料已经得到开发的那些国家，仍然有一些还未得到充分利用和系统开发的资源地。

这两点的综合效应就是边缘对中心的**依赖**。因为边缘国的GNP通常较小，边缘与中心之间的贸易就占了边缘国GNP的很大比例。由于贸易伙伴和商品的集聚效应，边缘国在需求和价格的震荡面前也就显得脆弱了许多。同时，边缘的中心还依赖中心国给它们提供消费品。边缘国的进口替代产业通常会制造出一些土里土气的消费品，尤其当同样的产品在中心国的生产计划报废时，而且示范效应和(边缘国的中心——译者注)对中心国的频繁拜访使得它们希望在两种中心(中心国的中心与边缘国的中心——译者注)之间维持某种平等。①

但是，最重要的影响还是在政治方面，即封建互动结构被系统地用来保护中心、反对边缘。在社会科学的术语中，封建互动结构表达的就是一种古老的政治格言——**分而治之**(divide et impera)，一种由中心国系统使用的涉及边缘国的策略。例如，北海的一个小小的雾岛如何能够统治四分之一的世界？答案就是通过将边缘割裂开来；在地理上，边缘之间相隔千山万里，这就阻止了它们之间形成任何实质的联盟；与各个边缘进行独立交易，将它们各自以独特的方式与中心相连；通过复杂的成员等级制将多边主义降到最低；**并且**母国扮演着世界窗口的角色。

---

① 关于依赖与发展的关系的深度分析，参见(Cardoso & Faletto 1969)。该书与本文的一个重要区别在于，该书作者提醒不要超越具体案例而进行一般化处理。尽管认同这一点，但我们仍认为，作为理解具体案例的基础，一般化理论也有很大价值。

另一个关于此关系的重要分析当然是(Frank 1967)，弗兰克分析的核心是一种结构，这种结构"从世界资本主义体系的大都市中心扩展到(下移到，down to)可能是最孤立的农业工人那里，通过大都市—卫星区的关系链，这些人被绑定到大都市中心，并被整合进世界资本主义的体系中"(p. 16)。弗兰克还进一步(p. 17)讨论了"大都市对卫星区的剥削或者大都市剥削或占有卫星区经济剩余的趋势"。这些论述作为一般原则没有问题，但忽略了我们所谓的"附带效应的不平等分配"这种剥削类型以及"封建互动结构"这种特殊的组织形式。另外，在讨论帝国主义关系时，完全忽视马克思主义的经济学分析显然是没有帮助的。因此，在(Tinbergen 1966)中，关于发展的分析似乎都基于这样的观念，即发展中国家的政府有能力自由决策。在(Haavelmo 1954)中，除了提到的两个案例，我们难以找到任何用国家间关系解释世界差异的理论。甚至，学术期刊 *Cooperation and Conflict* 上的一篇精彩的评论文章(Lars Rudebeck 1969，pp. 267 - 281)指出，缪尔达尔(Myrdal)的《亚洲的戏剧》(*Asian Drama*)都很少涉及国际关系。

不过,如果我们将两种机制综合起来,并将我们一直阐述的中心国与边缘国之间的关系扩展到国家内部的中心与边缘集团之间,这一点就更加清晰了。在帝国主义结构中,这两种机制不仅被应用到国家之间,还被用于国家内部,而相比中心国,边缘国内更是如此。换言之,在国家间和国家内部,都存在着垂直的劳动分工。而这两种组织形式又紧密地联系在一起[正如弗兰克(A. G. Frank)常常强调的那样],因为边缘国的中心作为桥头堡与中心国存在着利益一致。

因此,两种机制(垂直互动关系与封建互动网络——译者注)在两个层面(国家间和国家内——译者注)的综合运行就在这一结构中构筑起了一个微妙的保护网,来抵抗边缘国的边缘——这个"麻烦"(trouble)的主要来源。让我们来看看这一保护网的内部构造:

(1) 边缘之边缘的普遍贫穷。这是由边缘国内部的垂直劳动分工,尤其是严重的不平等(例如传播方式的获取权限不同),以及边缘国内的利益不一致导致的。

(2) 边缘之边缘间(一个边缘国内部的若干边缘群体之间。——译者注)的互动、流动与组织被边缘国内部的封建结构所阻碍。

(3) 边缘国的普遍贫穷。这是由垂直劳动分工,尤其是破坏和传播方式方面的差距所导致的。

(4) 边缘国家之间的互动、流动与组织被国家间的封建互动结构所阻碍:

① 这使得边缘国家与同一中心的其他边缘国家之间难以形成互动;

② 也使得边缘国家与其他中心的边缘国家之间更难形成互动。

(5) 更不用说,众多边缘国家的边缘群体之间更难形成互动、流动和组织:

① 由于(1)和(2),这在国内层面难以实现;

② 由于(3)和(4),这在国际层面也难以实现;

③ 除此之外,边缘国的中心垄断着国际互动的所有方向,不要指望它们在互动中考虑其边缘的利益。

(6) 边缘国的边缘不能诉诸边缘的中心或中心的中心,因为它们之间利益不一致。

很明显,国家间和国家内的帝国主义机制被运用得越好,就越不需要赤裸裸的打压,中心集团在人口中所占比例也会越小。**只有不完美的、业余的帝国主义才需要武器;专业的帝国主义依赖结构而非直接暴力。**

五、帝国主义的类型

现在,我们来区分五种帝国主义的类型,它们基于中心国与边缘国之间的五种交换:

(1) 经济的
(2) 政治的
(3) 军事的
(4) 传播的
(5) 文化的

这个排序是随机的:我们没有理由说某个类型比其他类型更基础或者引领其他类型。这就像是个五角星[①]:帝国主义可以从任何一角开始。讨论它们中的每一个,都必须考虑它们能在多大程度上生成一种互动结构,这一结构利用两种**机制**达到帝国主义的三个**标准**或者至少是第一个标准。

两种机制中最基础的是**垂直**互动,在当代它表现为基于加工水平之差距的互动,也就是说,两国交换的不仅是不同的东西,而且属于非常不同的类型,其不同就在于那些最复杂和最令人兴奋的操作行为发生在何处。一个尝试性的表格可能如

① 延续 Helio Jaguaribe 的传统,对帝国主义结构进行比较研究,比较 20 世纪里不同类型的帝国,以及进行长时期的历时比较,例如将罗马帝国纳入其中,这种做法对于理解这个国际结构将大有裨益。当前,这种做法受到了一种趋势的阻碍,即"帝国主义"的概念遭到滥用,被用来指称其他东西的趋势。我们更愿意将"帝国主义"看作一个专门术语,这并不是说那些追求和平的人,不管帝国主义是何种面貌,都无须抵抗它。

表3-4所示，它是第4部分有关经济互动的扩展。该表的成列顺序与表3-3的顺序相对应，只不过在表3-3中，文化帝国主义作为经济帝国主义的附带效应被阐述得更为详细。

表3-4　帝国主义的五种类型

类型	经济	政治	军事	传播	文化
中心国家提供	加工，生产方式	政策模型	保护，破坏方式	新闻，交通方式	教授，创新方式—自主
边缘国家提供	原材料，市场	服从，效仿	训练，传统硬件	事件，乘客，货物	学习，验证—依赖

关于**经济**互动的垂直特性，我们在前文已有详细阐述，因为我们正是以帝国主义的这一类型为例来解析概念和机制的。让我们看看其他类型的垂直互动。

政治帝国主义是显见的："母国"(mother country)的概念，即中心国，就表明了一个决策中心是如何脱离一国自身而向中心国家靠拢的。这些决策反过来又影响经济、军事、传播和文化层面。这里也涉及一种劳动分工：一些国家决策，其他国家服从。决策可能是基于实际应用而做出的，比如在"双边技术援助"(bilateral technical assistance)中，或者基于咨询，甚至基于标杆—效仿(model-imitator)的区分，决策就能轻易产生。"发展"和"现代化"这样的线性概念就非常好地符合了这一标杆—效仿的分类模式。根据这些概念，中心国家拥有一些优等的结构，以供他人来模仿(只要中心的核心地位没有遭受严重挑战)，这些概念也在为任何产自中心的想法营造着一种独特的合法性氛围。因此，在"自由主义的母国"(motherland of liberalism)发展出来的结构和决策，因其出生地，而不是因为它的内容，就会成为一种典范。

军事帝国主义的启示也很明显。有一点再怎么强调也不为过，经济层面的劳动分工也保证了在经济上具有话语权的中心国在军事上同样如此：因为只有它们有工业能力去发展技术硬件，通常也只有它们具有与现代军队相兼容的社会结构。那些能造出拖拉机的国家自然也能轻易造出坦克，但是那些输送原油的国家总不能通过把原油洒到入侵者的脸上来保卫自己吧，为了寻求保护或者获得这些物品(由中心确立的话语)，它们不得不依靠坦克生产者。就像存在着中心把边缘提供的原材料加工成制成品的劳动分工一样,同样存在着**中心将边缘的服从转化为可供执行的决策**这样的劳动分工,甚至还存在着一种劳动分工,由中心提供保护(通常还有官员,至少是"反暴乱"方面的指导专家),而边缘提供所需的训练和军人——更不用说受教于中心"军事顾问"的学徒。

说到第四种类型,即**传播**方面的帝国主义,分析的重点通常都指向帝国主义的第二种机制:封建互动结构。许多研究都表明,这一结构适用于世界上大部分的通信和交通图景①,但是,通信/交通领域的劳动分工的垂直特性也许更重要。只有具备了高水平的工业能力才可能发展出最先进的交通和通信手段,这一点其实并不重要。旧时代的**通信/交通方式**,与**生产方式**(经济方面)、**破坏方式**(军事方面),以及**创新方式**(文化方面)一道,都可以卖给,有时以二手货的形式卖给,这一垂直贸易/援助结构里的边缘国。中心国的飞机和船舶更快捷、更直接,看起来更可靠,也能吸引更多的乘客和托运人。当边缘国追赶上来的时候,中心国已经在通信卫星领域领先好多年了。

还有一种特殊类型,它是文化与传播互动的结合:**新闻传媒**。我们知道主要传媒机构都是由中心国家把控,依赖于中心主导的封建的传媒网络②,但是,有一点仍需进一步研究,即关于中心国的新闻是如何充斥边缘国家新闻媒体的,反过来却不是如此。这就如同,与中心的贸易占据了某个边缘国家总体贸易的绝大部分,反过来却不是这样。换言之,有一点十分明显,那就是与中心相比,伙伴集聚/依赖的现象在边缘内更常见。边缘国家之间很少叙写和阅读它们彼此的事情,尤其不会跨过集团的边界去这样做。它们更了解"它们的"中心,却较少关注其他中心——因为新闻是由边缘国的中心书写和阅读的,它们只想更多地了解与它们密切"相关"的那部分世界。

关于传媒行业的垂直劳动分工,还有一点需要指明。正如边缘国家提供原材料,而中心将其转变成加工制成品一样,**边缘同样提供事件,而中心将其转变为新闻**。③ 其实现方式就是培养具备中心眼光的新闻人,并设置一种过滤和处理事件

---

① 例如有关国际航空运输的分析,可参见(Gleditsch 1967)。

② 关于国际通讯社的角色分析,参见(Ostgaard 1965)。

③ 关于此,可参见(Galtung & Ruge 1965)。

的传媒流程，如此加工过的事件就符合了整个大图景。

后一个概念将我直接引向了**文化**帝国主义，科学帝国主义的一个子类型。老师和学生之间的劳动分工是显而易见的，但并非这种劳动分工自身（它在知识传播的多数情况下都存在）构成了帝国主义，而是老师和学生在总体上的分布。如果中心一直提供老师，并定义了什么东西才值得被传授（从基督教的信条到科学技术的教义），而边缘一直提供学生，这就形成了一种带有帝国主义味道的情形。处在边缘的卫星国也清楚，鼓励中心来授课并将其视为一种榜样是讨好中心的最好方式，边缘也能从这种虚心求教（humble，culture-seeking）的策略中得到诸多回报（如果边缘尝试着对中心说教，那么它得到的只会是入侵）。边缘对文化传播的接受无形中验证了源自中心的文化，无论它是国际层面的中心国家还是国内的中心群体。这就强化了中心的地位，中心将继续发展并传播文化，也创造着对革新的持续需求。理论，就像汽车和时尚一样，也有着自己的生命周期，而无论过时/报废（obsolescence）是否是被策划的，在这个中心与边缘强烈反差的结构中总会存在着延迟。因此，即使中心的中心都已忘记奥古斯特·孔德（Auguste Comte），但一百年后，里约热内卢的电车工人依然可能高举旗帜来支持他……

在科学中我们还找到一种特殊的垂直劳动分工，它和经济上的劳动分工很相似：来自中心的科研队伍前往边缘国家收集数据（原材料），比如沉积物、植物、动物、考古发现、态度，以及行为模式等等，并在中心国的大学（工厂）里对其进行处理、分析和理论化（加工），然后将产出物（产品）——一本杂志或者一本书（制成品）——送回边缘的中心以被消费。在此之前，由于示范效应、在中心接受过的培训，以及在低级的数据收集工作中的部分参与，边缘已经对此（书刊等科学的制成品——译者注）产生了需求。[1] 这种对应并不是为了娱乐，它是一种**结构**。如果从中剔除科研的原本意涵，即为中心提供信息以助其在经济、政治和军事方面维持帝国主义结构，文化帝国主义就会变得更加清晰。如果再加上**智力流失**（brain drain）[和人力流失（body drain）]，文化帝国主义的图景就完整了。这里的智力流失是指，“原大脑”（‘raw’ brains，学生）和“原人力”（‘raw’ bodies，不熟练的工人）

① 关于此，参见（Galtung 1967）。

[对应经济互动中的“原材料”(‘raw’ material)。——译者注]从边缘被运到中心,并以中心获益巨大的方式被加工处理(培训)。

六、帝国主义的阶段

我们已经多次提到帝国主义是一国主导另一国的**一种**方式。而且,它是一种相对稳定的方式:由于许多稳定性因素通过封建互动结构的机制被植入其中,国家间的相互联系能够持续一段时期。

其基本点在于,中心的中心在边缘国,更准确地说,在边缘的中心构筑了一个桥头堡。显然,这个桥头堡不是自然而然就产生的:在这之前还有一个过程。为了了解这个过程的准确特性,我们可以区分出帝国主义的三个阶段,这一划分是基于中心之中心是采取何种具体手段来确立它们与边缘之中心的利益一致的。表 3 - 5 展示了这一点。

表 3 - 5 帝国主义的三个阶段

阶段	时期	形式	名称
1	过去	**占领**(occupation),边缘之中心包含参与**占领**的中心之中心的人	殖民主义(colonialism)
2	现在	**组织**(organization),中心之中心与边缘之中心通过国际**组织**(international organizations)这一媒介进行互动	新殖民主义(neo-colonialism)
3	将来	**通信**(communication),中心之中心与边缘之中心通过国际通信(international communication)进行互动	新新殖民主义(neo-neo-colonialism)

从表中我们可以看到,在所有的三种情况中,中心国都控制着边缘国的中心,但是这种控制的具体特点却是不同的,这需要和交通与传播的方式联系起来看。关于帝国主义的分析都无法绕过这些方式,它们可能起着基础性作用,如同产生社会动力的生产方式一样。

在人类历史的绝大部分时期,交通运输(包括人和物的)都无法超越驿马与快船的速度;通信交流(包括信号和意思的)都无法超越火与烟雾信号,人们从一个山头可以看见另一个山头的信号。为了实现对另一国的准确控制,一国需要以物理的方式将它自己的中心移植并嫁接到另一国的顶部——换言之,殖民主义虽说形式繁多,但最著名的仍然与“白人定居者”相关。据此,殖民主义并不是地理大发现后欧洲人的发明,它同样可以用来描述大部分的罗马帝国,它通过教科书与书写历史的传统成功地控制了我们关于种族(racial)和民族(ethnical)认同,以及民族(national)自豪感的印象。①

很明显,交通运输的方式越快,永久定居的方法就越不重要。重要的历史节点伴随蒸汽机的出现而到来,蒸汽机不仅被用到工厂去提供新的**生产方式**(它带来的状况促使马克思写了**《资本论》**),也用于船舰[富尔顿(Fulton)]和蒸汽机车[史蒂芬森(Stephenson)],也就是说,用于**交通运输方式**(还没有这方面的书)。这给了欧洲人相比其他地区人的一个决定性优势,殖民主义也因此更加牢固。控制变得精确而迅速。

但是反殖民主义同样到来,部分由于中心之中心的弱化,部分由于边缘之中心的强大,这种强大可能还无法挑战中心之中心的所作所为,但是它们自己也想这么干了。新殖民主义也随之到来,在帝国主义的当前阶段,控制不再是过去那种直接的、具体的方式,它被交通运输方式(当然,也包括交流传播方式)从中调解,以将两种中心相连。控制不再是具体有形的:它们不是物理存在的实体,而是一种联接(link),这种联接以国际组织的形态出现。国际组织通常有一定的持久性,它具有实体的总部,在中心国也设有常任秘书长,但是,总的来说,它是一种媒介,影响力能在其中流动,**两个**中心作为成员国加入其中并碰面。它们之间的利益一致可以被解读为国际组织中的完全平等,反过来也是如此。它们的身份认同是基于这一组织而被确立的,而不是基于种族、民族或者民族国家,但是由于**国家内部**利益的不一致,它实际上也变成了**国家之间**利益不和的一个工具。

在帝国主义的所有五个类型中,都存在着有名的国际组织。在经济方面,有私

① 以下的引文可以看作一个明显的例证:“我们能否为了星球上这个伟大而人数众多的群体兑现我们对上帝和人类的诺言? 毋庸置疑,答案很简单:我们可以。我们履行着我们的职责。我们不断征服且建立帝国。我们已经向全世界展示了我们的勇气。我们发现、征服并统治了大片疆域。我们的贸易遍及全球。我们的传教士也已渗入异教徒。我们向世界注入了我们的制度。我们有理由相信:我们的战士最勇敢,我们的水手最坚韧,我们的军官和战士最善战,我们的政治家最贤明,还有我们的宪法,任何时候,我们的人民都不会为其所害。”参见(Boseberry 1921),感谢 Fiona Rudd 提供这段重要的引文。

人部门或政府部门的多边合作组织(BINGOs)[①]；政治方面，有许多国际政府组织(IGOs)；军事方面，有各种各样的军事联盟、协议和组织(MIGOs)；传播方面，船舶和航空公司(CONGOs)，更不用说还有国际传媒集团，都是很好的例子；文化帝国主义方面，一些国际性非营利组织(INGOs)也许就扮演着传播者的角色，但是，这并不是说国际组织一定就是为此目的而服务的。基于我们在此构建的理论，这是一个实证问题，它取决于组织内劳动分工的程度和以封建方式组织的程度。

第三个阶段。如果我们沿着两个中心间的联系的具体/有形性不断降低(但是有效性不断提升?)这条路再进一步，我们就能设想下一个阶段，那时就连国际组织也声名狼藉，甚至消失了。那会是怎样的景象？意欲交流的相关方会凭借即时联络组建临时的交流网络(例如通信卫星)，这一网络会快速形成，却又转瞬即逝，范围可变，对外界环境反应敏捷，受大量资料和意见引导。这些信息能使参与者找到他们的对应物，却无须聚集成固定的增加其刚性的制度网络。[②]

换句话说，我们会看到这样的未来，许多国际组织都在两个方面受到威胁：第一，由于它们扮演着两个中心之间的中介，中心之间的交流和合作又远远脱离其国内的大众，这一点会备受批评，并且这一点也将让国际组织走向解体；第二，中心们(如果他们可以自由选择)并不会停止其合作行为，而是会采取其他方式。他们不再参加专门会议或年会，或者采取设立一个秘书长和一帮工作人员的其他方式，而

① 一份美国总统在西半球的任务报告(Report of a US Presidential Mission to the Western Hemisphere)[洛克菲勒报告(Rockefeller report)]清晰地表达了这一思想："正如其他的美洲国家依靠美国来满足它们对资本设备的需求，美国也依靠它们为美国产品提供巨大的市场。就像这些国家指望美国市场来购买自己的初级产品，用赚来的钱购买设备以发展自身，美国也指望它们为我们的工厂提供原材料，这还能为我们的许多民众提供就业……"(Quality of Life in the Americas, Agency for International Development, August 1969, pp. 5 - 113.)这一段文字就好像取自一本关于帝国主义，并强调中心国家如何提供资本设备和制成品而边缘国家提供原材料和市场的书。这段引文唯一有趣的地方在于，在 1969 年仍然有可能这样去表达。

② 总体来看，各部门之间的国际协定似乎越来越超越国家的限制。以前，A 国的国防部长为了与 B 国相对的人进行交流，必须通过一个至少包含大使馆和负责外国事务的部门在内的交流渠道，而现在直接的联络渠道就足够了。这很明显地减少了过滤效应(filtering effect)和繁文缛节。同时，这也意味着超国家的联系将得到强化，有时还会对抗民族国家。显然，这个系统还会进一步扩张，例如伴随着联系中心和边缘精英的通信卫星的出现。对于法语圈的国家来说，计划中的"交响乐"号卫星项目(satellite Symphonie)也许可以被看作这一方向上的努力，尽管它的标的是群体，而不是具体的人。另一个例子是北大西洋公约组织卫星通信系统。

是简单地拿起电视电话，进行一次远距离的会谈，一小拨参与者互相可视并交流——不是以会议的形式，而在更重要的休息室、咖啡屋或者私人住宅中，或者任何他们愿意进行交流与合作的地方。[①]

为了更深入地了解国际组织这种帝国主义主导形式的工具，我们区分了国际组织发展过程中的五个阶段。我们以一个经济组织，通用汽车公司（GMC）为例。表 3－6 列出了这几个阶段。当然，我们是用这个案例来说明经济帝国主义的，而不是研究 GMC 这个组织本身。

表 3－6　国际组织的发展阶段

	通用汽车公司
阶段 1： 国家范围内	只在一个国家（“母国”）
阶段 2： 走出国门	附属机构，或分支机构，由“代理人”（agents）设立
阶段 3： 多国，不对称	其他国家的公司兴起，“母国公司”主导
阶段 4： 多国，对称	整个网络变成对称的
阶段 5： 全球，或超国家的组织	国家认同消解

起初，组织只存在于一国内部。接着，第二阶段，该组织往国外派遣代表，这些代表在这一阶段也常被称为“代理人”。这一阶段很重要，因为它关系到该组织能否在另一个国家获得基层的据点，通常也是具有颠覆性的据点。如果新的国家对这一经济现象来说完全是新手，“代理人”就不得不从“母国”中产生。“代理人”受到不满民众的欢迎，因为这些民众发现，在现有体系中他们的流动受到了限制，同时他们认为当前的体系无法满足大众的需求，但是这一阶段并非帝国主义，因为母

① 这个方面的重要例子当然是电话概念从双边（一个人与另一个人通话，或许有其他人在一端或中间听着）到多边的迅速变迁。贝尔电话公司（Bell Telephone Company）现在可以通过电话组织多个用户参与的会议。显然，如果加上视频影像，交流可能会更加通畅，因为参与者可以利用肢体语言和面部表情等等视觉线索。更形象地说，他们想发言的时候，只要竖起一根手指就可以。

国的中心还没能在新生国的**中心**建立起桥头堡。

这些代理人可能在社会变革方面发挥了重要作用。他们会在经济生活中发挥能量,可能会严重削弱封建地主的权力,并引进资本主义的生产模式。这类活动对社会秩序来说是颠覆性的,但并非帝国主义。因此,它是一国对另一国施加影响的另一方式(参见文章第一部分,作者认为帝国主义只是主导体系中的一种特殊类型,还存在其他形式。——译者注)。

但是,在第三阶段,这一发展向前迈出了重要的一步。代理商成功了,也就是说其他国家里公司得以建立。边缘国家出现了精英,这些精英与中心的精英关系紧密且彼此和谐。整个格局很不对称,此时,我们所阐述的帝国主义的机制和类型都清晰可辨。

这里,存在着如下的**劳动分工**:边缘国家的子公司主要负责为中心国家的母公司保证原材料和市场。即使它已经参与加工,它通常使用的也只是那些已经被中心国的"发展"抛弃的技术,或者仅仅制造半成品。相应的,母国的公司更多的是做决策,而边缘的一方则为决策的执行提供服从并保护市场。因此,这个案例背后隐含着一个假设,国际组织的高层领导应当是中心国的公司的高层领导,总部也设在中心国,而不是其他地方,这一选址也不会(原文中的"not but"应当是"not by"。——译者注)轮流坐庄或随机产生。[①]

总体的互动结构显然是封建的:从边缘沿着辐条到中心的轮轴是存在着互动的,但是沿着外围一圈从边缘到边缘却没有互动。也许存在着多边会谈,但是它们通常被中心牢牢把持。因此,会谈将为边缘利益服务以赶超中心的想法只是妄想。这在所有五种类型的互动中都是如此,无论以何种方式出现,这些方式通常也十分明显。

这种国际组织(GMC)反映了事物在当今世界的状态,这个世界:(1) 由许多民族国家构成;(2) 在许多方面都存在着极不平等的权力与发展水平;(3) 很小,以至于一些民族国家不会消停地待在自己的家里(所以它们扛着自己的信条跑出来)。于是,一种本质上就是帝国主义的架构得以确立。**第三个阶段很明显就是帝国主义阶段**,众多国际组织都身处这一阶段,它们如今都充当着中心—中心不对称

① 关于跨国公司的劳动分工,我们所见到的最好的分析应该是(Hymer 1970)。

合作的工具。[①]

这是大多数国际组织的当前状态。它们大都是一个国家内部发展的外在延伸，假定它们在该国内已经取得了成效。它们就像是在履行一个古老的使命(《马太福音》28：18 - 20)："出发吧，让所有人臣服"(Go ye all forth and make all peoples my disciples)。这不仅适用于经济和政治组织，也适用于其他三种类型。典型的例子就是文化扩散的方式。在极端案例中，它们甚至会被官方或半官方机构控制，这些机构或多或少都与外交网络有关(例如美国新闻机构在许多国家从事的诸多文化活动；英国文化委员会和法语联盟在一定程度上也是如此)，但是，那些因为自己的模式对自己有利就坚信该模式对所有人都有利的中心国家也会利用国际组织来达到此目的。

但是，边缘国并不必然认同当前的这种状态。一些力量将促使我们走向第四个阶段，尽管到目前为止，只有极少数的组织表现出这种趋势。这可能起源于不平等的劳动分工，或者是由于边缘，尤其是边缘公司与政党的高层，常被贴上二等成员的标签。为什么 GMC 总部只能位于美国，无论基于成文的还是不成文的规定？为什么不能完全打破这种劳动分工，平均分配研究合同和战略计划？总部为什么不能轮转？为什么不能增强沿着边缘的互动而削弱沿着辐条的互动？如此中心轮轴就会被消解，随之而来的组织也就会是真正对称的。在某种意义上，这是挪威 GMC 主席的利益所在——我们预计，伴随着联合国及其专门机构确立的一些有效模式，这种运动将很快在所有主要的国际组织中开展，但是，应当指出，在仅有精英参与的国际组织中获得平等并不是那么难，因为它们在很大程度上已经达成了和谐一致。

但是，这并不是发展的最后阶段，任何东西都不会是发展的终点。多边而对称的形态通常是虚伪的，这至少有两点原因：国家自身之间不是对称的——一些国家比其他国家贡献得多；考虑到这些多边组织的一些要求，它们表面上走到一起(they form artificial pockets relative to many of the concerns of the

① 这并非随机事件：国际组织正处于这一阶段，因为它们反映了国家行动者之间的关系，在当前所处的发展阶段，它们是这些关系的主要承载者。

organizations)。任何多边组织，无论它是怎样地对称，都是在强化和维持民族国家。如果民族国家的重要性削弱了，就像自治城市(municipalities)在世界许多地方那样，多边组织也会衰弱，因为它们所赖以建立的那个图景在不断地模糊淡化。那么什么会替代多边组织？答案可能是我们假想的第五个阶段——**全球或世界组织**(global or world organization)，但这不属于我们本文讨论的范畴。

七、从附带效应到溢出效应：帝国主义的可转化性

我们已经阐发了一种帝国主义的理论，以及它的**三个**标准、**两种**机制、**五个**类型和**三个**阶段。在我们的讨论中，正如所有关于帝国主义的讨论一样，经济帝国主义被用作了案例，但是，我们尝试着做了进一步的分析：对于经济帝国主义而言，剥削不仅仅意指不平等的交换，即A从B获利很多却给予B很少，还意味着不同的"行动者内部效应"或者附带效应。更重要的是，从表3-3和表3-4可以清楚地看到，这种附带效应也存在于帝国主义的其他类型中。垂直的经济互动在政治、军事、传播和文化方面都存在着附带效应；而我们即将阐明，反过来的情况同样成立(即另外四个类型中的每一个都会对剩余的类型产生影响——译者注)。

因此，我们需要在**附带效应**和**溢出效应**之间做个区分。当一个国家用拖拉机交换石油的时候，它具备的是生产拖拉机的能力。一种可能的附带效应就是生产坦克的能力，这种能力在转变成军事帝国主义时，例如**坦克资本主义**的形式，就变成了一种溢出效应。当然，只有被用在与边缘国家的统治精英的合作中，它才能成为军事帝国主义。如果它被用来反对这些精英，这就是**入侵**——这和两个中心的合作所产生的**干预**是不同的。

表3-3和表3-4显示，只要在中心和边缘国家都存在合作的精英或者只要是精英，从附带效应到溢出效应就只一步之遥。在中心和边缘国家，经济、政治、军事、传播和文化组织的头目没有必要是同一个人——除非这个人是超人。一些人可能担任两三个领域的领导，很少有人能够同时指挥四个或五个领域，但是，只要由五种交换定义的这五个精英由于血缘、友谊或者关系(更不用说有效的合作)被**整合进**上等阶层，就具备了形成一种极其稳固的**普遍的帝国主义**的基础。在极端

案例中，中心国和边缘国里都存在着一致的等级（rank concordance），这就意味着任何小的可能诱发革命的失衡都不存在。所有的人都学会了，事实上被迫去，扮演控制者与依赖者的角色。

为了实现这种等级一致，任何类型的帝国主义获利都必须很容易地转化到其他类型。我们将这里的分析工具称之为**转换矩阵**（convertibility matrix），见表 3－7。

表 3－7　帝国主义类型之间的转化

	经济	政治	军事	传播	文化
经济	1	2	3	4	5～9
政治					
军事					
传播					
文化					

第一行的数字与表 3－3 中呈现的经济交换中垂直劳动分工的附带效应相对应。关于帝国主义的完整理论需要在考虑所有五种类型的基础上，尝试给出其他四种类型相对应的附带效应，附带效应同时又可以转化成溢出效应。在此，我们当然不会完整地进行这项工作，只从每一行挑出一个作为例子。

有一点很明显，即政治帝国主义可以通过确立贸易规范转向经济帝国主义，而后者更多的是在贸易构成而非贸易规模的意义上展开讨论的。[①]

相应地，军事帝国主义可以轻易地转变为传播帝国主义，通过激发一种对通信与交通设施进行中央调控的需求。有一点并非巧合：大多数中心国家的资本都在内陆，并得到了很好的保护；而边缘国家的资本却都位于港口，中心国家可以轻易进驻，边缘国的内陆地区又是一个封建互动网络，促使原材料流向这些资本口岸，

① 这是自由主义和平论与结构主义和平论的主要区别所在。自由主义和平论大概可以这样去解读：它认为“和平”差不多与贸易规模相关，而贸易规模大概就是测量依赖水平的一个指标。而结构主义和平论则引入了平等的因素，不仅讨论贸易规模，还涉及贸易构成。如果说结构主义理论更正确，在当今世界的贸易结构中，只有中心国家才能在交换中同时享有高水平的相互依赖性和高水平的平等性，那么“和平”就是属于世界中心层的一种额外收益了。

而消费品又以相反的方向深入(大部分消费品被资本口岸本身所消耗)。要建立这样的传播网络，确切的领土控制权是必要的，但是一旦建立，这个网络就能自我巩固了。

类似地，传播帝国主义可以转化为文化帝国主义，通过管制来自中心国的信息流动，这种信息既可以是新闻形式，也可以是便宜易得的书籍等形式。

最后，文化帝国主义可以转变为经济帝国主义，这一方式在今天已经相当普遍了，即技术援助。一名技术指导专家从富国来到一个穷国，不仅仅是为了刺激穷国人对富国产品的需求[①]，他还要在穷国建立一种惯例，将此行的所有利益据为己有。他**写下**了标准化操作流程(Standard Operating Procedure，简称 SOP)以供"边缘的同行"(counterpart)来**学习**。这在专家回国后可能转变成更多的知识(更多的文化)并最终可转化为经济效益。这一点在原则上不容置疑，但在实践中，中心国家是否认识到这一点或者充分利用了这一点，则是另一个问题。

可转化性可以在两个层面被认识：一国能在多大的程度上利用一种类型的附带效应来巩固另外的类型，以及一个人在多大的程度上可以这样做。如果一个人可以，那就会出现某种等级一致。如果国家可以，我们也许还能谈论帝国主义的一致性问题。

但是，我们在这里只是想说，转化模式看起来是完备的。很难想象，表 3－7 中的哪一格会是空的，也就是说没有对应的附带效应，没有转化的可能。如果所有东西都能用金钱购买，用政治权力获得，或者被军事强力决定，那么这将填充表中的前三行。相应地，多数人会谈论经济、政治和军事帝国主义，但是我们还加入了另外两种，因为它们看起来也是原生的(primordial)。也许沿着传播和文化组织里劳动分工的路线，前三项会成长得比较缓慢，但是我们很容易设想这种情况，也很容易在历史中找到这样的具体案例。

转化矩阵的完备性将比其他任何东西更让我们拒绝这样的假设，即一种帝国

---

① 还有一种常被引用的说法，"技术援助出自富国的穷人身上，去往穷国的富人那里"。主导理论(dominance theory)所暗示的世界模型显然并不反对这个美妙的说法：技术援助很大程度上是由富国的纳税人掏钱买单，甚至我们可以说，是由劳苦大众劳动所产的剩余买单。而它又通过公共渠道被投入到穷国的基础设施，而产生的利益通常被穷国的富人所享用，因为他们的消费结构与富国提供的生产结构是一致的。

主义的类型比其他类型更加基础。这是一个相互促进的过程，其主导特点应该是各类型之间的积极反馈，而不是被简化成简单的因果链。如果说经济、政治和军事帝国主义在今天看似居于主导地位，这可能是人为导致的，因为我们所受的训练注重这些因素而不是传播和文化因素。对简单因果链条的迷信是危险的，因为它也让我们相信，如果这一链条中的首要要素——例如私有资本主义——被消灭，帝国主义也将永远被消解。我们在这里所呈现的更广泛的帝国主义概念将引导我们去研究两种机制，以及国内和国家间剥削的具体标准。

为了讨论帝国主义，不仅经济的不平等以边缘处于不利的不公平分布方式存在着，政治的、军事的、传播的和文化的不平等也是如此。是这样吗？我们认为是的。对一些权力的不平等获取，并不是公开的不平等，例如通过选举获得一些**政治**权力、通过**暴力**获得一些控制（通过政治权力、对军队的控制权、向军队等级序列晋级的平等机会）、获得**传播**权力（常通过可获得的权力，但也会通过密集的较弱的封建互动网络将中心国家的边缘村落直接联系起来），以及获得**文化**资源（通过普遍的读书识字和平等的受教育机会）——所有这些都是所谓的自由民主的一些标签。而这种社会政治生活方式存在于中心而非边缘国家。

这就引出了帝国主义理论中的重要一点。**不要（仅仅）把民主看作国内经济发展的结果或者条件之一，民主（也）是中心国家有效控制边缘国家的前提**。正是因为中心国比边缘国更加平等和民主，在中心才会有更多的人认为当前的境况与他们自身的利益息息相关，因为帝国主义结构的果实在上层比在下层得到了更均匀的分配。这也就使得中心之边缘与边缘之边缘不会真正联手来抵抗两个中心。相反，就像荷兰工人会反对印度尼西亚的独立，也像美国工人会成为中南半岛问题的顽固反对者。

现在，什么是帝国主义的理想形态这一点相对清楚了。在理想的帝国主义中，不考虑阶段问题，我们将会看到三个标准、两种机制和所有的五种类型都在有效运转。这意味着中心之间完全和谐，边缘国的精英与中心国的精英在“生活状况”方面甚至难以分辨；中心国内的分配好于边缘国；在所有五种类型的交换中都有着完全的垂直劳动分工，以及一个完备的封建互动网络。

在世界、空间和时间中，有人找到这种形态吗？答案可能不仅在过去的殖民帝国中,还在当前以国际组织作为媒介的新的殖民帝国中。它在多大程度上确实如此,这是一个实证问题。上述的所有要素都可以被操作化。换言之,通常所谓"实证主义"方法论可以用来分析结构主义甚至马克思主义问题。在下一个部分我们会就此做粗略而有限的探讨。

有一点需要提到:没有体系是完美的,也没有体系完美复制了某种理想形态。也许,美国在 20 世纪 50 年代和 60 年代初在拉丁美洲把持的新殖民帝国是一个相对完美的案例[①],这也同样适用于欧洲经济共同体(EEC)与联合国家(Associate States)之间的关系[②],但不适用于美国在西欧或者日本在东南亚。这并不否认美国在西欧处于军事组织的顶点,军事组织似乎满足所有条件,在传播网络中,这个超级大国却处于边缘,在西欧,它的文化在很大程度上被拒绝。而在经济渗透方面,垂直劳动分工在美国与西欧更利于美国。

同样的结论可能适用于日本在东南亚。如果考虑日本,经济帝国主义是确定无疑的,但是没有政治的、军事的、传播的或文化的优势。[③]

我们也因此得出这一部分的最后一个结论:帝国主义是一个程度问题。如果帝国主义是完美的,它就是结构化暴力的完美工具。当然未达到完美状态时,就必须有一些东西来填补结构化暴力的缺陷,那就是直接暴击,或者至少是直接暴力的威胁。这时,军事帝国主义的类型就变得十分重要了,因为当其他类型的帝国主义,尤其是经济的和政治的,在结构中表现出明显缺陷时,军事帝国主义就是一种可以被激活的潜在力量。顺便提一句,这并不必然意味着直接暴力仅仅会被用于边缘国家,如果存在着中心之边缘与边缘之边缘联手的危险,它同样会被用于中心国家的边缘。要出现这种情况,定义中的第二个标准就必须不成立,也就是说,与边缘相比,中心内部反而存在着更严重的不平等。

八、一些实证的探讨

上述的理论相当复杂,以至于不大可能对其进行完全的实证验证,但至少对于

---

① 参见(Magdoff 1969)和(Galtung 1966)(后者是原文的第 28 个尾注,但在正文中没有对应的位置。经与作者沟通,将后者合并到下一个尾注中。——译者注)

② 奥斯陆国际和平研究所正在进行这方面的研究。

③ 奥斯陆国际和平研究所的 Tormod Nyberg 和 Johan Galtung 正在研究日本与东南亚之间的关系。

经济帝国主义，还是可以给出一些数据的，并不是因为我们认为它是帝国主义的基础，而是因为这方面的数据最容易获得。

大家都知道，人均 GNP 之间存在差距，也就是说有富国和穷国之分。从某种角度来看，这种差距提出了一个问题，而解决这一问题需要用到**再分配**，但是从我们这里的结构化理论来看，这一差距提出的问题却必须从结构变化的角度去应对。再分配有可能促进这种变化，但它也有可能只是推迟了问题的解决，因为在那里，是症状而非疾病本身得到了治疗。

因此，我们要说的是，一些国家富裕而一些国家贫穷，一些国家发达而一些国家欠发达，与国家内和国家间的结构是密不可分的。基于前述的理论，为了说明这一点，我们要用到以下七个变量①：

表 3－8

发展变量	1. 人均 GNP(GNP/cap) 2. 在非初级部门就业的比例 (Percentage employed in non-primary sectors)
不平等变量	3. 基尼系数，收入分配(Gini index，income distribution) 4. 基尼系数，土地分配(Gini index，land distribution)
垂直贸易变量	5. 贸易构成指数(Trade composition index)
封建贸易变量	6. 伙伴依赖指数(Partner concentration index) 7. 商品依赖指数(Commodity concentration index)

表 3－8 的前两个变量是用两种高度但并非完全相关的发展变量定位一国在国际等级体系中的地位。接着的两个变量，基尼系数，大致描绘了国内结构的情况。而最后三个变量大致描绘了国际间结构的情况，这三个变量中，第一个涉及帝国主义的第一种机制，而后两个涉及的是帝国主义的第二种机制。具体而言，贸易

① 附录显示了 60 个国家在这 7 个变量上的得分[但是大多数国家的基尼系数 i 值(即 Gini index，income distribution——译者注)和一些国家的基尼系数 l 值(即 Gini index，land distribution——译者注)缺失]。

构成指数是基于如下方程：①

贸易构成指数：

$$\frac{(a+d)-(b+c)}{(a+d)+(b+c)}$$

其中：

a 是进口原材料的价值

b 是出口原材料的价值

c 是进口加工品的价值

d 是出口加工品的价值

当然，这一指数只是一个粗略的测量。其原因很多，一个原因是，我们将整个分析中的重要变量——加工水平（degree of processing）——简单地划分为“原材料”与“加工品”，而完全抛弃了程度的问题；另一个原因是，我们之所以做这种划分，是因为联合国的贸易数据采用了这种区分。不过，尽管存在这样的缺陷，它毕竟能对国家进行排序。这一变量下，排名最高的是日本，它进口的几乎全是原材料，而出口的几乎全是加工品。相应地，在这一指数下，排名垫底的国家就是那些出口原材料却进口加工品的国家，但是，居于这两种极端中间的许多国家的相对位置显然是有争议的。

至于最后两个变量，它们分别是指对**最主要**伙伴的出口占总出口的比例，以及最主要的**三种**商品组成的出口占总出口的比例。②

据此，我们现在就会想到，有些国家可能是发达国家，在垂直贸易指数上得分很高，但在不平等和封建贸易指数方面得分较低——同时也有一些国家虽然是欠发达国家，在垂直贸易指数上处于下层，却在不平等和封建贸易指数上居于上层。

---

① （原文这一尾注的位置有误。——译者注）贸易构成指数是由 Knut Hongro 建立的，作者也提了一些建议。但是$\frac{(a+d)-(b+c)}{(a+d)+(b+c)}$这个式子很可能更好一些，因为贸易的价值通常相加而不是相乘，并且当 b 和 c 同时为 0 时，而不是 b 或 c 为 0，上述式子的值为 1（Galtung 1970）。

② 注释在附录中给出。

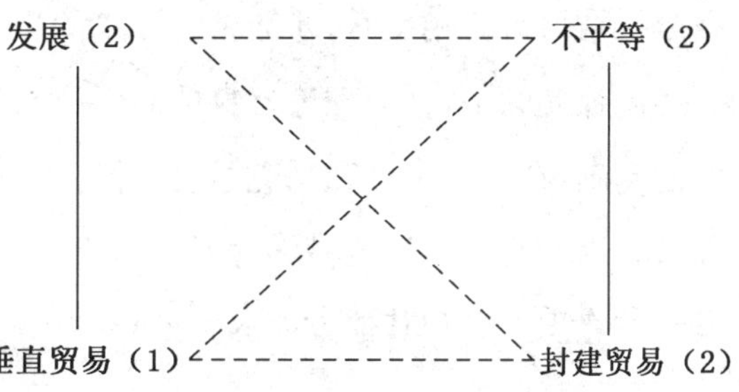

图 3－3　由帝国主义假设得出的相关性

图 3－3 显示了这种相关性结构，其中的实线表示正相关，虚线表示负相关，括号中的数字表示每个维度的指标数量。

因此，在所有 21 组双变量相关分析中，我们假设会有 6 组正相关和 12 组负相关。除此之外，有三组关系涉及的是同一维度中的不同指标：我们希望它们正相关，但不是强烈正相关，因为这将降低独立检验假设的有效性。

由于所有变量都存在效度和信度问题，我们决定对其进行分段，要么在数据的“自然”断点（即某个国家与下个国家的数值之间存在较大间隔）进行分段，要么在中值处进行分段。这里的相关系数采用的是 Yule's Q，其结果参见表 3－9。

表 3－9　经济帝国主义的假设检验（Yule's Q）

	1	2	3	4	5	6	7
1　GNP/cap		0.79	−0.90	−0.80	0.89	−0.52	−0.89
2　% non-primary			−1.00	−0.83	0.77	−0.72	−0.87
3　Gini income				0.20	−0.83	0.80	0.86
4　Gini land					−0.95	0.21	0.85
5　Trade comp.						−0.69	−0.97
6　Partner concentration							0.35
7　Commodity concentration							

所有的相关性都符合我们的预测，大部分都是强相关。只有三个弱相关性，其中两个涉及的是同一维度的不同指标。因此，假设得到验证。

当然，这里验证的仅仅是我们理论的边角，它本身并不能证明这个体系是以我们所描述的方式运作的，但是，如果连上述部分都不能得到很好的验证，我们就不得不说，帝国主义模型不可能是一个描述当代世界体系的好模型。因此，在检验假设的意义上，这些结果提供了很好的正面验证，但是在检验理论的意义上，只有当数据分析结果恰好相反时，才能否定原来的理论。[①]

还需补充的是，这一理论自身的启示意义很丰富，这一理论为实证研究提供了很好的基础，在自由主义和马克思主义流派中都适用，对共时数据分析和历时案例研究都有用。在促进社会科学更深入地理解这一体系的运作方面，如果不同学派的学者在意识形态和其他方面的争论导致了任何系统性的忽视，那会让人很失望。

九、进一步的理论探讨

在上述理论和实证分析的基础上，让我们进一步讨论以下四个方面的问题。

9.1 定义“中心”和“边缘”

我们现在可以更好地定义我们的基本概念——“中心”和“边缘”（在第 2 部分我们做了简要介绍），无论它们指的是国家间还是国家内的关系。[②] 事实上，在定义方面，前述的讨论中暗含了三种方法：

> (1) 在绝对性质(absolute properties)的意义上(例如发展变量)：中心在排序中靠前，而边缘靠后。
>
> (2) 在互动关系的意义上(例如贸易构成指数)：中心让自己获益更多，而让边缘获益较少。
>
> (3) 在互动结构的意义上(例如伙伴和商品依赖指数)：中心比边缘在网络中处于更加核心的地位——边缘在依赖度指标上得分更高。

实践中，用三种方法里的哪一个来定义中心和边缘也许不是那么重要，因为表 3-8 告诉我们，它们之间存在着很强的正相关——至少在今天如此。一种理论认

---

① 需要指出的是，假如这里得出的相关系数比表中所示的低了许多，帝国主义理论仍然不能被推翻。此时，如果该理论被视为一个反映当下具体现实的模型，那它就被推翻了，但是如果把帝国主义看作集体系统(systems of collectives)中的一个因素，与其他因素一起组成了当前的图景，那么它并没有被推翻。表 3-9 的内容表明，在当代世界，我们的帝国主义理论为认识世界所提供的并不是一张坏地图。

② 关于个人层面的中心—边缘理论，可参见(Galtung 1964)。

为,这是由于(1)是根本的、原生的:富裕的、教育水平高的、强大的国家(或个人)有能力控制自己在世界结构(社会结构)中的位置,于是它们处于垂直互动关系的顶部、封建互动关系的中心。另一种理论认为,(2)和(3)是基本的:如果一个人或国家能够将它自己放在垂直关系的顶部,甚至放在封建互动结构的中心,它也就有能力在各个国家(个人)争先攀爬的指标上得分更高——无论这些指标是什么。

我们发现,我们不能教条地对待这两种理论。它们貌似可以互相补充。一个国家(个人)也许在某个方面超越了其他国家或个人,然后它就有能力将这一超越转变为互动中的优势,欧洲在地理大发现之后就是如此。或者它也许有幸占据了某种互动中的优势地位,例如在传播网络中,然后它就有能力将这种优势地位转化为自身的绝对价值等等。

总之,我想我们可以说,中心—边缘划分的这三种**方面**(aspects)的相对重要性随着时间和空间,随着历史和地理环境的变化而变化。因此,我们更愿意确切地将它们看作这一划分的三个不同**方面**。这样,我们将中心和边缘定义为满足(1)**或**(2)**或**(3)的国家(个人);这里的"**或**"就是我们通常所说的并且/或者(即满足一个或多个方面都可以称为中心/边缘——译者注)。这也许让人有些困惑,但是,由于上述两种理论(即前面两个段落中涉及的讨论——译者注)得出了一致的结论,我们也不用过多纠缠于此。不过,关于定义有一点需要提醒研究者:研究者应特别注意一些特殊情况,例如一个国家(个人)也许在一个方面处于中心,而在另一个方面却处于边缘。很明显,这些情况对于我们理解动态过程,即一种类型的中心地位如何能转变成另一种类型的中心地位,很重要。在这一过程中,定义的第二个方面,即互动关系自身,可能更加重要,因为通过不断积累,它使资源能够源源不断地往中心汇集。这个方面的重要性在于它是**具体的和有形的**。根据这一方面,中心—边缘之分不仅是研究者所做的一种划分,更是在互动过程中**实实在在**(in concreto)发生的状况。二者在参与垂直互动的过程中不断拉大彼此的距离,且在这一过程中变得愈加不平等。[①]

---

① 当然,在个人之间同样如此:劳动分工以某种方式组织起来,对于一些人而言是张扬个性(personality expanding),而对另一些人却是压制个性(personality contracting)。于是,人们通过参与这种垂直互动对彼此进行"区分"(sort)进而疏远了彼此。

9.2 扩展到三个国家和三个等级

到目前为止，我们都是在两个国家和两个等级的简单框架中进行讨论的。现在是打破这种限制的时候了。对于这一点，我们只简单地说几句，而不详细地展开分析。

在中心和边缘之间插入一个中间组的做法显然符合大多数社会科学的思维方式。不管中心是在经济、政治、军事、传播还是文化互动层面定义的，中心和边缘的严格二分都显得很粗糙。替代性的做法可以是一种连续体，但是为了达到这一模式，我们可以先采用三分法。严格的社会二分法通常很难获得，除非它被那些显而易见的和大家都认同的种族、民族或地理等因素加以界定。一个由三个种族构成的国家可能是一种稳定的三等级结构；如果只有一个种族，连续体模型可能就更合适。

不过，这并不会对我们的理论产生很大影响。无论是两个等级、三个等级还是从极端中心到极端边缘的连续体，用均值（例如人均 GNP）和离差（例如基尼系数）来描述国家的方式都不会失效，以此对国家进行比较的做法同样不会失效。事实上，我们这一理论的任何地方都不是以两级结构为前提的，因为这个理论并不立足于二分法，例如生产资料的所有者和非所有者的二分。

在中心国和边缘国之间插入第三个国家会有一些有趣的发现。这样的一个国家事实上扮演着中间人（go-between）的角色。具体来说，向上，它会用半成品交换高度加工品；向下，它会用半成品交换原材料。在出口产品的加工水平方面，它就处于中心和边缘之间。而且，这样的中间人在封建互动结构里扮演着极端中心和极端边缘之间的中间层的角色。不用说，三个国家内部的中心都绑在同一个国际网络中，互相之间建立起稳固的利益一致纽带。

另外一种情况是，在科技方面，中间国家可能落后于中心，但却领先于边缘①，这和它在加工水平方面所处的位置相一致。在破坏方式与传播方式层面，同样如此。

---

① 参见注释中 Stephen Hymer 的文章。

如果美国被看作全球的中心(在加工水平方面,日本是它最危险的竞争者),我们就能看到如下几个国家链,参见表3-10。

表3-10　中间人关系的一些可能案例

中心	中间人	边缘
美国	西欧	东欧
美国	加拿大	盎格鲁美洲(特立尼达和多巴哥等)
美国	墨西哥,阿根廷,巴西	中美洲
美国	日本	东南亚
日本	韩国	东南亚(和北美)

就像可以扩展到三个等级一样,我们还可以扩展到一种连续的链条,这时的极端中心和极端边缘之间的距离就相差很远了。

9.3　扩展到多个帝国

至此,我们所有的讨论都是在一个帝国范围内进行的,除了有时我们指出在帝国之外也有国家,而帝国不允许这样的国家与其进行互动,但是,这个世界是由多个帝国构成的,任何现实的理论都必须在这一背景下考察一个帝国,尤其是因为直接暴力涉及帝国之间的关系,而结构暴力则涉及帝国内部。

显然,帝国之间的关系位于中心国的中心之间的关系之上,这些关系可以是消极的、中性的(neutral)或者积极的。两个资本主义帝国也许是竞争关系,但是它们也可以很好地将世界划分为各自的势力范围,以使得它们之间的关系变得更加中性。起初,一个帝国在与其他资本主义帝国的竞争中为了保护自己也许会斗争,但是在第二个阶段,它们会联合起来,或多或少地融合在一起,来保护整个资本主义体系,而不是哪个具体的资本主义帝国。我们还能设想出第三个阶段,那时,非资本主义帝国与资本主义帝国会以“统一的帝国主义”(united imperialism)面貌出现,相互联手,以保护这样的帝国主义。

站在边缘国家的角度看,这一点极其重要。世界上存在多个帝国,也就意味着存在多个中心国家,这样的世界至少是一个存在多种可能性的世界。为了说明这一点,假设我们现在有中心和边缘两类国家,它们在垂直方向上相互关联。每一类都有三种可能性：一个国家、两个互动较少或相互敌对的国家，以及两个合作的国家。它们十分友好以至于可以被视为一个行动者。图 3 - 4 展示了这种情况，它可以帮助我们认识一些具有政治重要性的情形（图 3 - 4 中的箭头表示垂直互动的关系）。

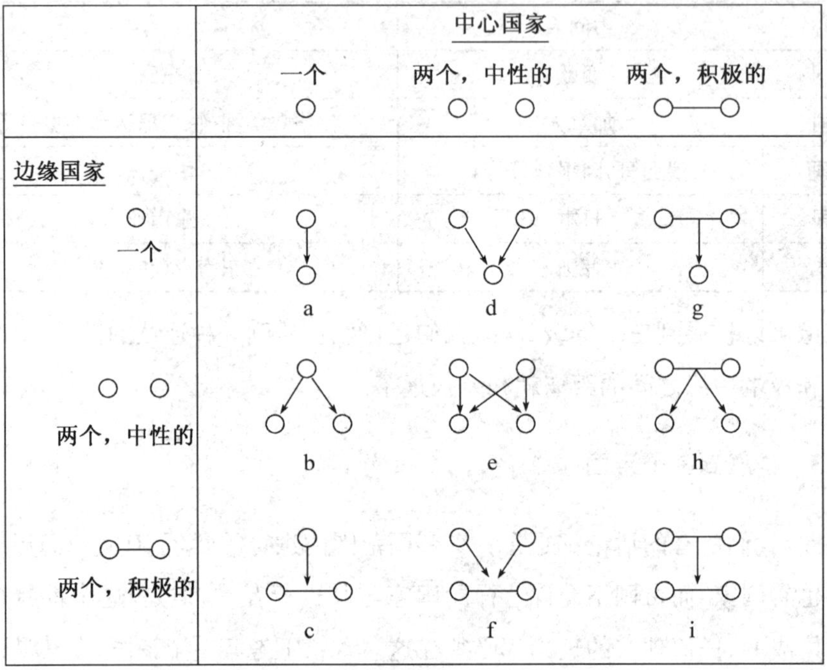

边缘国家 \ 中心国家	一个	两个，中性的	两个，积极的
一个	a	d	g
两个，中性的	b	e	h
两个，积极的	c	f	i

图 3 - 4　多元帝国世界中可能存在的关系

图 3 - 4 中 a，b 和 c 的情形发生在一个帝国内部，这里出现了一种可能导致去封建化（defeudalization）的情形：两个边缘国之间建立起了水平互动。

在 d，e 和 f 的情形中，边缘国家可以和多个中心来往，甚至由于中心间的敌对关系，边缘可能与其中一个交往而反对另一个。在这种情况下，边缘就能通过维持中心间的冲突获益，甚至边缘会联合起来（f 的情形）以从这种冲突中获得更多利益。

在 g，h 和 i 的情形中，中心之间进行合作，例如一些富国通过建立“联盟”（consortium）来帮助一个或多个穷国，分别帮助它们，或将其作为一个整体进行援助。①

① 此时，我们联想到巴基斯坦联盟和印度联盟。

重要的是，无论哪种策略都没有改变垂直互动**关系**，只是部分地改变了封建互动**结构**，也就是说，它们只可能削弱帝国主义的一个方面，而不是另外一个可能更加重要的方面。如果我们仔细看看 i 情形，它其实只是放大的 a 情形，这就如同欧洲经济共同体（EEC）与 18 个联合国家垂直互动（i 情形——译者注）和法国独自与其中某个国家互动（a 情形——译者注）之间的关系。我们很难说，超级中心集团与超级边缘集团之间的帝国主义就比单个中心国与单个边缘国之间的帝国主义来得温和（我们还必须指出 EEC 和联合国家之间的关系更像是 h 情形，而不是 i 情形）。

尽管如此，我们也没有理由否认，多个帝国组成的世界不仅包含更多讨价还价的可能性，而且也更符合我们在当前所生活的现实世界。

9.4　扩展到非领土主权行动者/非主权国家行为者（non-territorial actors）

表 3－6 的第三、四、五阶段已经定义了非领土主权行动者。阶段三和四指的是多国或国家间非领土主权行动者，阶段五指的是超国家的行动者。这些都指的是集体，由人构成，在其内部多半都存在着垂直劳动分工，相互之间也没有理由不存在垂直劳动分工，并在帝国主义关系中捆绑在一起。因此，在政府和非政府国际组织中，也可能存在劳动分工，即前者更多是制定决策，而后者来执行。为了让这个系统良好地运转，政府组织不得不与非政府组织的决策中心建立起和谐关系，方法之一就是在其委员会或执行委员会中占得一席之地。详述这一问题或举实际案例不是本文的议题，但我们想指出的是帝国主义作为一种结构不仅仅与领土主权行动者有关。①

十、结论：一些战略启示

从宏观框架出发，我们只能得出一些宏观的政策启示来做指导或战略，显然还需要更多具体的东西才能形成初步的战术安排，但是，和平研究中发展出的理论就

---

①　因此，非领土主权行动者层面的中心—边缘理论也许不应该过多地讨论组织的规模与寿命等问题，而是关注它们是否会在其他非领土主权行动者那里建立起桥头堡，以及它们是否有能力系统地安排一些垂直劳动分工。“咨询地位”系统（system of “consultative status”）就清晰地表明了谁来决策和应该咨询谁。

是要得出这样的宏观战略；如果一个理论仅仅描述事实，而不反映未来的可能性，它就不是一个好的理论。

我们的出发点仍然是，世界被划分为富有国家(have nations)和贫穷国家(have-not nations)，国家内部又包含富有者(have's)和贫穷者(have-not's)。为了缩小差距[①]，仅仅依靠抵制结构暴力的再分配这一方法，即劫富济贫，是不够的；结构必须被改变。帝国主义结构既有国家间的层面，也有国家内的层面，因此在这两个层面都要有所改变。

让我们从国际改变开始。前面我们已经讨论了帝国主义的机制，现在我们就来看看一些反帝国主义的机制(anti-mechanisms)，见表3－11。

表3－11 国际主导体系的结构化改变策略

一、水平化(horizontalization)

1. **中心—边缘水平化**

a. **更平等的贸易交换**。劳动分工减少，或者更水平化的劳动分工，将带来相等的附带效应。具体而言，这意味着，中心国家要开始从边缘国家进口加工品，参与产业内贸易，而不是产业间贸易，甚至是商品内贸易，而不是商品间贸易。

b. **减少垂直互动**。如果上述的平等交易不被接受或无法施行，那么互动就将降到完全的“去耦”(de-coupling)。

c. **自力更生**。[②] 部分是为了发展进口替代品，部分是为了让边缘国家认清楚它们需要什么产品，而不是去适应由中心确立的偏好。

二、去封建化(defeudalization)

2.

a. 在产业内贸易，而不是产业间贸易，进行**平等的交换**，但是，考虑到加工水平，这明显要在一个比上述1. a.更低的水平进行。这也许意味着进行原材料的交换，或者半成品的交换。显然，哪个边缘国家应该与哪些其他边缘国家进行水平互动，取决于经济交易的特性和具体的地理政治状况。

---

① 应当指出，似乎不存在缩小差距的策略，甚至不存在任何缩小差距增幅的策略。也许唯一可以说存在的策略是改善穷国境况的策略，但是，缩小差距并不必然意味着改变了富国和穷国间的关系结构。大幅削减富国的增长也能达到这个目的。

② 关于这一点，新的政治家的表达似乎比朱利叶斯·尼雷尔(Julius Nyerere)在著名的《阿鲁沙宣言》(Arusha Declaration)里的表达更强烈，后者如下：“如果每个人都能自力更生，一个小屋子就能自力更生；如果所有屋子都能自力更生，整个街区就能自力更生；如果所有街区都能自力更生，整个城区就能自力更生；如果所有城区都能自力更生，整个地区就能自力更生；如果所有地区都能自力更生，那么整个国家就能自力更生，而这就是我们的目标。”这里还蕴含着一个理论：自力更生必须自下而上建立，必须以个人的能力为基础，而不是国家的能力。Kenneth Kaunda还补充道(Humanism in Zambia, Lusaka, 1968)：“我们都知道，一个具有真正自力更生观念的人不会心存剥削他人的打算。”(p. 50)

（续表）

b. **为了国际阶级冲突发展边缘国家的有效可行的组织。**这些组织的可行性不仅依赖于信守一定的意识形态（不在乎过去、现在和未来），而且，如果它们能够建立在 2. a. 交易关系的基础上，它们可能运转得更好。它们的确切目标是迫使中心国家能够沿着 1. a. 的方向来改变政策，并且要求中心重新分配资本和技术。如果中心国家不能遵守这些结构化的改变，这些组织还需要发动输送原材料方面的罢工，这就如同在国内常发生的劳动力罢工一样。

3. **中心—边缘的多边化**（multilateralizaton）

a. **在可能的情况下，建立多国的对称组织。**国际组织的体系应当脱离阶段 3 而向阶段 4 发展。这些组织应当成为中心—边缘和边缘—边缘间水平关系的现实工具。

b. **消灭多国不对称组织。**如果它们没能沿着 3. a. 的方向发展，其方法就是边缘国家退出这些组织。

c. **自力更生。**边缘国自己成立多边对称组织，为了冲突表达（conflict articulation）这些组织可以与中心保持一些联系。这也适用于联合国和联合国办事机构，如果它们追求的是我们上述的政策。

d. **建立全球或超国家的组织。**它们可以将传播和生产方式进行全球化，以建立一个全球都能介入的交流网络和一种能优先考虑边缘之边缘诉求的生产系统。

4. **外部活动**

a. **边缘—中心的联系要扩展到其他中心国家，**但是要遵守 1. a. 和 1. b. 。

b. **边缘—边缘的联系要扩展到其他边缘国家，**但是要遵守 2 和 3。对于后一点，阿尔及尔的 77 国集团可能是一个重要的例子，尽管程度还较弱。非联盟国家的会议可能是另一个例子。1961 年在贝尔格莱德举行的第一次大会，有 25 国参加，1964 年第二次在开罗的会议有 47 国，1970 年在卢萨卡的会议有 54 个参与国（其观察国的数量分别为 3、10 和 12）。

再次申述，仅仅在这个宏观层面上还不能产生从垂直封建互动转向水平和非封建结构的具体步骤。这些仅仅属于指导原则。同时，很有必要将这些原则付诸实践，但这并不足以开启边缘的真正发展之路，只可能缩小中心和边缘的差距。只有通过结构化改变，使今天的边缘国家变得自主了，“自由主义”发展理论的许多发现才可能派上用场。总之，水平化和去封建化的基本程式只是必要条件，而非万能药。

但还有一个问题，即在国内战略方面如何行事。从某种意义看，答案也很简单：表 3 - 11 不仅适用于国家间关系，也适用于一国内部的中心和边缘之间的关系。如此，它为消除中心剥削边缘的革命过程提出了四个方面的指导原则。

但这又过于抽象，让我们具体来看看这个问题。表 3 - 11 中的国际战略的最大问题在于，它们不是站在边缘之中心的利益上。这些战略不能确保边缘之中心的既得利益，因为他们享受的“生活状况”与中心之中心不相上下（甚至好于他们）。因此他们完全有理由拒绝这些改变。事实上，单从人的角度看，这一个群体在整个国际体系中可能是最暴露的群体，一方面他们是中心之中心的爪牙和工具，另一方面又是边缘之边缘的剥削者。处在这样一个两面夹击的位置，他们迟早会选择自己的立场，这一点似乎是合情合理的。要么他们调整自己加入到中心之中心这一边，要么他们与边缘之边缘团结在一起。

现在，在帝国主义**指标**的基础上，我们可以形成一组新的战略，见表 3－12。它对国内事务有更直接的启示意义而且支持表 3－11 中的国际战略。

表 3－12　国内主导体系的结构化改变策略

一、降低两个中心之间的和谐

1. **降到中性关系或者没有关系**

这种情况通常发生在中心之中心存在危机时，例如中心国发生内战或者几个中心国之间爆发战争。这种情况下，边缘国就获得了某种自由，因为中心国不再事无巨细地管控它了——就像“二战”期间拉丁美洲一些国家的情况。

2. **中心之间转为消极关系**

在宏观理论中我们已经指出，在两个中心间存在“和谐”，但是社会关系非常复杂，这种和谐不可能是完全的。中心之中心可能保留一些特权(比如**没有**代表权就可以缴税)，边缘之中心也有一些特权(比如保持奴隶制或种族主义社会的权力)。总之，由于完全的和谐与相似性模型无法实现，冲突就能产生。其结果可能是，**民族主义者**为了获得从中心国的解放而斗争。而且，如果边缘之中心能够将冲突宣扬成对整个边缘国家(不仅是对边缘之中心)的威胁，这一斗争还可以带着平民主义的特征。如果中心国采取反对边缘国的破坏性行为，例如经济战(经济制裁是一种特殊形式)甚至军事战争，边缘国内就能团结起来，这足以掩盖国内的利益不一致。

二、降低边缘国内的不和

3. **边缘国内的暴力革命**

根据这一点，通过暴力消灭边缘之中心这个阶级可以消除内部的利益不一致，可以通过杀掉他们，或者监禁他们，或给他们逃跑(relocate)的机会，例如利用他们与中心之中心的关系让他们去本该属于他们的地方——中心国。① 一个新的政权随之到来，它也许还有中心，但当然不是那个与旧的中心之中心有着和谐关系的中心。

4. **边缘国内的非暴力革命**

在这种方法中，边缘之中心不是作为人被消灭，而是作为边缘结构的一部分被消灭，因为边缘国的剩余部分拒绝和他们互动。他们在社会中失去功能，而不是在物理意义上被消灭。在新的社会里赋予他们新任务是非暴力革命的重要内容。

5. **边缘国内的边缘之间的合作**

由于国际关系被边缘之中心牢牢掌控着，人民自己就需要在非政府的对外政策中从事更多的国际关系活动。位于哈瓦那的“三大洲”(亚非拉人民团结组织，OSPAAAL)就是一个重要的例子。

---

① 在帝国主义的当前阶段，边缘之中心能够利用他们在国际组织中与中心之中心的良好关系在中心国得到安置。这一点就适用于资本主义世界里的商人。

（续表）

三、中心国内的改变 6. **中心国内不和谐的增长** 这种情况下，根据民族主义的观念，中心之边缘可能不再与中心之中心站在一条线上，转而发现边缘国家，尤其是边缘之边缘，才是他们天然的盟友。当然，除非这两个国家相邻或者他们成为上述1和2发展策略背后的因素，否则很难看到这一点会对边缘国产生什么有利的结果。 7. **中心国目标的改变** 这里并不假设中心国内的不和谐程度有所改变(如上述6的情况——译者注)。中心国自身可能选择停止帝国主义政策，这并不是因为下层迫使它这么做(例如边缘国迫使它这么做，或者如上所述，中心之边缘迫使中心之中心这么做)，而是它自己决定如此。中心之中心可能会发现，他们追求的是**错误的**政策，例如政策所导致的剥削、为世界和平带来的危险，或者和其他国家的关系等。再或者是内部的原因：中心国可能放缓它的经济增长，而倾向于追求公平。由于政策带来的负外部性(污染或者对人的剥削)，反中心的势力或中心之边缘可能会联合抵制进一步的经济增长。这里存在着很多可能性，这些因素综合起来就可能阻断现存体系，但总体而言，我们更相信边缘生成的战略，而不是中心生成的战略，因为后者更容易导致一种对中心依赖的新形式。

此时此刻，我们决定停笔。我们会在别处详细阐述这些策略。在这里仅仅是简略的说明，为的是指出一个对我们来说十分重要的原则，任何理论也都要以此标准来检验：理论是否反映了一种事实，是否表明了谁是这一事实背后的行动者？对于理论，不仅要看它是否包含了可被当下现实(数据)检验的假设，还要看——或许更要看——它是否包含了可被潜在现实(目标、价值)检验的政策。而在本文中，在这两个方向上我们都做了尝试性的努力。

十一、总结

帝国主义被定义为一个集体，通常是一个国家，主导另一个集体的一种特殊类型。其基本点在于帝国主义中心的中心是如何以利益一致的方式将两个中心绑在一起，进而在被支配国的中心建立起桥头堡的。在帝国主义的显著形态中，这一体系通过割裂两种边缘得以维护，而这又是通过主导国内部比被主导国内部具有更小的不平等性来实现的。

接着，我们定义了两种帝国主义的**机制**。第一是垂直互动，通过互动过程，主导国家比被主导国家获得更多利益。在当代新殖民主义的帝国主义中尤其重要的一点是，发达国家在用制成品换取欠发达国家的原材料时产生了附带效应。第二是封建互动结构，边缘的被主导国家之间被割裂开来，它们之间缺乏交流与贸易。

然后,我们提出了帝国主义的五种**类型**:经济的、政治的、军事的、传播的和文化。我们强调了从一种类型向另一种类型的可能的溢出效应。我们还讨论了它们强化彼此的一些方式。

接下来,我们分析了帝国主义的三个**阶段**:两个中心隶属于同一个国家的殖民主义阶段(白人定居者阶段),两个中心经由国际组织联合起来的当前所处的新殖民主义阶段,以及两个中心通过即时通信进行联络的未来的新新殖民主义阶段。

我们还实证检验了帝国主义理论的一些结果,找到了反映当前世界的一个好模型。其中特别重要的是由贸易构成指数衡量的垂直贸易的状况。我们还讨论了这一理论的一些扩展,并提出了抵抗帝国主义的若干战略。

参考文献

Amalrik, Andre. Will the Soviet Union Survive Until 1984. N. Y.: Harper & Row, 1970.

Boseberry, Lord. Questors of Empire 1900. in Miscellanies, Literary and Historical. vol. II. London: Hodder & Stoughton, 1921.

Cardoso, F. H. & Faletto, E. Dependencia y desarrollo en America Latina. Mexico: Siglo Veintiuno, 1969.

Casanova, P. G. Sociologia de la Explotacóin. Mexico: Siglo Veintiuno, 1969.

Chenery, H. B. & Watanabe, T. International Comparisons of the Structure of Production. Econometrica, 1958.

Emmanuel, Arghiri. L'exchange inégl. Paris: Maspero, 1969.

Frank, A. G. Capitalism and Underdevelopment in Latin America. N. Y.: Monthly Review Press, 1967.

Galtung J. &Ruge, M. H. The Structure of Foreign News: The Presentation of the Congo, Cuba and Cyprus Crises in Four Norwegian Newspapers. Journal of Peace Research, 1965 (2): 64 - 91.

Galtung, J. Violence, Peace and Peace Research Journal of Peace Research, 1969(6): 167 - 161.

Galtung, J. After Camelot. in Horowitz, IL. (ed.): The Rise and Fall of Project Camelot. Cambridge, Mass.: M. I. T. Press, 1967.

Galtung, J. Feudal Systems, Structural Violence and the Structural Theory of Revolutions. in

Proceedings of the IPRA Third General Conference. Van Gorcum, Assen, 1970.

Galtung, J. International Relations and International Conflicts: A Sociological Approach. Transactions of the Sixth World Congress of Sociology. International Sociological Association, 1966: 121-161.

Galtung, J. Vertical and Horizontal Trade Relation: A Note on Operationalization WOMP 1970.

Galtung, J. Foreign Policy Opinion as a Function of Social Position. Journal of Peace Research, 1964: 206-231.

Gleditsch, N. P. Trends in World Airline Patterns, JPR 1967: 366-408.

Haavelmo, T. A Study in the Theory of Economic Evolution. Amsterdam: North-Holland Publ. Co., 1954.

Hirschman, A. O. The Strategy of Economic Development. New Haven: Yale Univ. Press, 1958.

Hymer, Stephen. The Multi-national Corporation and the Law of Uneven Development to appear. in Bhagwati, J. N. (ed.): Economics and World Order. N. Y.: World Law Fund, 1970.

Magdoff, H. The Age of Imperialism. N. Y.: Monthly Review, 1969.

Ostgaard, E. Factors Influencing the Flow of News. Journal of Peace Research, 1965, 2: 39-63.

Seton-Watson, Hugh. The New Imperialism. N. Y.: Capricorn Books, 1961.

Stirton-Weaver, F. Backwash, Spread and the Chilean State. Studies in Comparative International Development, 1969, V(12).

Tinbergen, Jan. The Design of Development. Baltimore: Johns Hopkins Univ. Press, 1966.

Weisskopf, T. E. Underdevelopment, Capitalistic Growth and the Future of the Poor Countries. World Order Models Project, 1970.

第四章　区域经济

发展地理学中的中心—边缘视角*

威姆·艾特玛(Wim Ettema)

阿姆斯特丹,荷兰(Amsterdam, The Netherlands)

一、引言

社会科学的动力不仅由内在的自主进步所激发,而且往往是外部影响的结果。从地理角度对不发达国家展开的研究是这一点的有力证明。这些现在被归类为“不发达”(under-developed)[①]的区域一直是地理学家们研究的主题。然而,一些战后的发展现象不仅增添了人们研究的兴趣,也给研究增添了新的维度,例如非殖民化、联合国的崛起和发展援助的引入。地理学家越来越关注发展及与之相伴的空间变化。发展地理学也伴随着传统的区域地理学应运而生(Ettema 1979a,69;Kleinpenning 1981,43)。

从发达和不发达的角度来思考问题,就需要一种发展理论,一种关乎发展过程

---

* 本文译自 Ettema, W. “The Centre-Periphery Perspective in Development Geography.” Tijdschrift voor Economische en Sociale Geografie, 1983, 74(2): 107 - 119. 原文注释:本文是《发展地理学中的中心—边缘视角》(Het Centrum-Periferie Perspektief in de Ontwikkelingsgeografe)一文的译稿,原文发表在《政治与空间》(Politiek en Ruimte)1982 年第 3 期,第 7 - 26 页,由基础政治与空间学院(奈梅亨,荷兰)[Stichting Politieken Ruimte(Nijmegen, The Netherlands)]出版。

① 由于依附论对“under-developed”(不发达)和“un-developed”(未发展)等概念有所区分,本文出现的“underdeveloped country”和“underdevelopment”等表述均被译作“不发达”。——译者注

的视野。特别的是，经济学家和社会学家比地理学家更早地认识到了这一点。经济学家们已经发展出他们学科的特殊分支来处理不发达问题(Todaro 1977)，社会学家也已经设计出了一系列的发展理论。这两个学科都有它们自己的专业期刊，以专门针对发展中地区的问题。

哈格斯特朗关于创新扩散的观点构成了对于发展争论的一个真正的地理学贡献(Abler, Adams & Gould 1972)。然而，地理学家已经从经济学和社会学中吸纳了很多观点。他们以现代化地理学的形式发展了一种综合观念。这种观念不仅吸收了社会学和经济学中的许多概念，还采用了贝利(Berry 1960)所引入的一种归纳统计的方法。从史密斯(Smith 1979)最新的研究中可以看出，这种方法依然很具吸引力。归纳方法的支配地位导致了理论与研究的错误整合。此外，现代化思维的基础也受到了严重的攻击(Slater 1974; Ettema 1979a)。尽管如此，归纳的方法和对扩散的关注确实为理解发展中国家空间分化的性质与动力提供了许多有价值的信息。因此，似乎有必要对这一现代化方法进行一次公正的评估。最近，布劳伊特(Browett 1980)在这个方向上做出了尝试。

提出这样的评估并非本文的目的。相反，本文旨在对一些可能被视为现代化观点替代物的方法进行一种评估。这一调查一方面涉及空间极化理论，另一方面涉及依附理论或帝国主义理论。这些理论可能被统称为**中心—边缘视角**，因为在这两种情况中，不发达都与权力不平等背景下区域间的相互作用有关。强区域与弱区域之间总是有差异的，前者制约着后者。前者被称为中心、核心区或大都市，后者构成了从属于它的边缘。

本文不是为了具体呈现这些理论，而是为了评估它们对发展地理学实际或潜在的价值。为此，有意的偏见将被带入。此外，对理论的讨论必须同时观照其经验性的贡献，即它们可能带来的结果。最后，我们还将讨论未来的研究重点。

二、中心与边缘

一些拒绝了现代化方法的地理学家，在研究发展问题时为中心—边缘观点辩护。如上所述，在这种观点中存在着两种不同且在很大程度上彼此忽视的传统。

其中一种以区域分化、相互作用和两极分化等方式来描述发展。其中知名的倡导者有米达尔(Myrdal 1965；1957)、赫希曼(Hirschman 1978；1958)，以及弗里德曼(Friedmann 1973)。两极分化思维在区域发展规划中发挥了重要作用(Brookfield 1975)。然而，现代化方法的批评者更熟悉依附理论或帝国主义的观点。因此，我们首先将讨论这一种观点。它关注由经济学家普雷维什主管的拉丁美洲经济委员会提出的那些构想(Di Marco 1972)和巴兰(Baran 1976；1957)创立的新马克思主义的方法。其后则在弗兰克(Frank 1971)的极大影响下实现了综合(Roxborough 1979)。

依附论观点的一个特征是，它将社会政治的发展理论应用于不同的地理范围："……从世界大都市到庄园再到农村小贩……"(Frank 1971，175)

> 其中一组问题涉及发达与不发达国家之间的关系，另一组关注不发达国家内部不同阶层与地区之间的关系(Stallings 1972，6)。
>
> 在中心与边缘组成了国际资本主义空间格局的要素的同时，资产阶级和无产阶级构成了资本主义社会形态的要素。依附理论解释了中心和边缘在商品、劳动力和资本间的不平等交换。它解释了资本往往集中于哪里，而不是如何来分配盈余。不同阶级的衔接方式和国际资本主义体制的空间布局是"契合的"(congruent)，但并不完全相同(Gregory & Piche 1978，39)。

克莱因彭宁(Kleinpenning 1981，45)和布劳伊特(Browett 1981，156)声称依附论观点已经获得了许多地理学家的支持。在他们看来，这是非常令人遗憾的。克莱因彭宁(Kleinpenning 1978)在其发展地理学的教科书中，用了整整一章来研究依附理论。随后的批评如同先前的阐述一样广泛！因此，他的结论并不足为奇，他认为依附论观点的价值是极为有限的。最近，他重申了这一立场(Kleinpenning 1981)。布劳伊特(Browett 1981，156)也警告我们不要"从传播论范式(diffusionist paradigm)的煎锅中跳入依附论范式(dependency paradigm)的火焰……"在他看来，接受依附论范式就意味着进入一个死胡同。此外，克莱因彭宁和布劳伊特认为接受依附论观点意味着一种意义深远的承诺，一种政治意识形态的转变。布劳伊特(Browett 1981，159)在这方面非常明确。

这两位作者的作品只构成了大量批评依附论观点的文献中的一部分(Warke 1973；Ray 1973；Nove 1974；Lall 1975；O'Brien n. d.)。特别是，像阿明(Amin 1973)、弗兰克(Frank 1971)、森特什(Szentes 1971)这样的作家由此受到了强烈的攻击，当然，这是可以理解的。高度抽象，政治指责，对于地理学家而言不同寻常的、强烈的先验观念，加上浮夸的风格，这些对读者来说是非常恼人的。

在此后的讨论中，我们认为，一个关键性的问题被忽视了，即发展地理学中理论与研究的关系。只要这个问题没有得到澄清，关于依附论观点有效性的整个争论似乎在很大程度上就是无效的。

三、理论与研究

尽管发展地理学家很容易采纳其他社会科学的概念，但这并不意味着他们对现代社会科学中理论的作用有一个清晰的认识。地理学有一个强大而持久的纯描述的传统，这个传统所应用的概念并非来源于一个连贯而明确的理论。然而，有一种观点逐渐得到了拥护，即在源于某一特定理论的问题的指引下进行地理研究，并以理论的出发点来正视研究的结果。通过这种方式，理论和研究在动态的过程中相互作用。

一个理论包含了概念、有关概念间关系的陈述和经验性参照，即关于理论与社会现实之间关系的陈述。必须有可能将部分理论转化为可测量的变量，当然，这就是概念操作化的含义。一方面，如果一个理论有高度的抽象性，概念的操作化就会变得更加困难；另一方面，低层次的抽象可能意味着这个理论对于我们的常识性经验没有什么帮助。因此，许多人呼吁所谓的中层理论。

在发展地理学中，一个经典的中层理论的例子是特纳关于城市内部流动和棚户区起源之间联系的观点(Turner 1968；Van Lindert 1979)。这类理论有着清晰界定的概念、可操作化的概念和明确的经验性参照，其有用性已经被它所引发的大量研究证明。当然,理论看上去至少是有部分缺陷的,或者其应用要比最初的建议更为有限。特纳的论文又是一个明显的例子(Kliest & Scheffer 1981)。当然,这也强调了重新思考理论并提出新的研究问题的必要性。更为重要的是,理论的力量是由其产生问题的能力所证实的,这些问题的答案为社会现实提供了一种新的见解。一个好的理论使人们对之前没有观察到的关系感到好奇(Galtung 1970, 459)。

前文提到,从发达和不发达的角度进行思考急需一个发展理论。对地理学家来说,这个理论并不是指抽象空间的发展,而是指发展与空间分化之间的关系。

> 地理学的观点也许可以归纳为对谁得到什么、**在哪儿**,以及如何(who gets what, where, and how)这一问题的关注。对于**在哪儿**的强调突出显示了地理学家对空间和地区不平等的关注——不同居住地在生活水平上的差异。这些不同也许可以在不同的地理范围内进行观察,并关注国家人口、地区、社区等维度存在的不平等……地理学家强调经济和社会的空间结构可能会对某些地方的某些人有利,而对另一些人则不利(Smith 1979, 18)。

依附论观点通常将国家视为整体。内部(internal)不平等通常是用阶级、收入或者经济部门等概念来描述的。国家内的空间不平等(spatial inequalities within countries)则很难处理。不发达国家当然知道其内部的巨大差异,当我们将国家视为整体时,只能部分地回答"谁**在哪儿**得到什么"的问题。因此,国际(international)不平等必须与国内的(intra-national)不平等联系起来,才能以一种更令人满意的方式去回答"谁**在哪儿**得到什么"这个问题。

对于依附理论的初步评估使我们得出这样一个结论:① 该理论主要涉及民族社会;② 很少关注内部空间分化;③ 很少关注一个国家在"世界体系"中的地位与其内部空间分化之间的关系。与其说它是地理理论,不如说它是社会政治理论。

不过，由于关乎国际不平等，依附理论必然会引起地理学家的关注。此外，上文提及的极化理论也论述了发展中国家的空间（区域）分化问题，就像依附论观点讨论国际分化一样。因此，尽管还没有人试图调和它们，但这两者可能是互补的。同时，本文认为，这种努力不应该只是纯粹的理论尝试；也只有在对这两种传统的研究结果进行回顾后，才能开始这种努力。

四、加尔通

少数试图以**经验**模型来描述依附论观点的作者之一就是加尔通（Galtung 1971），他的观点引发了一些调查研究，我们将在后面的段落中对其进行回顾。

加尔通的理论阐发源于两点观察：国家内部和国家之间的巨大不平等，以及这些不平等的持续存在及其高度制度化的属性。

关于造成上述情况的主要原因，他察觉到国际关系中的权力不平等和其对发展中国家内部形势的影响。贫富国家之间的关系以**封建互动结构**内的**垂直互动**为特征。垂直互动与不平等交换的概念有关，但比它更为广泛。加尔通指出，即使国家之间的经济交流有一定的平衡性，这些国家的溢出效应也可能存在巨大差异：

> ……当且仅当当事人产生的总的内部和外部行动者效应相等的情况下，贸易或者一般性的互动才是对称的，或者是平等的（Galtung 1971，88）。
>
> ……我们认为垂直互动是这个世界不平等的主要来源，无论其形式是掠夺、高度不平等交换，还是加工差距所导致的高度分化的溢出效应（Galtung 1971，89）。

后者指的是国际劳动分工，在这种分工下，不发达国家主要销售初级产品，还必须从发达国家进口制成品。这种情况是由国际关系中的封建互动结构维系的。这意味着贫穷国家之间的互动很少，而且中心国家垄断了边缘国家与世界其他国家的联系。就经济角度而言,这意味着边缘国家依赖少数贸易伙伴,且其出口的很大份额仅由几种产品组成。这些情况使得边缘国家高度依赖中心国家。由于边缘国家的国民收入通常比中心国家低得多,因而中心国和边缘国间的贸易在边缘国的国民生产总值中的比例要比其在中心国的比例高得多。引用一个众所周知的例子:古巴和美国之间的贸易曾经占到古巴国民生产总值的一半,而在美国国民生产总值中的占比却微不足道。

> 虽然古巴政治制度因此背负了较大的压力来回应美国的需要和要求,但相反美国的压力就极小,且仅限于少数利益集团(Russett 1967, 126)。

然而,封建互动结构的基本特征是它保持着边缘的分裂。它强烈阻碍边缘国家自身之间建立联系。因此,每个边缘国家都分别被锁定于一种大都市—卫星的境遇当中。

加尔通所处理的大多数变量是相当容易操作化的。它们包括进出口比较(以垂直贸易指数衡量)、重要贸易伙伴的数量和对少数出口产品的聚焦程度。加尔通使用了 60 个贫富国家的统计数据。依附变量与发展变量存在相关性,也与反映内部不平等的基尼系数相关。相关矩阵在预测方向上显示出许多明确的联系。然而,其所遵循的程序却相当简单,使得其更像是一个案例,而非对模型的完备检验。

五、统计说明

沃勒里(Walleri 1978)对加尔通的模型进行了彻底检验。他的检验不是第一次对依赖性假设做出检测的尝试,却是最接近加尔通模型的方法,并采用了一种精细的方法论。沃勒里专注于外部的经济关系和他所声称的“贸易依赖”。他采用了以下的变量:

Ⅰ. 依附 垂直和封建互动结构	1. 垂直贸易指数 2. 贸易伙伴聚焦指数 3. 贸易商品聚焦指数
Ⅱ. 国内中介变量	4. 固定国内资本形成占国民生产总值的百分比 5. 部门收入分配的基尼系数
Ⅲ. 发展绩效	6. 人均国民生产总值

来源：Walleri 1978，108

重点关注的是贸易依赖和发展绩效之间的因果关系。其样本由15个经合组织成员和73个第三世界国家组成，数据则涉及1960—1970年这个时间段。

结果表明，依附程度和发展绩效之间有明显的联系。当10年的时滞被维持时，1960年的依附项得分能够预测1970年48%的发展变化。沃勒里总结说：

> ……本文所报告的研究结果为因果推论提供了一个坚实的基础，即支配/依附的结构确实能够决定发达/不发达的同步过程(Walleri 1978，114)。

加尔通和沃勒里同时使用了包含贫富国家的样本，而大多数其他作者的样本都是同质的。

蔡斯-邓恩(Chase-Dunn 1975)采用了包含所有数据可获得的贫困国家在内的样本。他试图衡量外国投资和贷款对发展的影响。他运用面板回归的方法来分析作为因变量的1950—1970年的国民生产总值/资本记录、能源消耗，以及农业之外的男性人口占比。需要指出的是，在贷款方面由于缺乏数据，分析严重受阻。然而，“投资依赖阻碍发展”(Chase-Dunn 1975)的观点得到了证实。此外，两组变量——依赖/发展——间的时滞越大，反向关系似乎越明显。蔡斯-邓恩总结道，在不平等发展的研究中应该认真对待依附论观点。

一些研究使用了拉丁美洲或非洲国家的样本。考夫曼、切诺斯基和盖勒(Kaufman, Chernotsky & Geller 1975)研究了一个包含17个拉丁美洲国家的样本。他们的依赖指标有：

> ……拉美经济体的外国投资规模、单一的大都市国家主宰贸易的程度，以及卫星国出口结构的多样化和聚焦程度(Kaufman et al. 1975, 310)。

作者使用了一些关于外国贸易与外国投资规模和构成的变量。它们与经济增长的指标有关，也与描述国家内部政治与军事结构特征的变量有关。结果却相当令人困惑，也常常与依附思维的假设相反。依附性与经济增长显示出正相关，而出口的单一性(one-sidedness)与贸易顺差相关联。此外，外部结构特征与内部结构特征之间的关系也与预期相反。作者陈述道：

> 依据我们设计的大部分测量指标，更多的依附型经济体增长速度更快，而不是更慢。它们的土地所有权结构更加平等，而非相反。依据我们的资本依附的衡量标准，它们有更多的宪法稳定性和更少的军国主义(Kaufman et al. 1975, 321)。

这些结果与阿尔舒勒(Alschuler, 1976)使用类似拉丁美洲国家样本所发现的结果形成了鲜明的对比，阿尔舒勒使用了具有可比性的数据，但采用了不同的统计方法。在这种情况下，大多数源自依附论观点的假设都得到了证实！

两项采用高度相似数据的研究结果的明显差异促使雷和韦伯斯特(Ray & Webster 1978)重新进行了分析。似乎当样本中省略一个案例时，考夫曼等人的许多发现就会发生巨大的变化。考夫曼等人的分析结果与阿尔舒勒的分析结果相比，同样如此。所考时间周期内的微小变化却能导致结果的显著差异。

麦高恩(McGowan 1976)对30个非洲国家的分析主要依靠贸易变量来对依

附关系进行概念的操作化。像往常一样，他认为依附关系与经济增长和发展必然是负相关。后者是用23个变量来衡量的。其分析结果并未呈现出一个清晰的图像。首先，依赖变量之间并没有显示出强烈的相关性，这也是其他分析中存在的一个问题。占国民生产总值一定百分比的贸易（出口＋进口）规模与一系列的经济表现指标呈正相关。其次，经济绩效指标中没有一个与所有的四个依赖变量都相关。麦高恩（McGowan 1976，38）在文章最后的讨论中指出，经济绩效不仅受到经济依附的影响，而且受到政治、军事和文化依附的影响。温格洛夫（Vengroff 1977）对此做过详细的阐述。

和麦高恩一样，温格洛夫也使用了非洲国家的样本。尽管他的一些概念操作化做法过于粗糙，但他的分析确实表明了不同类型的依附之间存在着有趣的联系。此外，像麦高恩一样，温格洛夫拒绝了经济绩效和依附关系之间负相关的研究假设，尽管分析结果的图景仍然不够清晰。

与上面的讨论相比，吉登格尔（Gidengil 1978）提供了一种稍有不同的方法来检测吉登格尔模型，她并没有将依赖变量与发展关联起来。相反，她使用聚类分析去验证那些具备“中心”或“边缘”特征组合的国家群的存在。她的样本包括68个贫富国家，其中四分之一似乎不属于任何自然集群。其余的则分为五类，其中一类由20个国家构成，代表与中心国相关的特征组合。有一类是13个最具代表性的边缘国，主要是拉丁美洲国家。最有趣的是，除此之外，还有其他三种类型，它们具有某种混合的性质。

吉登格尔的分析是将抽象的中心—边缘概念转化为具体的地理空间的早期努力之一。这导致了某种边缘的“碎片化”（fragmentation），这一点并不会使那些对“第三世界”概念感到不满的人惊讶。这样的概念不仅在分类学上是不可靠的，而且似乎比它所澄清的更加模糊。正因如此，吉登格尔的分析值得地理学家的特别关注。

六、讨论

博恩希尔、蔡斯-邓恩和鲁滨逊（Bornschier，Chase-Dunn & Rubinson 1978）提供了一份1977年之前所有关于依赖和发展的统计分析的评论报告。他们的文章对于任何想进入这个领域的人来说都是不可或缺的指南。此外，他们把自己早期的工作纳入一项新的研究设计，重点关注外国投资和贷款对发展的影响。他们的结论值得被完全引用：

> (1) 国外直接投资和援助的效果是增加了国内的经济不平等。
>
> (2) 直接投资和援助的流动对于加快各国经济增加的相对速度有短期效应。
>
> (3) 国外直接投资和援助的存量对降低各国经济增长的相对速度有累积性的长期影响。
>
> (4) 这种关系以各国的发展水平为条件。国外投资和援助的存量对相对富裕和贫困的发展中国家都产生了负面影响，但是在相对富裕地区的效果比在相对贫困地区的影响更为强大。
>
> (5) 这些关系独立于地理区域(Bornschier et al. 1978，651)。

博恩希尔等人的分析再次证明了最好结果的获得需要一个复杂的方法论和一个相对较大的国家样本。

有学者已经指出(Ettema 1979b，13)，使用由国家构成的样本，这种做法假定每个国家都是一个相同的体制，对特定刺激的反应也是同样的。这可能有点令人怀疑，林兹和德·米盖尔(Linz & De Miguel 1968)已经提出了这个问题。随着样本容量的增加，这个问题的严重性可能会降低。然而，样本容量最大限度取决于世界上所有的国家。在博恩希尔等人的研究讨论中，样本量从 7 到 91 不等。仅由非洲或拉丁美洲国家组成的样本的经验表明，较大的样本量是首选。然而，当样本量增加时，可比数据的可用性在减少，更不用说时间序列了！这是上述研究的一个主要问题所在。

不过，这不应该成为忽略依附假设检验的借口。方法论问题或数据供应的有限性问题并不会降低一个主题的重要性。只要人们认为社会理论应当直面社会现实，依附理论的操作化仍然是绝对必要的。

不可否认的是，有一些作者对上述讨论的方法的使用有较大困难。例如，帕尔玛(Palma 1978，905)就曾说道：

> 如果人们接受(像我一样)依附性分析的基本特征是接入世界经济的特定形式意义上的社会动态观念，那么来自不同依附情形的混合数据可能就是次要的。如果不是出于纯粹的好奇，它既不能验证也不能否定那些有关特定依附情形特征的陈述。

事实上，帕尔玛的立场比这个引言所表现的更为有所保留。他还批评那些试图在复杂和动态的现实中强加一个僵化模型的依附理论家(Palma 1978，903)。当然，他并不反对努力使理论更加一致和可操作化的做法。不过，此处所引的反对意见可能在方法论意义上能够得到解决。相关问题有待更广泛的讨论。

上述所有研究的一个严重局限是近乎排他性地关注了经济依附和经济发展，尽管加尔通依据中心和边缘国家的交换类型确认了五种类型的“帝国主义”：经济的、政治的、军事的、交流的和文化的(Galtung 1971，91)。此外，那些维护封建国际互动结构的机构还没有得到足够关注，例如跨国公司、国际援助机构和边缘国家的依附型精英(Alschuler 1976；Walleri 1978)。人们可能会说，这些问题的解释需要一个不同的研究方法。我们急需有关区域或特别主题的案例研究——最好是历时研究。弗塔多(Furtado 1976)对拉丁美洲发展的研究、利斯(Leys 1977)对肯尼亚的研究，还有比尔斯特克(Biersteker 1981)对尼日利亚的跨国公司的研究均提供了很好的例子。到目前为止，帕尔玛提出的将定量研究与历史结构分析重新整合的建议还没有被采纳(Palma 1978，912)。这显然应当成为依附性研究的长期策略。

七、内部分化

依附理论不仅指国际上的不平等。不发达国家被认为有着外围资本主义(peripheral capitalist)结构的特点，这与一系列内部特征有关。它涉及阶级结构、跨国公司的主导地位、资本主义生产关系的程度，以及不同生产方式的衔接(Taylor 1979；Roxborough 1979)。

上文提到，我们缺乏一种在外围资本主义发展条件下有关空间分化的过程视野。这样的设想必须将一个国家的内部区域差异与其融入世界体系的方式联系起来。只有一项已知的研究试图以经验的方式将这两个不同层面联系起来。

帕克斯与康斯纳斯(IEDES 1977)使用进出口构成和与国民生产总值相关的国际贸易(出口＋进口)的重要性作为标准，将77个不发达国家进行分类。他们区分了七组国家，并随后描述了每个类别的内部空间结构。该研究假设外部关系——“连接到全球系统”[(articulation au systeme mondial) IEDES 1977, 321]——决定着内部的空间结构。这当然是不可能在对77个国家的简明阐述中阐明的。此外，整个描述都是高度印象主义的，而且缺乏说服力。

阿明(Amin 1974)和斯莱特(Slater 1975)分别对西非和坦桑尼亚在外围资本主义条件下的区域分化进行了评述。斯莱特(Slater 1975, 154)区分了专门从事出口生产的区域、给第一类别提供商品和服务的周边地区，以及提供劳动力移民的边缘区域或者“与占主导地位的出口地区近乎隔离的区域”。

斯莱特的方法是高度演绎的，留下了大量显而易见的问题没有回答。不过，就外围资本主义条件下的空间分化而言，它无疑是一项开拓性的努力。紧随其后，阿姆斯特丹大学的社会地理学研究所开展了一个项目，该项目由托恩·迪茨负责(Dietz et al. 1979; Van Geuns 1981; Dietz & Van Geuns 1981; Schellenberger 1981)。

该项目的核心关注点是**结构异质性(structural heterogeneity)**特征的图景，即资本主义和非资本主义生产方式间的联系所导致的形势。重要的指标是市场化导向生产的相对程度(商业化程度)、雇佣劳动的存在、劳动力迁徙、消费品的使用、资本商品和货币经济中获得的投入(Dietz & Van Geuns 1981, 2)。该项目同时绘制了肯尼亚和坦桑尼亚在雇佣劳动、劳动力迁徙和农业商业化等指标上的地图。这就导向了区域的类型学。此外，最近的变化也被测量，以衡量两极分化或传播趋势的程度。资本主义生产关系相对最重要的地区被称为中心，而其他地区则被划分为不同类型的边缘。

该项目仍在进行中，至今为止，其重点都一直放在数据收集和细化的问题上。然而，有些批评被指出，尤其是在迪茨和范·吉恩斯(Dietz & Van Geuns 1981)发布的中期报告中。就区域分化而言,结构异质性的操作化是一种很有前途的方法。然而,伴随着结构异质性的空间结构的清晰概念是缺乏的。到目前为止,研究已经提供了一组地图,表明发生在某个特定区域的某种特定现象的强度,例如雇佣劳动。将某些地区划分为“中心”,而另一些为“边缘”,这涉及一种隐含的区域互动的概念,尽管有一些对米达尔(Myrdal 1965)和威廉姆森(Williamson 1968)著作的粗浅参考,但它并未对此做出解释。因此,这预示着更进一步的反思,一部分是关于结构异质性的空间分化,另一部分就是关于极化思维。

八、极化

米达尔(Myrdal 1965)和赫希曼(Hirschman 1978)描述了区域互动方面的发展。从一开始,人们就认识到,某些区域可能会出现持久的停滞和不发达(Hirschman 1978, 189)。弗里德曼(Friedmann 1959)详细阐述了这一点,指出某些区域——后来他称之为“核心区域”——也许会极大地制约其他区域的结构。这可能会阻碍那里的自主发展。与殖民地情况具有相似性,这一点是显而易见的,而且已经在弗里德曼第一篇关于区域发展和规划的文章中有所触及(Friedmann 1959, 172)。顺便说一句,“内部殖民主义”这个词在冈萨雷斯-卡萨诺瓦(Gonzalez-Casanova 1968)对现象进行社会学处理之后才被适度接受,而这在很大程度上与地理学家无关。

贝克尔(Becker 1974)、舒尔曼(Schuurman 1978)和艾特玛(Ettema 1980a)进行的研究详细阐述了某些地区在发展过程中可能被其他地区“殖民/移民”(colonized)的概念。贝克尔通过对特定区域——巴西圣埃斯皮里图州北部——的详细研究,分析了巴西中心—边缘系统的出现。该研究关注的是一个农业边境地区,来自人口过剩的咖啡区的小农户移居于此。这里起初与巴西中心,包括圣保罗和里约热内卢,联系都很少。目前仅有的那些联系包括大规模的森林开采和消费品进口。基础设施的整合则是非常不足的。

移民者为了自身的生存生产粮食和一些咖啡,以获得现金收入。然而,那里的自然条件不利于咖啡的生长。鉴于生产过剩的问题,政府希望重新组织咖啡的种植。这意味着在某些适宜的地区集中种植咖啡,并且种植优质的咖啡。低等级咖啡的出口经常被禁止，这使得圣埃斯皮里图的咖啡种植者很气馁。在其他特定的农作物种植的情况下，费用被支付给农民以根除他们的劣质咖啡树。由于这些农作物在贫瘠的土壤上一无所获，大多数移民者的农场都失败了。这片土地随后便落入大农场主手中，他们转而从事大规模的养牛业，并为此驱逐了那些收益分成的佃农。

> 因此，以牺牲人口为代价，空间变得更富有成效。迁徙到新的开拓地边缘的人们，很有可能在几年后在此经历同样的过程……(Becker 1974, 292)

舒尔曼(Schuurman 1978)在一项关于安第斯山脉东部农业移民的研究中也提到了类似的情况。在安第斯国家，粮食的生产在粮食需求增加时停滞不前。这导致了进口食品的增加。大规模的农村向城市移民加剧了这种情况。因此，政府很有兴趣来培养“无人”区域的定居。这可能会减少农村人口压力，增加粮食产量。当然，只有当移民者为市场生产时，后者才是有效的。这是巴西奥连蒂地区政府资助移民项目背后的基本原理。

然后，基础设施的投资不足和信贷供应的不健全使得移民者依赖于提供运送和信贷设施的中间商。此外，供应的弹性很低：低廉的价格不会导致产量下降。通过这种方式，最大化的利润就从奥连蒂地区产生了。奥连蒂地区通过“排水系统”网络融入了整个国民经济。其结果是，该地区从一个尚待开发的资源领地转变为边缘。

艾特玛(Ettema 1980a)将西班牙加利西亚所显示的特定类型的地区不发达状态与该地区融入国家和国际经济的方式联系起来。加利西亚的不发达很大程度上是被外部限制的功能专业化的漫长过程的结果(Ettema 1980a, 17)。

加利西亚的农村居住着一些小的农户，他们主要是为了生存，但同时也由于需要获得一些现金收入而与市场联系在一起。获取现金的传统方式之一是出售牛，这些牛主要出口到英国。当冷藏船在20世纪第三季度开始运输进口阿根廷和后来的北美的肉类时，这个市场便消失了。在长时间的危机后，一条连接加利西亚和西班牙其他地区的铁路在1884年建成，从而拯救了加利西亚的养牛业。这些运输牛的火车后来成了连接加利西亚经济和马德里与巴塞罗那等人口聚集地的最重要纽带。

日益整合的西班牙市场和伴随而来的区域专业化及国际竞争已经摧毁了加利西亚一些具有商业重要性的农业活动。同样的情况也反映在本土的炼铁行业，这些炼铁活动是在许多小的铁匠铺完成的。除了养牛之外，加利西亚的农民通过大规模地季节性迁徙到西班牙其他地区的方式解决了长期的现金短缺问题(由现金和实物税收造成)。从1853年起，拉丁美洲成了成千上万加利西亚人迁徙的目的地，他们所输送的资金解决了土地所有权的争端。自1960年以来，针对欧洲工业地区的循环式移民已成为一种最重要的收入来源。因此，加利西亚乡村的特点是农业和劳动力迁徙综合为一种特定的、主要受外部条件制约的生存模式。

加利西亚的工业也显示了特定的外围特征。在1970年左右，受雇于工业的经济活动的人口大约是19%。这一产业主要集中在三个沿海城市。输入则来自加利西亚以外，而该地区内部工业间的联系几乎不存在。加利西亚的工业主要是组装最终产品，或生产原材料及半成品以便在其他地方进行进一步的加工。因此，间接就业的机会很少。然而，沿海城市市场的兴起回馈了加利西亚经济。在城市附近，商业园艺得到了刺激。同时，还出现了少数饲养牛、猪、家禽或者生产乳制品的现代农业企业。它们与周围众多的小农场形成鲜明的对比(Ettema 1980a，24-30)。

加利西亚形成的那部分经济要远远发达于先前的例子。这并不会使得分析不那么有趣。但是，它确实表明未来的中心—边缘观点需要依据国家的发展水平来考虑不同类型的空间分化。

九、评论

本文的讨论证明了理论和研究之间密切联系的合意性。一个好的理论预示着以前没有被察觉到的关系，并且验证这些关系就是研究的任务所在。然而，这是关于研究在中心—边缘概念领域所扮演角色的狭隘构想。理论很少是一个完全的整体。更多的时候，它是零碎而不一致的。因此，理论和实践之间的相互作用不会像我们所建议的那样灵巧简洁。理论常常把人们的注意力吸引至一个有前途的领域，例如区域和国家经济的外部条件作用。只有理论中那些被系统阐述的部分才能引出异常尖锐的研究问题。**对于更具探索性质的研究而言，空间总是很大的。**

希望进入由中心—边缘视角内不同方法所定义的这个研究领域的地理学家将受到本文中所引用的实证分析的启发。

跨国家的方法似乎很少关注内部空间不平等的指标。这显然依旧是地理学家的一项任务。也许还应该参考纳斯（Nas 1976）的著作，他试图在一个大的国家样本中将城市的等级规模分布与发展和依附的某些指标联系起来。尽管结果并不显著，但他的做法的确值得关注。

跨国研究的有限时间跨度造成了一个严重的问题。许多空间结构可能有很长的历史，难以压缩成几个统计指标。帕克斯和康斯纳斯（IEDES 1977）的分析很清楚地印证了这个问题。为了解决这个问题，跨国统计分析以外的研究技术必须被应用。在我看来，比较法和单个国家的案例研究可能是有益的。在这两种研究中，与大型样本国家的研究相比，数据获取和可比性方面的难题将大大降低。

各国之间的比较或单一案例的研究将大大提高国家分类的有效性。这个话题最近受到越来越多的关注。不发达国家的异质性长期以来被低估。最近的分类是由范·达姆（Van Dam 1980）提出的。比较方法可以将同一类别或不同类别国家的空间结构的显著特征进行比较。当然，分类必须考虑到各国融入世界体系的不同方式。在这个方面，吉登格尔（Gidengil 1978）运用加尔通的变量来构建分类的努力，应当被铭记。

本文所讨论的其他研究都是基于一个国家或地区的层面。它们把区域不发达情况与国家发展水平视为主要的分化因素，或者在这种情况下，最好不要太多地把发展水平说成资本主义生产关系占优势的程度。中心—边缘视角的逻辑认为这是极化过程起源的主要因素。只有一个良好整合的、完全成熟的资本主义经济才会看到大规模区域间资源转移和维持这种状况的机构的兴起。在肯尼亚和坦桑尼亚，这些过程正处于初始阶段，尽管销售管理局等机构可以履行重要的“排水系统”功能，就像循环劳动力迁徙一样（Gregory & Piche 1978）。

巴西的奥连蒂、圣埃斯皮里图和西班牙的加利西亚的研究表明，两极分化不应该被解释为增加区域的不平等，而是内部“殖民”过程的结果。这可能会导致不同类型的边缘。正如有许多不同类型的不发达国家一样，我们应该认识到边缘地区的异质性(Rosciszewski 1977)。这方面需要更多的案例研究。

中心和边缘自身的概念，这个问题在这里不能立刻得到解决，但迫切地需要被关注。许多作者同意加尔通(Galtung 1971)和多斯·桑托斯(Dos Santos 1973)的观点，他们关注的是一个国家或地区经济可能受到外部条件的限制，并对其进一步发展产生深远影响这一现象。这一过程很大程度上得益于发展、经济权力或政治权力的最初差异。在加尔通的表述中，它涉及封建互动结构内的垂直互动，也就是说，不平等已经制度化了。这一切都始于经济和政治权力高度本地化这样的经验观察，也就是说它们集中在特定的地区。这就解释了为什么在国际层面上中心国和边缘国与发达和不发达国家、第一世界和第三世界或者富裕和贫困国家表现出一致性(Singer & Ansari 1978)。

经济和政治权力往往显示出地域的集中，这是一个经验事实，有助于核心区域的识别。从这些地区来看，创新是扩散性的，比如在生产领域或生产的组织方式方面。贝克尔对圣埃斯皮里图的研究清楚地表明了这一点。这些创新受到了投资的支持，这可能会，也可能不会，促进投资地区的人口福利。

一个决定性的因素是国家在政治上的组织方式。当区域自治不存在及政治体系不具代表性时，向边缘地区的“殖民/移民”就不会太难，尤其是基于恩惠(patronage)的政治制度——在这种体系中非正式结构保证了国家政策的协调和主流团体的利益——可能会促成明显极化的空间结构的出现。当然，这些创新、投资和政治控制的过程也被弗里德曼(Friedmann 1973)认为是中心—边缘思想的核心。他也指出，中心—边缘结构演变的第四个过程就是从边缘向中心迁徙。核心区域经济活动的集中和边缘地区回波效应的盛行使得向中心迁徙的人流成为理所当然的事情，尽管并非所有的迁徙都是自然而然朝向中心的。

后一种观点指向了中心—边缘模式的一个重要特征。**空间极化是塑造空间组织的系列过程之一。**物理、人口、政治和文化因素在塑造空间方面也许同样重要。它们甚至可能阻止极化结构的兴起，或者以某种方式阻碍区域不发展。

在国际层面上亦是如此。我们所提及的跨国家研究表明，依赖变量所能提供的最多只是对经济绩效的局部预测。当然，常识也能预判这一点。用单一的主导性影响来解释复杂现象，不仅应该得到历史学家的不信任（Fieldhouse 1961, 195），还应该得到发展地理学家的质疑。

本研究对国家内部层面上的中心—边缘相互作用的观察，在很大程度上也适用于国际层面。加尔通（Galtung 1971）所发现的过程与弗里德曼（Friedmann 1973）所提到的过程具有相似性。这并不意味着国际体系与一个由不同区域构成的国家有着相同的结构，尤其是国际政治与国家政治有着很大的不同。考虑到国际政治和军事考量对发展中国家的命运具有极大的重要性，如下的现实就显得十分荒谬：在地理学中，这个问题被留给了格雷（Gray 1977）这样的极度偏颇的"地缘政治学家"。

本文所引用的研究表明，以一个国家或者国家内部的一个地区作为调查的单位是切实可行的。此外，鉴于世界体系的性质，研究国家之间的关系也是完全可行的。尽管如此，从中心—边缘视角的实质来看，**外部整合与内部空间分化的关系应当被给予关注**。将国家视为分析单位的普遍做法不应该让我们忘记，至少在经济领域，维持经济关系的并不主要是国家，而是生产者和购买者。出口部门在国家发展中起着重要作用（Helleiner 1972；Singer & Ansari 1978）。出口部门的空间结构及其对区域发展的重要意义可能是地理学研究中一个非常有价值的课题。在更广泛的意义上，研究不发达国家的历史地理著作亦是如此，这些著作系统关注相关国家融入世界体系的方式。

发展地理学自身发展得相当缓慢，还算不上是地理学中的重要领域。将中心—边缘视角视作地理研究的焦点，确实是件狭隘的事。即便如此，人们仍然认为，发展地理学所提供的视角能够对阐明发达与不发达的空间结构做出重大贡献。就此而言，发展地理学可能会是地理研究中的一个迷人领域。

参考文献

Abler, A., J. S. Adams & P. Gould (1972), Spatial Organization. The Geographer's View of the World. London: Prentice Hall.

Alschuler, L. R. (1976), Satellization and Stagnation in Latin America. International Studies

Quarterly 20, pp. 39 – 82.

Amin, S. (1973a), Neo-Colonialism in West Africa. Harmondsworth: Penguin Books.

Amin, S. (1973b), Ledéveloppement inégal. Essai sur les formes sociales du capitalisme periphérique. Paris: Les éditions de minuit.

Amin, S. (1974), Modern Migrations in Western Africa. In: S. Amin, ed., Modern Migrations in Western Africa, pp. 65 – 124. London: Oxford University Press.

Baran, P. A. (1976; 1st. ed. 1957), The Political Economy of Growth. Harmondsworth: Penguin Books.

Becker, B. K. (1974), The North of Espirito Santo as a Case Study on the Centre-Periphery Model. In: R. S. Thoman, ed., Proceedings of the Commission on Regional Aspects of Development of the International Geographical Union, Volume I, pp. 267 – 295.

Berry, B. J. L. (1960), An Inductive Approach to the Regionalization of Economic Development. In: N. Ginsburg, ed., Essays on Geography and Economic Development. Research Paper 62, Department of Geography, University of Chicago, pp. 110 – 119.

Biersteker, T. J. (1981), Distortion or Development? Contending Perspectives on the Multinational Corporation. Cambridge, Mass.: MIT Press.

Bornschier, V., Ch. Chase-Dunn & R. Rubinson (1978), Cross-National Evidence of the Effects of Foreign Investment and Aid on Economic Growth and Inequality: A Survey of Findings and a Reanalysis. American Journal of Sociology 84, pp. 651 – 683.

Brookfield, H. (1975), Interdependent Development. London: Methuen & Co Ltd.

Browett, J. (1980), Development, the Diffusionist Paradigm and Geography. Progress in Human Geography 4, pp. 57 – 79.

Browett, J. (1981), On the Role of Geography in Development Geography. Tijdschrift voor Economische en Sociale Geografie 72, pp. 155 – 161.

Caporaso, J. (1974), Methodological Issues in the Measurement of Inequality, Dependence and Exploitation. In: S. J. Rosen & J. R. Kurth, eds., Testing Theories of Economic Imperialism, pp. 87 – 114. Lexington, Mass.: D. C. Heath & Co.

Caporaso, J., ed. (1978), Dependence and Dependency in the Global System. International Organization 32, pp. 1 – 300.

Chase-Dunn, Ch. (1975), The Effects of International Economic Dependence on Development and Inequality: A Cross-National Study. American Sociological Review 40, pp. 720 - 738.

Dam, F. van (1980), Noord-Zuidbeleid. Economisch Statistische Berichten 65, pp. 1400 - 1408.

Delacroix, J. (1977), The Export of Raw Materials and Economic Growth: A Cross-National Study. American Sociological Review 42, pp. 795 - 808.

Dietz, A. J., J. M. van Haastrecht & H. R. Scheffer (1977), Local Effects of Two Large-Scale Industrial Projects in the Kafue-Mazabuka Area in Zambia: The Kafue Estate and Nakambala Sugar Estate. Nijmeegse Geografische Cahiers 8. Nijmegen: Geografisch en Planologisch Instituut.

Dietz, T. et al. (1979), Nederlandse Ontwikkelingshulp Kenia. Social Geographical Institute, University of Amsterdam (mimeo, 156 pages).

Dietz, T. & R. van Geuns (1981), Het meten van regionale verschillen in marktintegratie. Kenia en Tanzania als voorbeelden Social Geographical Institute, University of Amsterdam (mimeo. 25 pages).

DiMarco, L. E., ed. (1972), International Economics and Development; Essay in Honor of Raul Prebisch. New York: Academic Press.

DosSantos, Th. (1973), The Structure of Dependence. In: Ch. K. Wilder, ed., The Political Economy of Development and Underdevelopment, pp. 109 - 117. New York: Random House.

Ettema, W. (1979a), Geographers and Development. Tijdschrift voor Economische en Sociale Geografie 70, pp. 66 - 74.

Ettema, W. (1979b), Empirische aspekten van ekonomische afhankelijkheid en interne regionale differentiatie. Discussion Papers Nr. 2. Department of the Geography of Developing Countries, Geographical Institute, University of Utrecht.

Ettema, W. (1980a), Spanish Galicia: A Case Study in Peripheral Integration. Utrechtse Geografische Studies 18. Utrecht: Geographical Institute, University of Utrecht.

Ettema, W. (1980b), Afhankelijkheidstheorie en-onder-zoek. Geografiseh Tijdschrift 14, pp. 288 - 293.

Ettema, W. & G. Tempelman, eds. (1978), Spatial Inequality and Government Policy in Developing Countries. Tijdschrift voor Economische en Sociale Geografie 69, pp. 1 - 128.

Evers, T. T. & P. von Wogau (1973), "Dependencia": Lateinamerikanische Beitrage zur

Theorie der Unterent-wicklung. Das Argument 15, pp. 404 - 453.

Fieldhouse, D. K. (1961), "Imperialism": A Historiographical Revision. The Economic History Review, Second Series 14, pp. 187 - 209.

Frank, A. G. (1971), Capitalism and Underdevelopment in Latin America. Harmondsworth: Pelican Books.

Friedmann, J. (1959), Regional Planning: A Problem in Spatial Integration. Papers and Proceedings of the Regional Science Association 5, pp. 169 - 179.

Friedmann, J. (1966), Regional Development Policy: A Case Study of Venezuela. Cambridge, Mass. : MIT Press.

Friedmann, J. (1973), Urbanization, Planning, and National Development. London: Sage Publications.

Friedmann, J. & C. Weaver (1979), Territory and Function. The Evolution of Regional Planning. London: Edward Arnold (Publishers) Ltd.

Furtado, C. (1976), Economic Development of Latin America. Historical Background and Contemporary Problems. Cambridge, Mass. : Cambridge University Press.

Galtung, J. (1970), Theory and Methods of Social Research. London: George Allen & Unwin Ltd..

Galtung, J. (1971), A Structural Theory of Imperialism. Journal of Peace Research 8, pp. 81 - 117.

Geuns, R. van (1981), Regional Differences in Transformation and Integration of the Tanzanian Agriculture; with a Case Study of the Morogoro District (Master's thesis, Social Geographical Institute, University of Amsterdam).

Gidengil, E. L. (1978), Centres and Peripheries: An Empirical Test of Galtung's Theory of Imperialism. Journal of Peace Research 15, pp. 51 - 66.

Gonzalez-Casanova, P. (1968), Internal Colonialism and National Development. In: I. L. Horowitz, J. DeCastro & J. Gerassi, eds. , Latin American Radicalism, pp. 118 - 139. New York, etc. : Random House.

Gray, C. S. (1977), The Geopolitics of the Nuclear Era. New York: Crane, Russak & Company, Inc.

Gregory, J. W. & V. Piché (1978), African Migration and Peripheral Capitalism. In: W. M.

J. van Binsbergen & H. A. Meilink, eds., Migration and the Transformation of Modern African Society, pp. 37 - 50. Leiden: Afrika Studiecentrum.

Hamelink, C. J. (1978), Derde Werelden culturele emancipatie. Baarn: Het Wereldvenster.

Helleiner, G. K. (1972), International Trade and Economic Development. Harmondsworth: Penguin Books.

Hilhorst, J. G. M. (1971), Regional Planning. Rotterdam: University Press.

Hirschman, A. O. (1978; 1st. ed. 1958), The Strategy of Economic Development. New York, etc.: W. W. Norton & Company.

IEDES Groupe de Recherche (1977), Commerceexterieur et organisation de l'espace. Revue Tiers Monde 18, pp. 301 - 322.

Jackson, S., B. Russett, D. Snidal & D. Sylvan (1979), An Assessment of Empirical Research on Dependencia. Latin American Research Review 14, pp. 7 - 28.

Kaufman, R. R., H. I. Chernotsky & S. Geller (1975), A Preliminary Test of the Theory of Dependency. Comparative Politics 7, pp. 303 - 330.

Kleinpenning, J. M. G. (1978), Profiel van de derde wereld. Een inleiding tot de geografie van de onderontwikkeling. Assen: Van Gorcum.

Kleinpenning, J. M. G. (1981), De sociale geografie van de ontwikkelingslanden. Intermediair 17, Nr. 12, pp. 41 - 49.

Kliest, T. J. & H. R. Scheffer (1981), John Turner's Theory of Intra-Urban Mobility and the African Reality: Examples from East and West Africa. Tijdschrift voor Economische en Sociale Geografie 72, pp. 258 - 265.

Lall, S. (1975), Is "Dependence" a Useful Concept in Analysing Development? World Development 3, pp. 799 - 810.

Leys, C. (1977), Underdevelopment in Kenya. The Political Economy of Neo-Colonialism. London: Heinemann Educational Books Ltd.

Lindert, P. van (1979), Intra-urbane mobiliteit en het ontstaan van spontane volksbuurten in de steden van Latijns Amerika. Discussion Papers Nr. 1. Department of the Geography of Developing Countries, Geographical Institute, University of Utrecht.

Linz, J. J. & A. DeMiguel (1968), Within-Nation Differences and Comparisons: The Eight Spains. In: R. L. Merritt & S. Rokkan, eds., Comparing Nations: The Use of

Quantitative Data in Cross-National Research，pp. 303 - 330. New Haven：Yale University Press.

McGowan，P. J.（1976），Economic Dependence and Economic Performance in Black Africa. The Journal of Modern African Studies 14，pp. 25 - 40.

Myrdal，G.（1965；1st. ed. 1957），Economic Theory and Underdeveloped Regions. London：Methuen & Co Ltd.

Nas，P. J. M.（1976），Stedenverdelingen，nationale ont-wikkeling en afhankelijkheid（Ph. D. thesis，Leiden University）.

Nove，A.（1974），On Reading Andre Gunder Frank. The Journal of Development Studies 10，pp. 445 - 455.

O'Brien（undated），A Critique of Latin American Theories of Dependency. Occasional Papers Nr. 12. Institute of Latin American Studies，University of Glasgow.

Palma，G.（1978），Dependency：A Formal Theory of Underdevelopment or a Methodology for the Analysis of Concrete Situations of Underdevelopment. World Development 6，pp. 881 - 924.

Pinto，A. & J. Knakal（1972），The Center-Periphery System 20 Years Later. In：L. E. DiMarco，ed.，International Economics and Development，pp. 97 - 128. New York，etc.：Academic Press.

Ray，D.（1973），The Dependency Model of Latin American Underdevelopment. Journal of Inter-American Studies and World Affairs 15，pp. 4 - 20.

Ray，J. L. & J. D. Singer（1973），Measuring the Concentration of Power in the International System. Sociological Methods and Research 1，pp. 403 - 437.

Ray，J. L. & T. Webster（1978），Dependency and Economic Growth in Latin America. International Studies Quarterly 22，pp. 409 - 434.

Rosciszewski，M.（1977），Problems of Spatial Structure in Third World Countries. Geographia Polonica 35，pp. 11 - 23.

Roxborough，I.（1979），Theories of Underdevelopment. London：The MacMillan Press Ltd.

Russett，B. M.（1967），International Regions and the International System：A Study in Political Ecology. Chicago：The Free Press.

Schellenberger，B.，（1981），Op de randvan de Periferie；ruimtelijke verschillen in economische ontwikkeling en de invloed daarop in Kitui, Kenia (Master's thesis, Social Geographical Institute, University of Amsterdam).

Schuurman, F. J. (1978), From Resource Frontier to Periphery: Agricultural Colonization East of the Andes. Tijdschrift voor Economische en Sociale Geografie 69, pp. 95 – 104.

Selwyn, P. (1979), Some Thoughts on Cores and Peripheries. In: D. Seers, B. Schaffer & M. L. Kiljunen, eds., Underdeveloped Europe: Studies in Core-Periphery Relations, pp. 35 – 43. Sussex: The Harvester Press.

Singer, H. & J. Ansari (1978), Rich and Poor Countries. London: George Allen & Unwin Ltd.

Slater, D. (1974), Contribution to a Critique of Development Geography. Canadian Journal of African Studies 8, pp. 325 – 354.

Slater, D. (1975), Colonialism and the Spatial Structure of Underdevelopment-Outlines of an Alternative Approach with Special Reference to Tanzania. Progress in Planning 4, pp. 137 – 162.

Sloan, J. W. (1977), Dependency Theory and Latin American Development: Another Key Fails to Open the Door. Inter-American Economic Affairs 31, pp. 21 – 40.

Smith, D. M. (1979), Where the Grass is Greener: Living in an Unequal World. Harmondsworth: Penguin Books.

Souza, A. R. de & Ph. W. Porter (1974), The Underdevelopment and Modernization of the Third World. Commission on College Geography Resource Paper No 28. Washington D. C.: Association of American Geographers.

Souza, A. R. de & J. B. Foust (1979), World Space-Economy. Columbus, etc.: Charles E. Merrill Publishing Company.

Stallings, B. (1972), Economic Dependency in Africa and Latin America. Beverly Hills: Sage Publishers.

Szentes, T. (1971), The Political Economy of Underdevelopment. Budapest: Akademiai Kiado.

Taylor, J. G. (1979), From Modernization to Modes of Production: A Critique of the Sociologies of Development and Underdevelopment. London: The MacMillan Presss Ltd.

Todaro, M. P. (1977), Economics for a Developing World: An Introduction to Principles, Problems and Policies for Development. London: Longman Group Ltd.

Turner, J. C. (1968), Housing Priorities, Settlement Patterns, and Urban Development in

Modernizing Countries. AIP Journal 36, pp. 354 - 363.

Tyler, W. G. & J. P. Wogart (1973), Economic Dependence and Marginalization: Some Empirical Evidence. The Journal of Inter-American Studies and World Affairs 15, pp. 36 - 45.

Vengroff, R. (1977), Dependency and Underdevelopment in Black Africa: An Empirical Test. The Journal of Modern African Studies 15, pp. 613 - 630.

Walleri, R. Dan (1978), Trade Dependence and Underdevelopment: A Causal-Chain Analysis. Comparative Political Studies 11, pp. 94 - 122.

Warke, T. W. (1973), The Marxian Theory of Underdevelopment: A Review Article. Journal of Developing Areas 7, pp. 699 - 710.

Williamson, J. G. (1968), Regional Inequality and the Process of National Development: A Description of the Patterns. In: L. Needleman, ed., Regional Analysis, pp. 99 - 158. Harmondsworth: Penguin Books.

第五章　社会学

现代社会的结构：中心—边缘还是垂直分层？*

卡尔·穆勒(Karl H. Müller)
维也纳社会科学文献和方法研究所
(Vienna Institute for Social Science Documentation and Methodology)
尼可·托斯(Niko Toš)
卢布尔雅那大学(University of Ljubljana)

在过去三十年里，不平等现象在国家和全球层面大幅增加，这是社会和经济研究中的普遍认识，但是，不平等的显著增加可能会产生截然不同的效果，这取决于当代社会的整体结构。一方面，社会边缘的规模可能会增加，并进一步远离不断缩小的社会核心圈。另一方面，由于不平等的不断增加，社会的上下部分会进一步渐行渐远，而这将导致中间阶层的坍塌。

本文将讨论社会结构的关键性议题，尽管这一议题十分重要，却很少被提及或回答。本文将重点关注作为社会分层之社会分配发动机的劳动过程，并将引入复杂的分层方案，为两种不同的社会结构模型提供截然不同的数据模式。此外，本文将从最近在斯洛文尼亚和奥地利进行的两项研究中获取经验性证据，这些证据应

---

* 本文译自 Müller, Karl H. Niko Toš. "The Organization of Modern Societies: Core-Periphery or Vertically Stratified?" *Teorija in Praksa*, 2012, 49(3): 566 - 603. Copyright@2012 by *Teorija in Praksa*. Reprinted by Permission of *The Journal of Teorija in Praksa*. 英语原文由 *Teorija in Praksa* 出版，本译文经其授权翻译出版。原文注释：特别感谢奥地利劳动、社会事务和消费者保护部(BMASK)的理查德·福克斯比勒(Richard Fuchsbichler)，他主要负责本研究的资助事宜。

该能够支撑社会结构的两种基本模式中的一种。

一、当代社会基本结构的两种模型

原则上，现代社会可以以不同的方式来描述它们在群体、阶级、阶层、集群等方面的构成。根据广义的马克思—韦伯传统，人们认为劳动过程可以视作生活机遇（life chances）（马克斯·韦伯）及社会经济风险分配的主要社会机制。

劳动过程→垂直分层

但是劳动过程及其分配能力至少能够以两种不同的形式或模式运作。

第一种模型强调越来越多的边缘群体的出现，除了失业人员，边缘群体还包括边缘就业、边缘自我创业、临时就业和其他不属于全职就业范围的群体。这里的重点在于中心—边缘的分割，以及全职就业和其他形式就业（包括失业）之间的深层垂直分割。中心—边缘模型假定全职就业的中心地位、其中心圈内相对较小的差异，以及其与失业人员或边缘就业人员等边缘群体之间较大的垂直距离。

社会结构的第二种模型认为劳动过程导致阶级或阶层强烈的垂直分离。根据第二个模型，基本的垂直划分已经发生在全职就业领域，而其他社会群体则遵循全职就业领域内这些强有力的垂直划分。因此，垂直模型假定在全职就业范围内存在相对较大的垂直分化，而其他社会群体具有类似的分布。

应该注意的是，这两种模式对社会政策问题有着不同的影响。根据第一个模型，主要的焦点在于将人和群体从边缘转移至中心，从而扩大中心部分。在第二个模型中，主要关注的是全职就业的较低阶层和其他社会群体中的较低阶层，以及在全职就业领域内上下层的逐渐缩小。

图 5－1 是这两种社会结构模型的视觉展示，是本文的核心所在。

以劳动过程中的两个极端群体（即全职就业人员与失业人员）为例，这两个模型具有以下特征。

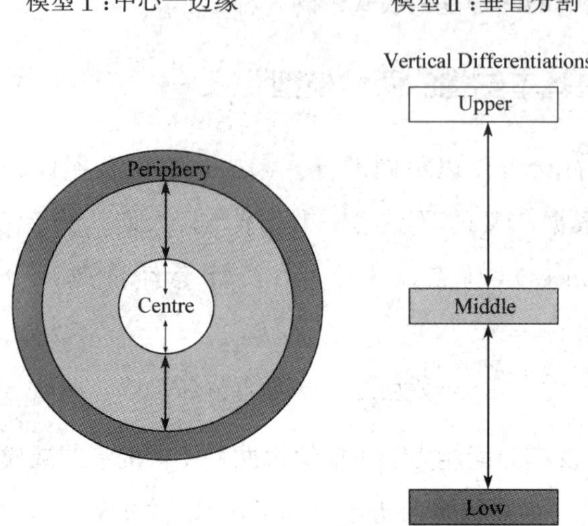

图 5-1 社会结构的两种模型

中心—边缘模型极为强调全职就业人员的中心圈与失业人员间的深层差异。因此,第一个模型强调中心与边缘之间的鸿沟和强烈的分化。与此形成鲜明对比的是,垂直模型看到了全职就业领域内的深层次的垂直差异。因此,失业人员群体也被假设为强烈分层的,并在很大程度上遵循全职就业群体的模式。图 5-2 显示了这两个模型及其特征。

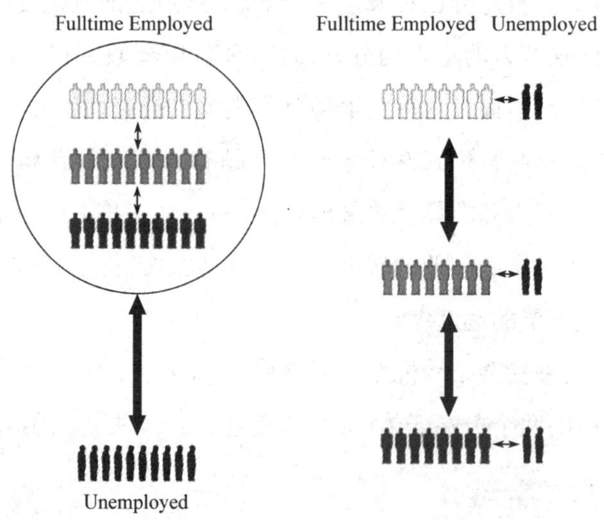

图 5-2 全职就业和失业群体的两种社会结构模型

乍一看,中心—边缘模型要比同质(homogeneous)垂直模型更合理。毕竟,失业人员不仅失去了工作,也遭受着失业带来的经济限制和各种形式的社会排斥。失业群体的上层阶级与全职人员的上层有着相对较小的差异这一假设似乎令人难以置信。

尽管如此,两种模型有着截然不同的经验数据模式,这些模式一方面在很大程度上取决于全职就业中心圈内的既有分层,另一方面则取决于全职就业和边缘就业形势(包括失业)之间的差距。

二、劳动过程、垂直分层和生活状况多维性之间缺失的环节

令人惊讶的是,目前可用的分层方案受两个典型缺陷的制约,这两个典型缺陷可以概括如下。基于劳动过程的马克思—韦伯传统中经典分层方案是通过极少数变量来操作的,然而,这些变量却无法捕捉生活状况的多个维度。通常超出劳动过程范围的替代分层方案强调横向差异,并在很大程度上独立于垂直分层方案而运行。

劳动过程→关键维度的小集合→与多维生活状况无关

多维生活状况→生活方式→与垂直分层方案无关

在马克思—韦伯传统中,马克思主义关于阶级形成和垂直分层的框架试图在整体概念组合中解释多维度的生活状况。关于当代阶级分析,如布埃尔·布迪厄(Bourdieu 1982;1985)和埃里克·欧林·莱特(Wright 1977)的观点,主要争论大体上停留于基础的阶级概念缺乏多样性,包括布迪厄的习性形成(habitus formations)。本质上,莱特案例中的两个主要维度,包括生产资料(包括权力关系)与资格(包括专家/技术/非技术)的关系,或者布迪厄的经济、社会、文化资本的三个维度都没有达到掌握个人或家庭高度异质化生命历程所必需的维度多样性。

考虑到这些备受批判的概念工具,多维度的生活状况必须作为额外组成部分被包含进阶级分析框架。然而,这种策略与阶级分析的核心概念背道而驰,尤其是在布迪厄的案例中,但是,对于莱特而言,将生活状况融入阶级分析的问题意味着以一种特殊的方式来研究阶级形成对生活状况的影响,因为他使用了一个看似令

人信服的医学研究的类比。

> 阶级分析基于这样一种观念，即阶级是一种无处不在的社会动因，因此其对诸多社会现象的影响值得探索……通过这种方式理解，阶级分析可称为具有“自变量”的特性。它是一门像医学中内分泌学一样的学科。如果你是一名内分泌学家，除了研究内分泌系统的内在功能之外，你还可以研究一系列的问题——性、性别、生长、疾病过程等。……内分泌学在解释变量方面是单一的——激素系统——但是其因变量却是混杂的（Wright 1997，1）。

尽管相当薄弱，这个版本有着其特有的缺陷，即原则上可以获得大量“自变量特性”。仅以年龄组、群体、性别、地区差异或生活方式为例，人们能够以莱特的术语证明它们与社会经济分析相关，即“那个年龄（群体、性别、生活方式、地区）是一个无处不在的社会动因，因此其对诸多社会现象的影响值得探索”。最终，社会—经济内分泌系统本身就是高度混杂的。

总而言之，布迪厄与莱特的两个最先进的阶级分析方法，依凭它们的组织结构，无法统合当前生活状况的多维性，包括最重要的态度和自我评估方面。

说到当前版本的韦伯式传统的缺点[①]，这些方法通过在不同阶级（classes）或身份群体（status-groups）中做出区分提供了一种垂直分层方案。一方面，阶级是依据资本主义生产方式中的地位和利益来定义的，这种方式决定了大群体中个体的生活机遇（一个重要的韦伯式术语）。另一方面，身份群体被概念化为特定的（有时是无法归类的）共同体，其关键特征取决于一种独特的有关荣誉的社会评价（a specific social estimation of honor）和特定的生活方式，这已成为另一个重要的韦伯式概念。根据韦伯的说法，阶级和身份群体产生了不同的结构形态，它们有时非常密切地联系在一起，但更普遍的是它们相互对立，有时甚至是激进和不可调和的。

---

① 关于韦伯式传统的总结，参见（Blau & Duncan 1967. Giddens 1973. Hodge 1981. Parkin 1979. Sørensen 1991；1994. Treiman 1977）。

尽管韦伯作品中的概念变异可以说是相当复杂和多维的，但随后沿着韦伯思路所进行的实证研究却存在着概念的复杂性被严重简化的缺陷。到目前为止，韦伯式的阶级和身份群体概念所包含的广阔设计空间被严重低估了，因为朝向身份量表的指标建构要么基于职业评级，要么基于反映生活状况或生活方式的小范围的社会经济指标。

因此，韦伯式和后韦伯式的传统一直保持对垂直分层的强调，但显然这是以把生活方式和社会秩序的多维性限制在少数关键变量为代价的。因此，可用的韦伯式或后韦伯式的平台过于狭窄，以至于无法将它们与其他领域连接起来，如文化、风险或健康状况等。

转向马克思—韦伯传统之外的分层方案，人们发现了一种强调风险和风险形成的新社会视角，其主要依赖于乌尔里希·贝克的"风险社会"(Beck 1986)。[①] 贝克在其畅销书中，以介于现代性两个阶段之间的转型期作为一片广袤之地，在其中恰当地放入了风险的概念。初始阶段的特征是工业或传统资本主义，这一点不足为奇。运用辩证的隐喻，贝克认为工业资本主义具有内在的逻辑，这种逻辑超越了自身的界限和特性，从而产生了一种内生性的转型，转向了一个本质上不同的阶段。因此，在内在必然性的驱动下，工业资本主义被一个新的阶段所取代，这个阶段被称为风险社会。简而言之，风险社会已经成为资本主义演变的当前阶段，与工业阶段财富生产的逻辑相反，风险生产的普遍性逻辑是风险社会的核心。这种新的风险生产的逻辑在高科技生产和服务方面表现得淋漓尽致，除却在数量、价格、多样性或质量方面具有无可否认的优势，它对个人或家庭造成了永久威胁。贝克再次使用内在必然性的辩证隐喻，新风险制度下的生产和服务，以某种内在必然性，制造了大量的污染物或提高了在超大规模技术中发生超大规模事故的可能性，这在三里岛和切尔诺贝利原子能发电厂的两起重大事故中得到了充分印证。由于

---

① 关于风险概念历史性和当代性的总结，除(Beck 1986; 1989; 1993; 1997; 1998a; 1998b; 2000. Beck, Giddens & Lash 1994)，还可参见(Bonß 1995)。特定版本的可参看(Baecker 1988; Banse & Bechmann 1996; Japp 2000)。

生产和服务流程的复杂性或所涉及的能源与信息基础的复杂性，频发的致命事故[①]，以及高科技灾难成为风险社会环境中的日常。

将社会经济风险融入当代风险社会的轮廓将是一件非常有趣的事。事实上，贝克在其书中第二部分专注于新的风险社会体制下日益增长的生命历程的个性化，但是，尽管处于向风险社会转型的阶段，社会经济风险尚未进入该书第二部分所言的状态。相反，对于贝克而言，社会不平等和垂直分层的问题本身似乎正在发生转变，即从纵向至横向形态的长期变化。贝克不同角度的陈述给人的印象是，社会不平等主要属于它们起源的领域，即工业资本主义阶段，尤其是那句“贫困是等级的，烟雾是民主的。”(Beck 1986，51)贝克似乎想表明纵向的社会不平等变得越来越边缘化和去中心化，然而新的横向不平等方式，像地区性和局部性不平等或特定群体的风险(如影响特殊高科技工厂甚至整个产业集群所有员工的风险)，正在逐渐占据当代风险社会的中心地位。

同样，目前关于生活状况的多维方法(可参看 Schulze 1992)大体上已经转变为横向分层，而相应地弱化了其纵向维度，如果我们扩大相关的社会经济要素。因此，当前的生活方式框架，虽然侧重于广泛的生活状况和社会文化实践，但基本上已无法将相应的生活方式放入某种垂直排序中。

随后的讨论主要聚焦于格哈德·舒尔茨 1992 年出版的《风险社会》(Erlebnisgesellschaft)一书。研究从纽伦堡市选出了大约 1 000 人作为代表性样本，并就文化习俗或信息收集的日常惯例询问了大量的问题。舒尔茨作品的理论核心是一个普遍的社会语法(social grammar)(Schulze 1992，243)。至少根据舒尔茨的说法，这种社会语法能够检测和识别出不同类别以及看似矛盾或不连贯的领域间所隐藏的同源性(homologies)。在不同的地方，舒尔茨谈到一种能够联结不同表面现象的潜在模式，或一种反映不同行动者与其周围环境和世界关系的普遍模式(Schulze 1992，36)。

本质上，舒尔茨将年龄和教育作为基本的社会人口维度，以区分五种不同的社

① 在不同的方面，贝克似乎也提出，现代性第一阶段的蜕变进入现代性第二阶段的自反性时期，带来一种查尔斯·培洛(1984)的二维图(耦合和复杂性作为其垂直和水平维度)向密集耦合/高复杂性象限的转变。

会环境或生活方式，即娱乐环境（年龄小、教育程度低）、和谐环境（年龄大、教育程度低）、自我实现环境（年龄小、教育程度高）、综合环境（年龄大、教育程度中等）和独特的高级环境（年龄大、教育程度高）。这五种社会环境中的每一种都是在高文化、俗文化或刺激/事件文化等标题下得出的不同主导模式的特定重组。

在当前情形下，最重要的批判性发现在于这样一个事实：能够整合大量日常生活和文化习俗的新生活方式的类型学几乎完全失去了不平等的纵向维度。虽然这五种生活方式可以安排在包括教育程度和年龄的二维场域中，但是垂直距离和纵向不平等大大减少，取而代之的是自成一体的社会文化习俗的横向差异。此外，向上和向下流动的经典问题被新的形式取代，年龄是从一个生活方式群体转变至下一个群体的决定因素。此外，由于舒尔茨的通用语法子类型以一种其应有的方式重塑了这些不同的群体，代际不平等和流动性问题似乎已然变成了边缘化的问题。最后，由于这些自给自足的群体很难轻易地将自己交给社会干预或补偿政策，社会经济政策的潜在空间也大大减少了。

显然，舒尔茨的分析和许多其他生活方式的研究[①]都受制于一个关键的权衡，可总结如下：依赖于收入、教育或地位等少数客观的不平等指标很快会失去与全面自我评估的关联，因为文化和日常习俗的许多方面和维度都没有被囊括在内。考虑到诸如信息、住房、艺术和文化、媒体或时尚等领域中多元化的习俗和惯例，由此产生的生活方式几乎完全失去了与垂直维度和不平等的关联。

三、分层步骤：构建一个生活状况的复合结构

行文至此，本文显然会以一种令人不安的推论来结尾，即只要劳动过程被假定为垂直社会分层的核心发动机，社会结构和分化的一般性问题就不能被分析解决。然而，可用的分层方案的显著缺点还可能通向另一种分两步走的替代性方法。在第一步，引入一种新的垂直分层方案，这种方案考虑了生活状况的多维性，并由此产生一种与横向生活方式模型相反的有关不同社会群体的垂直分层模式。第二步

① 其他生活方式的研究，可参看（Spellerberg 1996；Schneider & Spellerberg 1999）或者参看（Matjan 1998）的总结。

聚焦于研究设计本身，将在随后的章节中介绍。

转向新的分层方案一定会获得以下结果：

多维生活环境→生活形态→垂直分层方案

最近在斯洛文尼亚和奥地利进行的两项调查试图将生活状况的大量社会经济维度整合起来。这项调查包含三个主域，每个主域含有三个不同的子域，可归类如下：

- 生活世界（工作、住房、社会资本）
- 资源（收入、资历、消费）
- 认知情绪状态（对未来的展望、自我归因、关键生活事件）

每个子域都选取了多个维度，这些维度可以在生活机遇或社会经济风险方面加以解读。特别是较高的个人收入可能与生活机遇有关，而相对较低的收入则构成了特定的社会经济风险。为了得出复杂的垂直分层方案，研究使用了大约五十个不同的维度。

图 5-3 显示了具有三个主域的复杂的整体结构，每个主域含有三个子域，每个子域含有若干维度。

对于调查中的每个受访者，总体指数的计算从 0 到 1 不等。首先从每个子域中的各个维度开始，然后为每一个主域找到一个总值，以此来计算该总体指数。最终，将三个子域—维度指数汇总到每个受访者的总体指数中。根据这些指数的总体分布，对特定群体进行了分类：

- 上层阶级（上层群体占人口分布的 33%，该群体具有多重生活机遇）
- 中间阶级（中间群体占人口分布的 33%）
- 底层阶级（下层群体占人口分布的 33%，该群体面临多重社会经济风险）[①]

---

① 详细内容可参看(Toš & Müller 2005; Toš & Müller 2009; Müller, Nemeth & Toš 2002)。

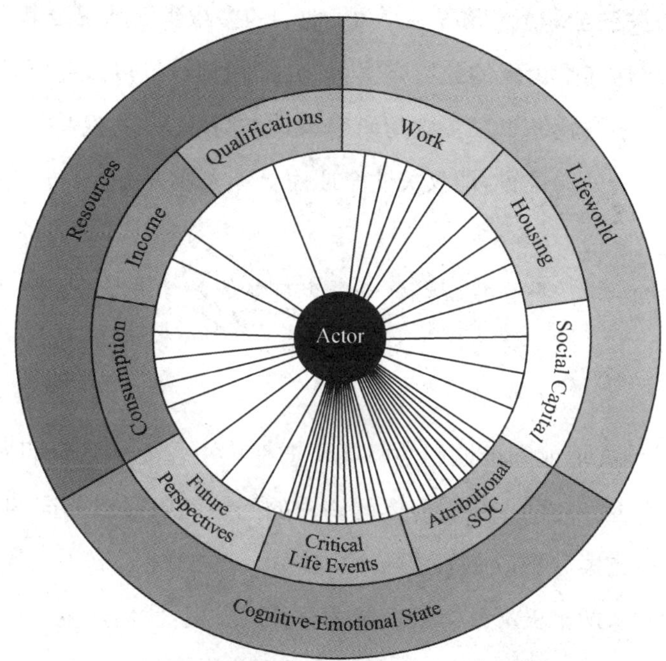

图 5-3　一种多维生活状况的复合分层方案

图 5-4 展示了新的垂直分层方案。该方案基于资源、认知情绪状态和生活世界这三个主要调查领域中的大致五十个维度。

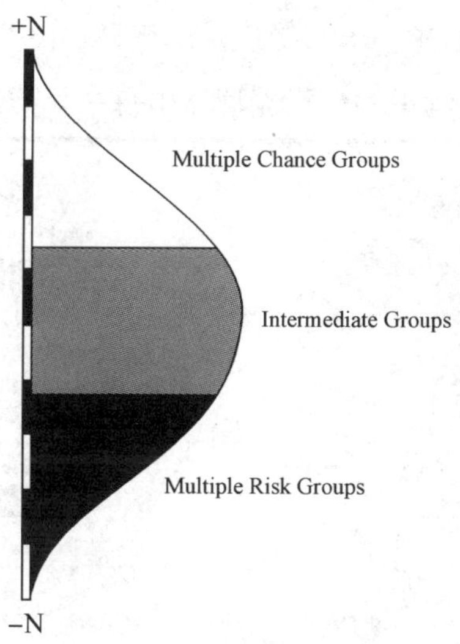

图 5-4　一个多维分层方案

设计步骤：关注全职就业和失业人群、他们的多维生活状况及其分层模式

尽管第一步通向一个新的分层方案，该方案在领域广度及生活状况维度方面已经充分实现了多样化。第二步则与研究设计本身相关，我们将聚焦两个极端群体在劳动过程中所处的位置，即仅关注全职雇员和失业人员。

劳动过程中的两个极端群体→每个群体的多维垂直分层→不同的数据模式

事实上，斯洛文尼亚和奥地利的两项调查都集中在400名全职雇员和400名失业人员的样本上。对两个极端群体的调查的问题和条目以相同的方式制定，并且多维垂直分层方案分别应用于这两个群体。

借助于针对这两个极端群体的多维垂直分层方案，我们产生了一种数据模式，它要么遵循中心—边缘模型，要么遵循同质垂直分层模型。

图5-5显示了这两种模型的不同数据结构。中心—边缘模型应当显示了全职雇员群组和失业人员群组之间的深度垂直距离，以及每组三个部分之间的微小差异。垂直分层模型应当产生每组内稳固的垂直分层，以及每组不同部分间相对小的水平差异。换句话说，中心—边缘模式应该显示出两组间的显著差异，而同质垂直模型应该强调劳动过程中两个极端群体中每一个群体内所存在的差异。

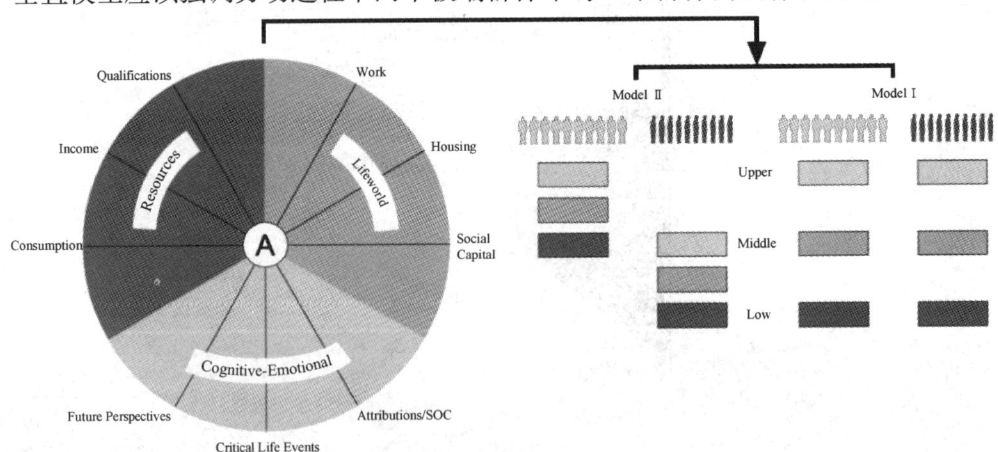

图5-5 当代社会的两种不同分层模式

通过这种方式，社会分层的两种模型可以用不同的数据模式来表达。

四、斯洛文尼亚和奥地利平行调查的主要结果

关于斯洛文尼亚和奥地利的调查结果，第一个总体发现是两国的数据模式高度相似。在这两个国家中，两个极端群组中每个组的垂直差异远远强于两组之间的水平差异。

后文从调查研究的一个核心维度(即总体的生活满意度)开始，提出了一些典型的实证研究结果。从图5-6和图5-7可以看出，多重生活机遇组、中间组，及多重社会经济风险组这三者之间的水平差异要远远小于全职雇员组与失业组之间的差异。有趣的是，在斯洛文尼亚的案例中，这种差异又变小了，但即便如此，全职雇员与失业人员之间的垂直差异也超过了水平差异。

显然，即使是在生活满意度的核心领域，失业人员群体中也存在显著差异。同样，与现代经济理论有关幸福的理论假设相反，多重风险群体尽管处于全职就业状态，但是其表现出的生活满意度显著低于失业人员的上层或中等阶层。

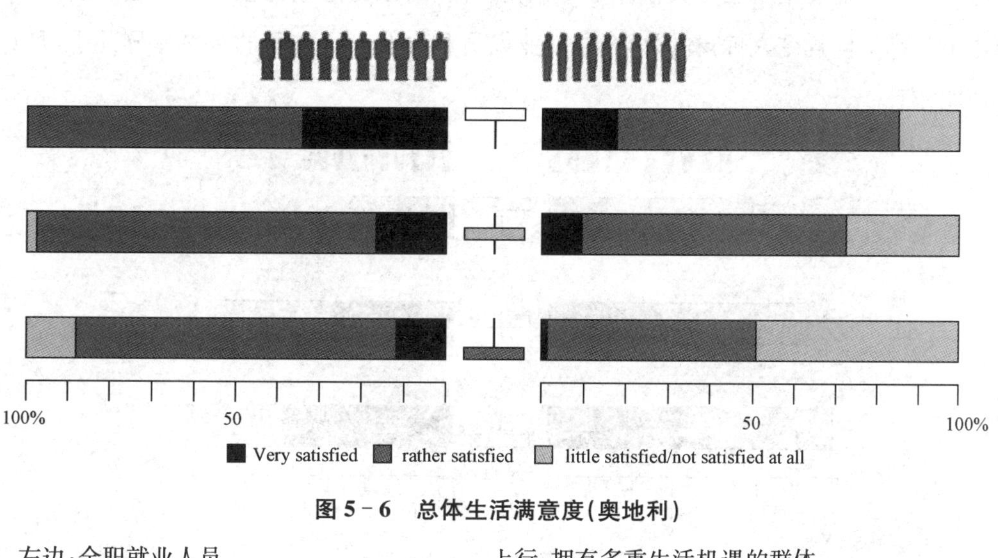

图5-6　总体生活满意度(奥地利)

左边：全职就业人员

右边：失业人员

上行：拥有多重生活机遇的群体

中行：中间阶层

下行：面临多重社会经济风险的群体

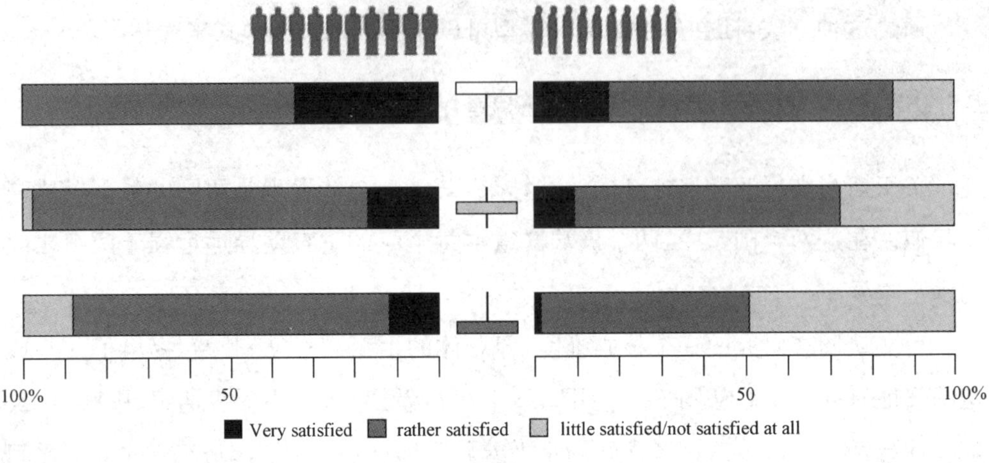

图 5-7　总体生活满意度(斯洛文尼亚)

左边：全职就业人员　　上行：拥有多重生活机遇的群体
右边：失业人员　　中行：中间阶层
下行：面临多重社会经济风险的群体

图 5-8 展示了一个特别具有启发性的例子，即斯洛文尼亚所有六个群体的压力感。第一个显著结果在于其整体分布，上层阶层的压力值相对较低而下层阶层的压力值较高。同样令人惊讶的是，全职就业人员和失业人员之间的水平差异几乎可以忽略不计。

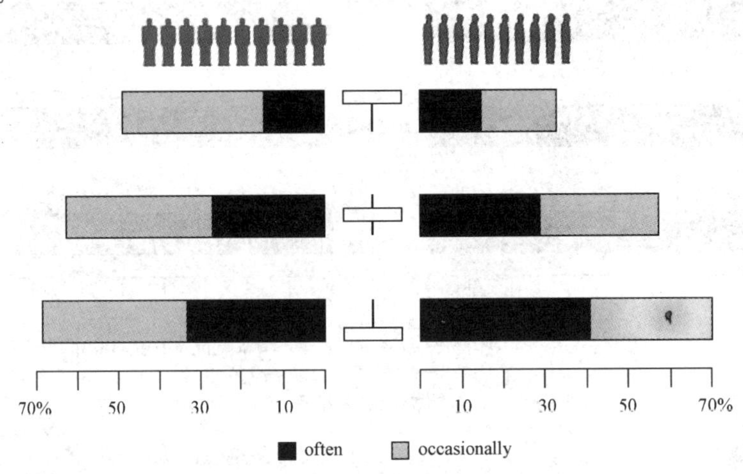

图 5-8　日常生活的压力(斯洛文尼亚)

左边：全职就业人员　　上行：拥有多重生活机遇的群体
右边：失业人员　　中行：中间阶层
下行：面临多重社会经济风险的群体

图 5－9 展示了一组有关内部和外部归因条目的典型结果。同样，与相对较小的水平差异相比，三组之间的垂直差异是令人惊异的。

几乎在所有的主域、子域和维度中都发现了类似的模式。例如，在斯洛文尼亚案例中，对于三个全职就业人员群体而言，一个人对先前或当前工作有较高的满意度产生了如下的数值：有多重生活机遇的上层组占 51％，中间组占 24％，有多重社会经济风险的下层组占 20％。失业人员群体相应的数值在上层组为 41％，中间组为 36％，面临多重社会经济风险的下层组为 19％。

事实上，大多数具有不同维度的子域支持同质垂直分层模型，排斥中心—边缘模型。不过，在与人的收入直接相关的维度中都会发现较大的例外。在收入领域，但是仅仅在收入领域，人们可以找到对中心—边缘模型的支持，在此模型中，全职就业人员和失业人员相应的阶层间存在较大的水平差异。

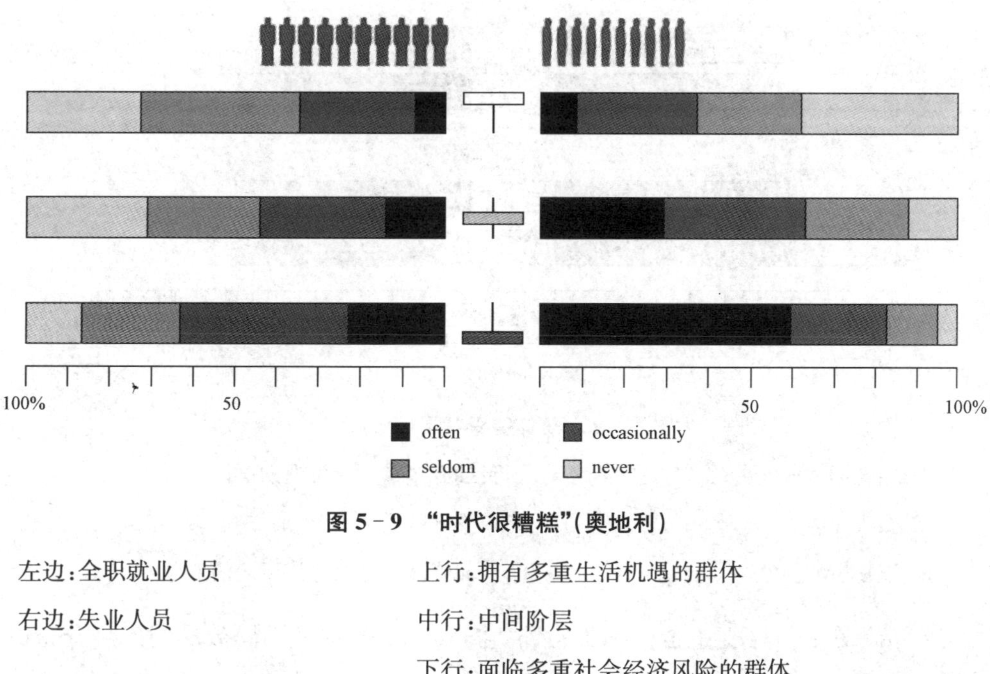

图 5－9　“时代很糟糕”(奥地利)

左边：全职就业人员　　上行：拥有多重生活机遇的群体

右边：失业人员　　中行：中间阶层

下行：面临多重社会经济风险的群体

五、缩小从社会研究到医学研究的差距：不平等、压力和健康状况

在斯洛文尼亚和奥地利都可以发现另一个有趣的普遍性结果。在健康领域，人们可以看到全职就业人员和失业人员的较低阶层之间存在显著差异。失业人员多重风险组的数值明显低于相对应的全职就业人员多重风险组。

图 5－10 显示了奥地利自我报告的健康状况，从中人们看到两个较低的多重风险组之间存在较大的差异，尤其是在健康状况不佳的情况下。

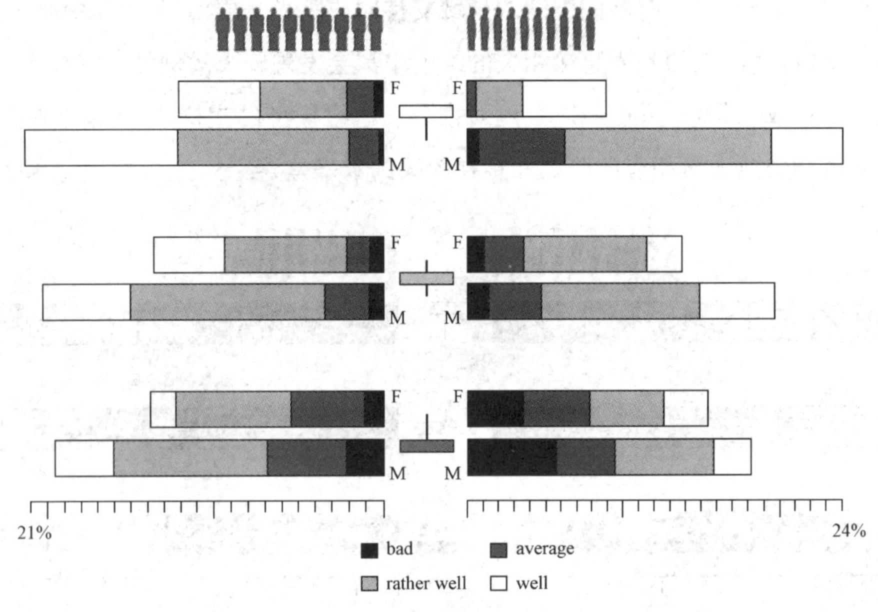

图 5－10　总体健康状况(奥地利)

左边：全职就业人员　　上行：拥有多重生活机遇的群体

右边：失业人员　　中行：中间阶层

F：女性　M：男性　　下行：面临多重社会经济风险的群体

此结果在图 5－11 中也得到了验证。图 5－11 显示了不同数量的疾病分布情况，同样，由于失业群体中超过 30%的人报告患有 10 种及以上疾病，而全职就业人员的多重风险组的这一比例为 13%，因此多重风险群体的较低阶层存在较大差异。

同样的结果在两种心理疾病中普遍存在，即图 5－12 和图 5－13 所表示的紧张感和疲惫感。

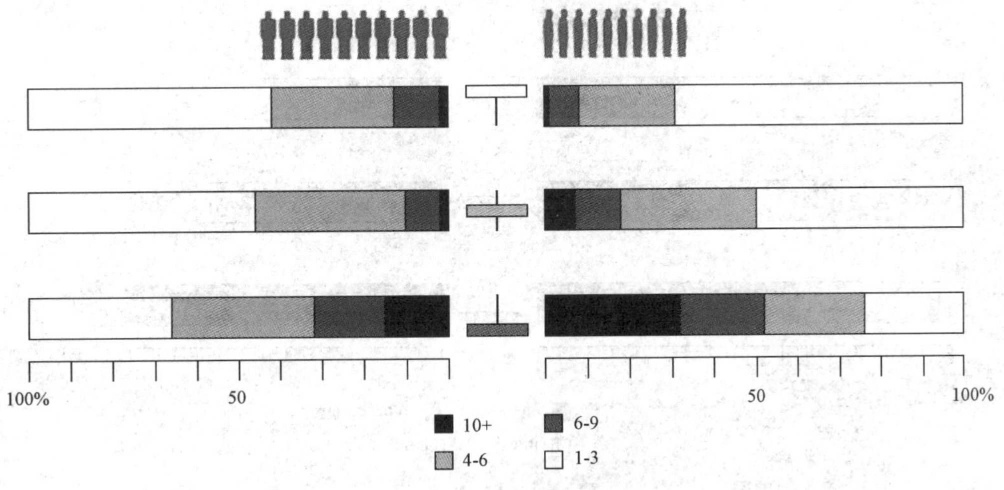

图 5－11　疾病数量(奥地利)

左边:全职就业人员　　上行:拥有多重生活机遇的群体

右边:失业人员　　中行:中间阶层

下行:面临多重社会经济风险的群体

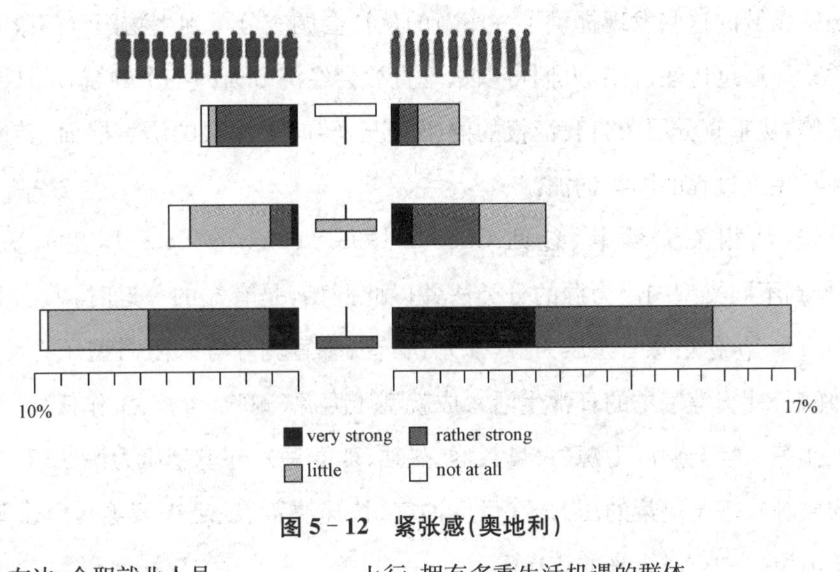

图 5－12　紧张感(奥地利)

左边:全职就业人员　　上行:拥有多重生活机遇的群体

右边:失业人员　　中行:中间阶层

下行:面临多重社会经济风险的群体

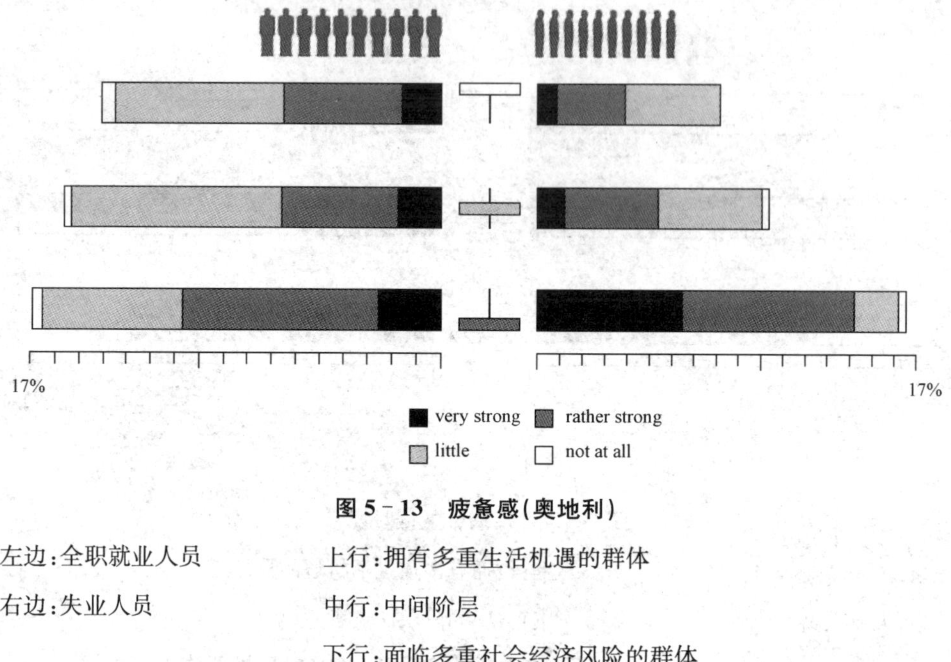

图 5-13 疲惫感(奥地利)

左边:全职就业人员　　上行:拥有多重生活机遇的群体

右边:失业人员　　中行:中间阶层

下行:面临多重社会经济风险的群体

健康领域的这些发现提供了一座新的从社会调查分析到生物医学健康研究领域的桥梁。通过这座桥梁,人们可以从垂直社会经济方面的各个领域,从社会经济的不平等,从垂直分层及自我汇报的健康状况,转向更深层的语言层面,转向压力源和神经免疫过程的同类词汇。

首先,从相关文献中(参见 Cooper 1996; Horwitz/Scheid 1999; Sarafino 2002)找到不同类型的压力源的分类法并以此开始,是有益的。这时,人们面临着一个异质集合,包括感官型压力源(强光、噪音、感官剥夺等)、阻滞型压力源(阻碍进食、睡眠、社交等基本的日常生活)、成就型压力源(测验、考核、工作任务、单调乏味的工作等)、社会型压力源(大量人群、孤独、孤立等)、环境型压力源(噪音、污染、有毒物质等)、基于决策的压力源(目标冲突、快速决策、缺乏决策等),以及基于未来的压力源(恐惧、对未来的焦虑等)。

表面上看来,压力源的异质性伴随着应激反应的异质性,其随着时间(分钟,小时,天,周……)、强度或情绪的变化而变化,与每个应激反应紧密相关。然而,所有这些应激反应的共同点是试图减少压力源影响和内部目标值之间的差异。此外,所有的应激反应都涉及下丘脑—垂体—肾上腺轴的激活，并产生相对大量的内分泌激素，特别是皮质类固醇(其中皮质醇是最重要的一种)，以及儿茶酚胺。同样，所有对压力的生理反应都表现为广泛的可测量的变化，例如较多的应激激素、较高的血压、较快的心率和呼吸速率、较强的皮肤电反应，以及大量的游离脂肪酸。

应激反应的一般模式与疾病和病痛领域有至少两个主要联系，即一方面通过它们对心血管系统有直接影响，另一方面通过它们对免疫系统有即时影响。

由于压力研究开展的时间较短，从健康状况的当前研究结果到特殊类型的压力源，如社会型、环境型、基于未来型或基于决策型压力源，从中建立一座桥梁看似是合理可信的。为了沿着这座桥梁行进，人们需要一个与社会不平等相关的测量维度的特殊子集，特别是教育程度、收入、工作条件、工作自主权、环境限制(如污染或交通噪音)这类维度的下段，可以被视作社会不平等的外部决定性因素。从这个角度来看，可以提出以下子集关系：

社会不平等维度的下段 $S^L \subset$ 压力源

显而易见，这种子集关系需要非常详细的理由，而这些理由无法由本文的框架提供，但是，我们可以给出五个主要的论点，这些论点能够为不同维度压力源中 S^L、最低十分位数、最低的四分之一至最低的三分之一与社会不平等之间提供一种可能的子集关系。

- 第一，S^L 的位置可以通过一系列的生活和工作条件加以规定，除此之外，相对永久性也是其特征。因此，社会经济不平等维度中许多 S^L 的位置，如低的、不足的或下降的收入，或者较低的技能水平可被归类为持久的，或者像在低资历情况中那样，被视为(几乎)是永久的。因此，被定位在 S^L 部分通常充当一种连续的压力源，而不是一种单独的、罕见的或孤立的事件。
- 第二，社会不平等的语言之间存在显著对称性，尤其要关注分布的下段，以及生理应激语言。在这两种情况中，不平等维度的上段都没有同等的情况。在公共领域感到不安全确实在压力源方面是一个必然的结果，但是在公共领域感到安全并不构成压力源的替代来源。同样地，工作场所或家中喧杂的环境意味着环境压力，然而工作场所或家中安静的环境不能与不同的压力源相关联。因此，不平等维度分布的下段可能与压力源相关，而分布的上段大体上意味着不存在压力源。

- 第三，S^L 部分的阈值的分布规范为社会不平等和压力源维度的 S^L 区域的子集关系提供了特别的支撑。由于人口中大多数，依据定义，是高于 S^L 阈值的，属于特定的 S^L 部分的行动个体感觉自身通常受到了相对剥夺(relatively deprived)。因此，关于相对剥夺的重要性的文献(Olson/Hafer 1996 或 Walker/Pettigrew 1984)应当被引入，可以视为这里所说的 S^L 部分—压力联系的进一步证据。
- 第四，虽然应激反应的长度、密度和情绪卷入不同，但是基本的生理反应模式相对于压力源而言是非特异性的。换句话说，与"高分贝噪音—应激反应"相比，"糟糕的老板—应激反应"仅限于神经免疫系统的特定区域，人们没有发现其影响神经免疫系统的其他部分。因此，一个跨越不同行动者的环境与背景，以及他们的认知—情感结构的多维基本生活状况可以解释为相关潜在压力源的总结，其范围和完整程度受到传统调查研究中所固有的限制条件的制约。
- 第五，压力源和应激反应显然未必是不变的压力源的实际数目，因为应激反应可能以一种复杂的和非线性的方式在功能上与压力源的总数相关。这反过来又支持了调查分析应该侧重于维度的聚合这一观点，因为这些总值在社会经济压力源总体数量的净值方面应该是可解释的。

通过这种方式建立的一座通往生物医学压力研究的桥梁，能够为在斯洛文尼亚和奥地利进行的两项调查中发现的特定的数据模式提供合理的建议。作为一个额外的永久性压力源，失业发挥着作用，尤其是在面临多重社会经济风险的群体中，这可以解释健康领域中显著的水平差异。希望这一建议有助于理解工作场所或家中的日常活动与健康状况模式间复杂的交互作用。

六、前景

应该强调的是，从广义上说，本研究的实证结果应该对社会政策产生重大的影响。由于在全职就业领域业已存在严重的垂直差异，应当更加关注面临着多重社会经济风险的较低阶层，这一阶层与失业群体的上层或中层有着极大的不同。毕竟，如果回归工作意味着被整合至面临多重社会经济风险的群体的行列，让人们重返工作岗位也可能成为失败的策略。

参考文献

Baecker, D. (1988): Information und Risiko in der Marktwirtschaft. Frankfurt: Suhrkamp.

Banse, G., G. Bechmann (1998): Interdisziplinäre Risikoforschung. Eine Bibliografie. Opladen: Westdeutscher Verlag.

Beck, U. (1986): Risikogesellschaft. Auf dem Weg in eine andere Moderne. Frankfurt: Suhrkamp.

Beck, U. (1989): Gegengifte. Die Organisierte Unverantwortlichkeit. Frankfurt: Suhrkamp.

Beck, U. (1993): DieErfindung des Politischen. Zu einer Theorie reflexiver Modernisierung. Frankfurt: Suhrkamp.

Beck, U. (1997): Wasist Globalisierung? Irrtümer des Globalismus-Antworten auf Globalisierung. Frankfurt: Suhrkamp.

Beck, U. (1998a) (ed.): Perspektiven der Weltgesellschaft. Frankfurt: Suhrkamp.

Beck, U. (1998b) (ed.): Politik der Globalisierung. Frankfurt: Suhrkamp.

Beck, U. (2000): World Risk Society. Cambridge: Polity Press.

Beck, U., A. Giddens, S. Lash (1994): Reflexive Modernization. Politics, Tradition and Aesthetics in the Modern Social Order. Cambridge: Polity Press.

Blau, P. M., O. D. Duncan (1967): The American Occupational Structure. New York: Wiley & Sons.

Bonß, W. (1995): Vom Risiko. Unsicherheit und Ungewißheit in der Moderne. Hamburg: Hamburger Edition.

Bourdieu, P. (1982): Diefeinen Unterschiede. Kritik der gesellschaftlichen Urteilskraft. Frankfurt: Suhrkamp.

Bourdieu, P. (1985): Sozialer Raum und, Klassen. Leçon sur la leçon. Zwei Vorlesungen. Frankfurt: Suhrkamp.

Cooper, C. L. (ed.) (1996): Handbook of Stress, Medicine, and Health. Boca Raton: CRC Press.

Giddens, A. (1973): The Class Structure of Advanced Societies. New York: Harper & Row.

Giddens, A. (1989): Sociology. Cambridge: Polity Press.

Grusky, D. B. (1994): Social Stratification. Class, Race, and Gender in Sociological Perspective. Boulder: Westview Press.

Hodge, R. W. (1981): "The Measurement of Occupational Status", in: Social Science Research 10, 403 - 415.

Horwitz, A. V., T. L. Scheid (eds.) (1999): A Handbook for the Study of Mental Health. Social Contexts, Theories, and Systems. Cambridge: Cambridge University Press.

Japp, K. P. (2000): Risiko. Bielefeld: transcript Verlag.

Matjan, G. (1998): Auseinandersetzung mit der Vielfalt. Politische Kultur und Lebensstile in pluralistischen Gesellschaften. Frankfurt: Campus.

Müller, K. H., G. Nemeth, N. Toš (2002): "Living Conditions, Socio-economic Risks, Inequality and Health. Establishing New Theoretical Foundations and Closer Empirical Linkages", in: Drušboslovne Razprave 18, 9 - 34.

Olson, J. M., C. L. Hafer (1996): Affect, Motivation and Cognition in Relative Deprivation Research. In: R. M. Sorrentino, E. T. Higgins. (eds.), Handbook of Motivation and Cognition: The Interpersonal Context, Vol. 3 (pp. 85 - 117). New York: Guilford.

Parkin, F. (1979): Marxism and Class Theory: A Bourgeois Critique. New York: Columbia University Press.

Perrow, C. (1984): Normal Accidents. Living with High-Risk Technologies. New York: Basic Books.

Sarafino, E. P. (2002): Health Psychology. Biopsychosocial Interactions, fourth edition. New York: John Wiley & Sons.

Schneider, N., A. Spellerberg (1999): Lebensstile, Wohnbedürfnisse und räumliche Mobilität. Opladen: Leske + Budrich.

Schulze, G. (1992): DieErlebnis-Gesellschaft. Kultursoziologie der Gegenwart, fourth edition. Frankfurt: Campus Verlag.

Sørensen, A. B. (1991): "On the Usefulness of Class Analysis in Research on Social Mobility and Socioeconomic Inequality", in: Acta Sociologica 34, 71 - 87.

Sørensen, A. B. (1994): "The Basic Concepts of Stratification Research: Class, Status and

Power", in: D. B. Grusky(ed.), Social Stratification, op. cit., 229 - 241.

Spellerberg, A. (1996): Soziale Differenzierung durch Lebensstile. Berlin: Edition Sigma.

Toš, N., K. H. Müller (eds.) (2005): Political Faces of Slovenia. Political Orientations and Values at the End of the Century-Outlines Based on Slovenian Public Opinion Surveys. Preface by Janez Potočnik. Wien: Edition Echoraum.

Toš, N., K. H. Müller (eds.) (2009): Three Roads to Comparative Research: Analytical, Visual and Morphological. Wien: Edition Echoraum.

Treiman, D. J. (1977): Occupational Prestige in Comparative Perspective. New York: Academic Press.

Walker I., T. F. Pettigrew (1984): Relative Deprivation Theory: An Overview and Conceptual Critique. British Journal of Social Psychology 23, 301 - 310.

Wright, E. O. (1997): Class Counts: Comparative Studies in Class Analysis. Cambridge: Cambridge University Press.

第六章 公共管理

中心—边缘结构与区域治理：对公共行政的启示*

西蒙·安德鲁(Simon A. Andrew)

北得克萨斯大学(University of North Texas)

理查德·费洛克(Richard C. Feiock)

佛罗里达州立大学(Florida State University)

许多公共行政学者都熟悉经济学家保罗·克鲁格曼(Paul Krugman)的观点。自 2008 年他获得诺贝尔经济学奖以来，更多的人开始了解这些观点。[①] 新老读者们发现，他所倡导的新经济地理学(New Economic Geography，简称 NEG)与分权治理时代的公共管理是相关的。如果我们试图了解大都市治理和区域一体化的复杂性，克鲁格曼 1979 年的文章《收益递增、垄断竞争和国际贸易》以及 1991 年那篇对新经济地理学做出开创性贡献的文章《收益递增和经济地理学》都需要得到关注。在这两篇文章以及关于同一主题的许多其他出版物中，基于他对于企业可以获得规模经济的优势、消费者倾向于要求一系列消费品、国际贸易可能受到运输成本的限制的敏锐洞察，克鲁格曼解释了为什么企业的工厂建立在特定的地点，以及

---

* 本文译自 Andrew, Simon A., and Richard C. Feiock. "Core-Peripheral Structure and Regional Governance: Implications of Paul Krugman's New Economic Geography for Public Administration." *Public Administration Review*, 2010, 70(3): 494–499. Copyright@2010 by John Wiley and Sons. Reprinted by Permission of John Wiley and Sons, Inc. 英语原文由 John Wiley and Sons 出版集团出版，本译文经其授权翻译出版。

① 1991 年，他获得约翰·贝茨·克拉克奖，该奖项由美国经济学会每两年一次颁发给一名 40 岁以下的经济学家。

为什么人们决定生活在人口稠密的地区。

克鲁格曼的著作在国际贸易和经济地理学领域备受推崇，但研究城市管理和公共行政的学者仍对其不甚了解。这是不幸的，特别是对于那些研究大都市地区政治分裂影响的人而言。克鲁格曼关于劳动力和企业的区位的综合理论已经演变为"中心—边缘模式"，这为区域治理难题增添了一个重要的组成部分。如果中心—边缘结构在理解经济活动的集中和分散方面起着关键作用，则空间封闭的生产优势需要政府间的协调和能成功管理城市增长的策略。渗透经济分析的聚类概念及这种现象在一个地区内出现的趋势也需要被重新审视。多元行动者之间相互作用的复杂网络倾向于发生在地方层面而不是整个区域的观点表明，我们应该在城市集中和活动分散的背景下思考"局部地区主义"(localized regionalism)。

我们并未提供建模贸易的技术讨论，而是总结了克鲁格曼的主要论点，以突出他的模型如何能够促进我们对区域一体化的理解，尤其是对高度碎片化的大都市中服务供给模式的理解。我们展示了他的重叠论点如何通过中心—边缘的过程和聚类来为理解局部地区主义的出现增添新的见解。

一、国际贸易、新贸易理论和新经济地理学

在全球化背景下，克鲁格曼的著作论述了国际贸易模式的重要性。在1979年克鲁格曼发表那篇文章之前，对于国际贸易广被接受的解释是，假定贸易发生在两个国家之间缘于技术和生产要素的差异。有些国家可能有大量的劳动力，但缺乏资金，而另一些国家却面临相反的情况。假设两个国家有两种不同的产品：一个国家生产农产品，另一个国家生产工业产品。传统模型预测，两个国家的交换会发生，因为专门从事工业产品的国家可以将其产品出口到生产农产品的国家，反之亦然。其结果是两国都从贸易中获益，因为比较优势的专业化使得生产最大化。

然而，观察到的模式与传统贸易模型的预测并不一致。在过去的半个世纪里，一般性的贸易模式已经发生了变化，并且越来越多地偏离传统贸易理论的预测，因为具有类似特征的国家间的产业内贸易增加了，这表明各国进口和出口同类商品。克鲁格曼论证了国际贸易的模式不一定缘于技术或者要素禀赋的差异。相反，克鲁格曼模型依据消费者对各种类似商品的偏好解释了类似国家之间的贸易(即通

过扩展消费者偏好产品多样性的模型)。这一理论与传统贸易模型的假设形成鲜明对比,即具有不同要素禀赋的国家更有可能因专业化而进行贸易。企业不是根据国家的擅长来生产产品和从其他国家进口其他产品,企业可以为它们的产品获取更大的市场,从而扩大生产和利用规模经济。贸易的发生是因为消费者热烈欢迎各种品牌的类似商品。市场通过多元生产者介入,因为每个生产者都有自己独特的品牌来满足消费者的需求。正如诺贝尔奖委员会提到的那样,该模型阐明了为什么瑞典等国有可能将沃尔沃出口到德国,而德国则能够将宝马出口到瑞典。

尽管克鲁格曼模型的主要元素已经为其他经济学家所讨论,但他实际上简化了规模经济、产品差异和不完全竞争的因素,促成了一个有内聚力的分析(Fujita & Tisse 2009)。“其基本思想是不证自明的,但是从推测到严谨又有内聚力的理论是非常重要的”(Nobel Foundation 2008, 2)。这方面的研究引发了目前所谓的“新贸易理论”。该方法结合了企业内部的规模经济。该模型不是关注多种类型的品牌,而是建议每个拥有一定垄断权力(在自有品牌方面)的企业在生产大量产品时能够降低生产成本,从而揭示了为什么种类繁多的产品都是在不同的地方制造的。国际贸易有利于消费者,因为与企业只为国内市场生产产品相比,它提供给消费者更多的选择和品牌。由于规模经济和价格竞争,生产商及其消费者都受益于更低的价格。虽然有些公司因为国内外竞争而无法生存,但还有其他公司能做到这一点。位于两个国家的公司会争夺更大的机会进入更大的世界市场。

二、新经济地理学

1980年,克鲁格曼在另一篇文章《规模经济、产品差异和贸易模式》中扩展了这一模型。该文解释了运输成本和国内市场对贸易模式的影响,并且揭示了有较大国内市场的地区出口已经在国内市场占有较大份额的产品的趋势。由于运输成本,企业有强烈的动机将生产集中于其最大的市场。逻辑是显而易见的:通过专注于最大的市场,企业可以充分利用规模经济;通过定位于最大的市场附近,企业可以将运输成本降到最低(Krugman 1980, 955)。克鲁格曼表示,一个制造业相对发达的地区,购买力相对较强,由于区域规模的比较优势,可以吸引更多的企业。

由于运输成本的下降，这种互动效应被放大。

克鲁格曼先前的研究探讨了市场规模对企业决定其产品定位的影响，但是直到1991年克鲁格曼才在另一篇文章《收益递增和经济地理学》，通过探讨如果运输成本太高，国家不可能进行贸易，那么经济活动将会发生什么变化，考察了区域间劳动力流动的影响。它的基本原则称为"中心—边缘"模型，为新经济地理学方法奠定了基础。这种方法的有趣之处在于，它考虑了两种相互作用的影响：企业的流动（商品和资本）和劳动力的流动。虽然传统贸易理论假设资本和劳动力只在部门间流动，但是克鲁格曼的模型使得工人（从而消费者）在区域间而不是在部门间流动。特别是，如果工人们因为实际工资的正向差异，选择迁徙到一个更大的地区，他们的行为就会影响他们所离开地区和目的地的吸引力。在此，出现了一个循环的因果关系："制造业的生产将倾向于集中在有大市场的地方，但是在制造业生产集中的地方，市场才会很大"（Krugman 1991，486）。

三、中心—边缘结构的出现

新经济地理学的目标是设计一个模型来解释地理空间中的各种经济聚集和人口集中（Fujita & Krugman 2004；Fujita & Tisse 2009；Krugman & Venables 1995）。中心—边缘模型为解释为什么许多生活在发达国家的人倾向于聚集在大都市地区提供了基础，并预测了一些地区的经济聚集。理解这些现象非常重要，因为大多数行业在地理上都是聚集成群的，而且这些集群是专业化的重要来源，因此对国际贸易来说至关重要。虽然集群对于经济发展和工业增长很重要，但是该理论同时还强调了用以解释经济活动的分散的机制。集聚的积极效应将随着一个地区的增长而逐渐下降。

什么可以用以解释中心—边缘结构的趋势？克鲁格曼做出的重要贡献之一是，中心—边缘模型——与一般均衡一致——从动机角度解释了经济活动集中和分散的力量。该理论用两种相互竞争的力量来解释这一动态过程：向心力和离心力。在一般均衡中，两种力量同时工作。向心力解释了拉动经济活动集聚的条件。例如，如果一个地区制造业规模更大，企业就会被吸引到那个地区，因为它更容易获得"后向联系"（backward linkages）和"前向联系"（forward linkages）。前者指的是消费者可以获得用于生产成品的材料的条件，而后者则考虑这些材料在本地生产的多样性。考虑到潜在供应商之间的竞争程度和市场规模，企业可以以较低的成本生产它们的成品。

离心力倾向于推动经济活动分开。固定要素（如土地和自然资源）可以防止生产集中于中心区域。随着该地区的发展，集聚的积极影响可能会随着土地需求的增加及土地价格的上涨而下降。激烈的竞争和交通堵塞导致企业将其生产定位于周边地区。如果运输成本持续下降，那么企业就有动力脱离中心区域，在该地区的周边地区寻找生产基地。在某种程度上，边缘地区的低工资足以抵消远离中心地区的成本。最终，实际工资的差异将会趋同。因此，经济活动不一定集聚或集中在一个地方。

克鲁格曼方法的一个优点是它足以灵活地解释其他类型的交易模式。依据不同的分析层次，当特定类型的商业机构集中在一个地理空间时，集聚就可能会出现。人口也有在一些地区集中的趋势。在大多数情况下，这些模式存在于地区或国家内，这点也为区域发展不平等所证实。直到最近，经济学家才对解释经济活动的地方模式感兴趣。在这一领域缺乏工作是可以理解的，因为这些模式是一个复杂系统的一部分，该系统嵌于一个包含不同类型经济集聚或集中在内的更大的经济体中。

克鲁格曼用以理解地理空间上经济交互活动的方法可以用以下方式加以总结。运输成本很重要。企业向一个聚焦点定位的倾向是由运输成本驱动的。如果向客户运输货物的成本相对较高，则区域间贸易很少，而且企业定位于当地客户附近，而不是在另一个地区进行贸易。但是，当运输成本下降时，在某一时刻区域分化的过程便会发生。由于国内市场的影响，在一个拥有更大市场的区域生产，并将产品运送到其他区域，对于企业而言更加有利可图。因此，在更大的制造业部门，将生产定位于某个地区的决策是受更大的市场准入机会和供应商的可获得性推动的。

四、对治理和城市管理的启示

新经济地理学讨论了与规范理论和城市管理实践相关的两个主要问题。首先，大多数学者提出了经济发展中区域间空间不平等的论点。那些居住在大城市的人将会比居住在周边地区的人受益更多，因为他们可以直接获得各种类型的产品，即威廉姆斯（Williams 1967）所言的“生活方式服务”（lifestyle services），如公共教育和社区发展。规范理论主张，区域一体化的深化可能导致居住在两个不同区域的消费者之间的空间不平等。

其次，区域内的发展也不平衡。基本上，由于大多数美国城市存在人口稀少、放弃产权、犯罪率高，以及失业等问题，中心—边缘模型解释了导致“白人迁移”和城市扩张的经济活动的分散性。区域不平等反映了种族和阶级的隔离，导致城市中机会不均等。

在空间不平等问题上，城市事务方面的文献倾向于考察中心—边缘结构（或大都市地区管辖权分裂）的后果，而不是确定工作中的主要力量。在克鲁格曼的方法中，中心—边缘模型是一个动态模型，其意义在于，根据运输成本，劳动力和资本在地区间是流动的。人口和工业在一个地区特定地点建立的趋势是为了做出预测而得出的，不是假定的。如果一个地区制造业规模较大，那么工人将迁往该地区，且企业也会被吸引到该区域（Krugman 1991）。如果集聚引发的增长足够大，居住在周边地区的人所享有的总体福利也会增加。类似的逻辑也适用于服务主导型的经济体。

空间不平等也解释了区域内工人或居民的流动性。企业难以吸引到其他国家的工人，因此大型市场吸引生产的积聚过程将取决于资源来自何处。由于实际工资较高，居民被吸引到中心地区。与周边地区相比，他们的购买力就会更高。也因为与周边地区相比，在中心地区生活更容易获得各种类型的消费品，所以居民被吸引到中心地区。如果运输成本逐渐下降，将会有一个累积的过程。在这个过程中，一个地区日益集中的制造业会促使工人迁徙到中心地区。在这里，向心力从某种意义上说是一个循环的因果关系。因为更多工人涌入会创造一个更大的市场，而这反过来又会促使其他公司在该地区开展业务（Fujita & Krugman 2004）。

基于这一逻辑，城市治理和管理要考虑集聚过程的效用，因为企业带来新的工人群体，使得当地社区受益。专业化劳动的集中促进了集聚过程。它决定了通过信息传播和社会化发展形成的隐性知识的可获得性，特别是有关商业生产和工作的知识（Scott 2006）。集聚可以帮助企业降低库存材料的成本或约束资本投资，特别是当客户需求驱动企业生产新的产品时。鉴于靠近其他公司，搜索潜在合作伙伴的成本也会降低。累积的过程有助于发展佛罗里达(Florida 1995)所谓的“学习区域”(learning regions)，在那里工人们可以交流有关创新和创业活动的想法。企业间的互动——例如，通过产业内贸易——可以产生具有规模和范围的外部经济，进一步鼓励集聚或集群的速度。正如斯科特(Scott)所指出的那样，相互关联的公司及公司间交流的存在往往是“交织且相互强化的”(Scott 2006，21)。

尽管该领域的学者从中心—边缘模型中提取具体的政策建议时一直保持谨慎，但我们可以从主要原则中得出一些推论。政府经济政策的干预可能对经济活动的累积过程产生巨大而持久的影响。也就是说，解释企业经济活动或集中趋势的机制可以作为政府官员设计发展政策和决策的指南。与此同时，州政府或联邦政府的公职人员在指导行业集中方面可以发挥积极的作用，特别是通过选择性补助、低息贷款或特殊企业区等方式。在地方一级，市县政府可以制定针对特定类型产业的战略，通过提供税收和非税收激励措施，如补贴、培训或教育项目和基础设施，来吸引和留住资本投资和熟练劳工(Fisher 1997)。在这些方面，有关企业和人口懂得地方和区域增长边际效应，能够对产业政策产生重要影响。

由于这些原因，随着大都市区域内发展差异的扩大，政府为克服地区不平等，尤其是社会经济发展和项目中的不平等，所做出的努力将成为城市规划者和决策者重要的政策工具。地方官员必须对经济发展问题保持敏感，因为当经济活动的积累过程产生负面影响时，就会导致分散。其挑战在于如何控制城市扩张、城市服务需求增长，以及区域不平等等问题。公职人员必须不断寻找方法来减少集聚增长所带来的负面影响，同时与其他司法管辖区协商制定一套广泛的经济发展战略，以鼓励扩大增长(Scott 2006)。尽管行业和人口的集中使得地方政府能够提供标准化的服务，但是在财政能力有限的情况下，地方政府必须找到其他方法来吸引企业，以刺激当地的增长和就业。

五、中心—边缘模式和区域合作

如果行业和人口的集中是经济发展政策的关键，那么地方政府是否可以改善其市场位置以吸引家庭和企业迁移到和入驻其辖区？从事城市管理研究的学者，依据蒂伯特的排列假设，解释了家庭和企业的动机。该论点的核心是这样一个主张，即各个司法管辖区之间的竞争将会带来更好的组织绩效。在高度碎片化的地区，个别家庭将依据一系列公共服务和税收的情况从一个辖区迁移到另一个辖区（Ostrom，Tiebout & Warren 1961；Tiebout 1956）。他们将迁移至可以使得他们个人的效用最大化的辖区。为了吸引居民和企业，地方政府必须确保公共服务的供给与税收水平相当。地方政府还可以通过税收和财政激励，与周边地区及该地区之外的其他地区竞争资本投资和新兴产业。

与蒂伯特关于竞争导致高效和有效的政府绩效的一般命题相反，制度性集体行动（ICA）框架表明，如果地方政府能够克服建立和维持共同努力的交易成本，就可以超越其政治边界来运作（Feiock 2007，2009）。地方政府可以通过相互密切合作来刺激地方经济增长，这对于提高该地区对经济活动的吸引力至关重要。此外，由于地方政府寻求当地居民总体福利的最大化，他们应当通过各种正式和非正式的安排进行合作而不是竞争（Andrew 2009；Feiock & Scholz 2009）。在一个高度碎片化的都市地区，地方政府签署了一系列正式和非正式的协议，这正是制度性集体行动的方法对克鲁格曼在解释区域治理方面的工作所做的补充。

此外，中心—边缘模型提供了一种用制度性集体行动框架来思考地区分散和经济增长的替代方法（Andrew 2009；Feiock 2009；Feiock，Moon & Park 2008）。例如，企业活动是区域治理过程的一部分，因为它们不是独立于公共部门的。企业间和部门间关系所创造的关系的多样性，对于马歇尔（Marshall 1919）所言的“工业氛围”（industrial atmosphere）而言是至关重要的。换言之，一个碎片化的大都市区域是由一个中心区域和一个边缘区域构成的，它包含由多元行动者共同提供的一系列公共服务。因此，正如蒂伯特模型所建议的，期望中的区域治理基于一系列合作安排，而不基于一个不合作的解决方案（McGinnis 1999；Parks & Oakerson 1993）。

基于中心—边缘模型，研究制度性集体行动问题的学者可以探索不太明显的区域治理现象。例如，当前围绕区域合作的辩论对于实践中可能发生的情况是不明确的。在一个高度碎片化的都市区，可能会出现哪些类型的集群活动？是什么推动了这种集群？在解释这些现象时，中心—边缘的论点补充了制度性集体行动的框架,表明新的基础设施投资可以有效地促进商品流通,并使得工人能够在一个区域内乘车往返以创造新的城市社区。与此同时,投资也可能导致一个地区内的政治分裂。在一个高度碎片化的大都市区存在着浮现出一个等级中心(hierarchical-central place)的趋势(Fujita, Krugman & Mori 1999),这表明地方之间出现的交换模式会受到当地产业所产生的外部效应的影响。正如藤田昌久和蒂斯所指出的那样,在等级制的城市体系中,引人注目的是"城市形成了一个等级体系,其规模及其所提供的大批商品都表现出一定的规律性"(Fujita & Tisse 2009, 115)。

考虑到等级中心的论点,学者们需要研究(1) 地区间和政府间的关系是否通过一系列正式和非正式安排均匀分布或者稀疏连接;(2) 这种合作安排是否取决于位于政治管辖范围内的产业类型。克鲁格曼的研究表明,区域治理模式反映了横向关系的一种模式,即处在同一级别的城市之间的合作更为重要,高阶城市的经济活动规模更大,与低阶城市建立正式安排的意愿不强烈。假设产业集中在高阶城市,地方政府很有可能会共同努力,以最大限度地减少经济增长的负面外部性,或最大限度地发挥地区增长的积极作用。如果存在这种模式,一个有意义的合作安排就可能与一个碎片化的大都市内中心或高阶城市的共同努力相关(Fujita, Krugman & Mori 1999)。

地方政府为实现经济增长而建立的正式或非正式的区域治理模式各不相同。区域合作的局部模式不一定要以单边或多边安排为基础,而应该在一系列服务中实现重叠。根据一种模式,所有合作安排往往集中在由多个管辖区组成的单一地理区域。由于地方单位通常是以税收为目的而形成的,因此高度集群模式的联合活动表明各辖区之间存在密切的工作关系。它强调了地方在提供城市服务方面如何获得规模经济的优势。当联合活动分散在一个地区时,就会出现另一种极端模式。此时,很少有合作活动发生,经济活动则局限在个别地方。这种模式反映了地方管辖区之间缺乏交流,其原因可能在于较高的交易成本。与蒂伯特的逻辑类似,每个管辖区域只为离散地理空间内的居民提供服务。另一种模式发生在几个大的管辖区聚集或合作时。这种模式反映了高强度的相互作用,但是这种相互作用发生在几个管辖区之间,反映了联合行动对某些合作伙伴的偏好。

六、结论

克鲁格曼为国际贸易和经济地理学领域做出了重要贡献。他对经济活动中心—边缘结构的认识也直接关系到区域治理的研究和公共行政的关注点。这种方法可以用两种宽泛的方式概括：第一，克鲁格曼将产品差异化融入贸易理论之中，并证明了其与国际贸易的相关性。与早期被广泛用于解释贸易的传统理论不同，克鲁格曼将规模经济、产品差异化和不完美的竞争置于其理论模型的核心。第二，他的程式化模型阐明了经济活动与公司决策的关系，从而在特定的地理空间中定位生产。用诺贝尔奖委员会的话说，克鲁格曼的重要贡献在于其揭示了“经济规模对贸易模式和经济活动位置的影响”，他的观点已经引发了相关研究的彻底的重新定位（Krugman 2008，1）。通过他对复杂经济问题本质的决定性描述，他改变了人们对全球化、城市化和资本投资跨越政治界限背后的因果机制的看法。

鉴于这些贡献及其他方面的贡献，克鲁格曼的成果值得引起公共行政界的学者和从事区域治理和城市管理相关问题研究的人员的关注。他有关运输成本、市场规模与报酬递增的相互作用、市场规模吸引生产的累积过程的研究结论是有说服力的，并且直接适用于地区差异或不平等问题。尽管城市管理方面的从业者和关心地方增长的政策制定者对工作过程并非一无所知，但据此，他们可以系统地思考实现其经济发展目标的合作安排类型。虽然一些安排（如公私伙伴关系、合同、减税、补贴和再开发项目）单独来看并不是消除地区间不平衡的灵丹妙药，也不能保证当地的增长，但是作为一种治理工具，它们对企业和居民迁移的动机是有影响的，进而就会影响区域一体化的动态过程。

克鲁格曼的见解在几个方面与公共行政的关注点相关联。第一，行业的空间位置可以让政府官员了解当地组织和私营企业参与共同发展目标的趋势。如果集聚过程捕捉到了关于产业内和组织间沟通动机或生产联系的重要信息，那么经济活动的集中也可以为当地官员制定公共政策和实施成功的发展战略提供机会。经济活动还为当地官员提供了一个平台来培育城市的共同愿景。

第二，产业的空间位置也反映了地方政府为吸引新的投资和居民而做出的有效努力。私营企业、非营利组织和地方机构通过一系列举措（如公私合作伙伴关系、合资企业或其他合作安排和税收激励）聚集在一起，可以改善地区的市场定位，从而吸引其他家庭和企业搬到和入驻管辖区。

第三，通过地方和国家层面的政策，立法机构的和理事会的成员可以通过确保吸引和引导私人投资和行业定位这样一个宽泛的政策目标，参与到地方的发展中来。他们可以在集群周围分配和组织相关的政府机构——更靠近行业和住宅区。这些努力很重要，因为地方政府的发展战略一旦被证明已经创造了成功的商业环境和社会生活方式，就会对创造或鼓励新的经济活动产生更加广泛的影响。

从制度性集体行动的视角来看，克鲁格曼提出的模型可以用来检验区域治理的模式。克鲁格曼在中心—边缘结构和规模经济重要性方面的研究成果令人耳目一新，因为该模型解释了通过向心力和离心力运作的动态过程。在碎片化的都市区域背景下，这种方法在地方性联合活动集群方面突出了区域治理的模式。它为地方政府的合作安排如何回应当地的需求提供了线索。此外，地方安排的集群并不是独立于行政议题的，特别是当地方政府参与合作安排的能力能够吸引新的投资，创造就业机会，并留住不同行业的熟练工人时。

参考文献

Andrew, Simon A. 2009. Regional Integration through Contracting Networks: An Empirical Analysis of Institutional Collection Action Framework. *Urban Affairs Review* 44(3): 378-402.

Feiock, Richard C. 2007. Rational Choice and Regional Governance. *Journal of Urban Affairs* 29(1): 49-65.

Feiock, Richard C. 2009. Metropolitan Governance and Institutional Collective Action. *Urban Affairs Review* 44(3): 356-377.

Feiock, Richard C., M. Jae Moon, and Hyung Jun Park. 2008. From Theory to Practice: Globalization, the Creative Class, and Urban Economic Development. *Public Administration Review* 68(1): 23-35.

Feiock, Richard C., and John T. Scholz, eds. 2009. *Self-Organizing Federalism: Collaborative Mechanism to Mitigate Institutional Collective Action Dilemmas*. New York: Cambridge University Press.

Fisher, Ronald C. 1997. Effects of State and Local Public Services on Economic Development. *New England Economic Review*, March-April, 53 - 82.

Florida, Richard. 1995. Toward the Learning Region. *Futures* 27(5): 527 - 536.

Fujita, Masahisa, and Paul R. Krugman. 2004. The New Economic Geography: Past, Present and the Future. *Regional Science* 83(1): 139 - 164.

Fujita, Masahisa, Paul R. Krugman, and Tomoya Mori. 1999. On the Evolution of Hierarchical Urban Systems. *European Economic Review* 43(2): 209 - 251.

Fujita, Masahisa, and Jacques-FrançoisThisse. 2009. New Economic Geography: An Appraisal on the Occasion of Paul Krugman's 2008 Nobel Prize in Economics. Discussion Paper No. DP7063, Center for Economic and Policy Research.

Krugman, Paul R. 1979. Increasing Returns, Monopolistic Competition, and International Trade. *Journal of International Economics* 9(4): 469 - 479.

Krugman, Paul R. 1980. Scale Economies, Product Differentiation, and the Pattern of Trade. *American Economic Review* 70(5): 950 - 959.

Krugman, Paul R. 1991. Increasing Returns and Economic Geography. *Journal of Political Economy* 99(3): 483 - 499.

Krugman, Paul R., and Anthony J. Venables. 1995. Globalization and the Inequality of Nations. *Quarterly Journal of Economics* 110(4): 857 - 880.

Marshall, Alfred. 1919. *Industry and Trade: A Study of Industrial Technique and Business Organization*. London: Macmillan.

McGinnis, Michael D., ed. 1999. *Polycentric Governance and Development: Readings from the Workshop in Political Theory and Policy Analysis*. Ann Arbor: University of Michigan Press.

Nobel Foundation. 2008. The Prize in Economic Sciences 2008. News release, October 13. http://nobelprize.org/nobel_prizes/economics/laureates/2008/info.pdf.

Ostrom, Vincent, Charles M. Tiebout, and Robert Warren. 1961. The Organization of Government in Metropolitan Areas: A Theoretical Inquiry. *American Political Science Review* 55(4): 831 - 842.

Parks, Roger B., and Ronald J. Oakerson. 1993. Comparative Metropolitan Organization: Service Production and Governance Structures in St. Louis and Allegheny Counties. *Publius*

23(1): 19 - 39.

Scott, Allen J. 2006. *Geography and Economy: Three Lectures*. Oxford: Clarendon Press.

Tiebout, Charles M. 1956. A Pure Theory of Local Expenditures. *Journal of Political Economy* 64(5): 416 - 424.

Williams, Oliver P. 1967. Lifestyle Values and Political Decentralization in Metropolitan America. *Social Science Quarterly* 48(4): 299 - 310.

第七章　组织管理

组织灵活性及其中心—边缘模型：新世纪灵活的企业*

阿恩·卡勒贝里（Arne L. Kalleberg）

北卡罗来纳大学教堂山分校（University of North Carolina at Chapel Hill）

一、导言

在过去的25年里，社会和经济变化急切呼吁组织的雇佣体系拥有更大灵活性（flexibility）。[①] 所有工业国家的观察者都不断强调以下人力资源管理实践的重要性：促使组织迅速适应技术的飞速发展、劳动力市场的多样性、产品市场中日益增长的国际和价格竞争，以及资本市场的企业财务重组。这种关注的通俗性表达就体现在“灵活的企业”（flexible firm）这个观念上，它代表了能使雇主获得其所需的灵活性的组织形式。

研究人员强调了两种不同的灵活劳动力使用策略：提高员工执行各类工作和参与决策的能力，以及通过限制员工融入组织来降低成本。这两种策略被冠以不

---

* 本文译自 Kalleberg, A. L. “Organizing Flexibility: The Flexible Firm in a New Century.” *British Journal of Industrial Relations*, 2001, 39(4): 479 - 504.

① 在组织学或管理学中，“flexibility”一词可译为“灵活性”“柔性”“弹性”等，本文统一译为“灵活性”。——译者注

同的名称，如：功能（functional）与数量（numerical）灵活性[①]（Atkinson 1984；Smith 1997；Hunter et al. 1993）、内部与外部灵活性（Cappelli & Neumark 2001）、家族（clan）与市场（Ouchi 1980）、动态与静态灵活性（Colclough & Tolbert 1992；Deyo 1997），以及以组织为核心的雇佣关系与以就业为核心的雇佣关系（Tsui et al. 1995）。

最近关于组织灵活性的研究沿着两个不同的方向前进，每个方向关注这两种灵活劳动力使用策略中的一种。大多数研究都强调"高效能工作系统"（high performance work systems），认为这些系统可以增强功能或内部的灵活性；另一组则研究旨在降低成本和为组织提供数量灵活性的外部化过程。遗憾的是，相对较少的研究检验了功能和数量灵活性之间的相互作用。因此，我们对追寻一种灵活性形式而反对另一种形式，或者两种灵活性形式相结合的组织的相对成本和收益了解较少。特别是，在一个"双赢"或"共赢"的企业中，高效能工作系统的雇主的收益是否与其雇员分享，或者获取功能灵活性是否使得一方或多方处于不利地位，对此人们并未给予足够的重视。

那些审视了组织中功能和数量灵活性之间关系的研究，倾向于主要依据相对简单的"中心—边缘"模型来将这种关系概念化（如 Atkinson 1984；Mangum et al. 1985，599 - 601；Osterman 1988，85 - 89；Olmsted & Smith 1989；Handy 1990，87 - 115）。关于中心—边缘模型的争论主要聚焦于它是否能够准确反映雇主的劳动力使用策略。这种相对狭隘的忧虑阻碍了对下列问题进行更加精细的概念化操作：两种灵活性形式可能相互关联的多种方式，以及雇主为平衡与之相关的利弊所带来的冲突和调适模式。

在本文中，我认为对组织灵活性的进一步认识取决于我们开发功能和数量灵活性关系模型的能力，以及明确组织建立各种标准（如正规的、全职的）和非标准（如兼职的、临时的、合同工）雇佣关系的条件的能力。实现这些目标将有助于我们

---

① 阿特金森和其他人讨论的灵活性的第三种类型是薪酬或工资的灵活性，凭此管理者在商业条件允许的情况下降低员工的工资。这种形式的灵活性并没有像其他形式那样得到广泛的研究，部分缘于它在组织内被证明是一种不如其他两种形式有用的策略。工资下调是"有黏性的"，并且会抵制管理者降低工资的努力。

认识与不同劳动力使用策略相关的利弊，及其和组织、员工和劳资关系的关联与其对它们的影响。

我首先从其未能考虑到另一种形式的角度对关注某一种灵活性形式的研究进行批判性的评估。然后，我简要回顾了一些有关灵活性企业的中心—边缘模型的证据，并勾勒出对一类雇佣体系进行概念化的部分尝试，这类雇佣体系修正了一些关于组织如何整合功能和数量灵活性特征的简单化假设。最后，我讨论了新世纪研究议程的一些关键要素，这对于理解更好的雇主劳动力使用策略是必要的。我主要聚焦于美国和英国等相对不受管制的经济体中组织的灵活性，但我也回顾了来自其他国家的一些证据，并明确地讨论了组织灵活性中跨国差异的若干问题。

二、研究功能灵活性和数量灵活性：线性思路

我首先简要概述了组织灵活性研究的两种传统，以作为讨论它们之间关系的起点。

1. 功能灵活性和高效能工作组织

近年来，人们对工作组织的形式和人力资源管理实践给予了极大的关注，这些管理实践旨在为员工提供能够提高业务绩效和促进创新的技能、激励、信息和决策责任。这类研究的普遍性使得一些人认为，对这种新工作和人力资源管理实践的关注构成了一种"新范式"，取代了工会和集体谈判成为产业关系研究中的核心创新力量(Godard & Delaney 2000)。这些新的实践被赋予了不同的名称：高效能工作组织(Appelbaum et al. 2000; Osterman 2000)、转型的工作组织(Osterman 1994)、灵活的或选择性的工作场所实践(Gittleman et al. 1998)、员工参与体制(Cotton 1993)、灵活的生产体制(MacDuffie 1995)、渐进式人力资源管理实践(Delaney & Huselid 1996)、高度投入体制(Walton 1985)和高度参与管理(Lawler 1988; Wood 1999)。

这些标签的共同之处在于，泰勒主义或福特主义生产形式那种具有控制特征的等级体制已经被另一种工作组织类型所取代，这种新类型赋予了员工参与决策的权利，促使他们进行团队合作，此外，还通过将其薪酬与组织绩效相关联的方式

增加他们对组织的投入。通过提高员工多种技能，使得他们能够相对快速地从一项任务被重新部署至另一项任务，这些机制增强了组织的功能灵活性（相关评论参见 Appelbaum & Batt 1994；OECD 1999；Wood 1999）。此外，对高效能工作组织的研究一般侧重于正规的全职员工所做的工作，如组织中“核心”职业的工作（例如，Osterman 1994；2000）。对这些员工来说，高效能工作组织通常被认为会给企业及其员工（尤其是处于组织核心的员工）带来共同的收益（Kochan & Osterman 1994；Appelbaum et al. 2000）。

由于强调那些正规的全职员工所做的工作，高效能工作组织的相关研究往往忽视了涉及非标准就业形式的灵活的人员配备策略。因此，这些研究通常没有明确回答，确保一群高度投入员工享受稳定、功能灵活的就业待遇的必要条件，是否是组织外部灵活性的一种需求缓冲（demand buffer），这种外部灵活性是由一群临时的和其他非标准的员工提供的，他们通常做着没有前景的、不安全的和低薪的工作，对组织的投入度也相对较低（Atkinso 1984，31；Goldthorpe 1984，329－335；Mangum et al. 1985，609；Osterman 1988，85；Kyotani 1999，182－184）。如此一来，高效能工作实践的应用可能导致一些人处于不利地位，而不是一种“双赢”的局面，这源于处于优势地位的、正规的全职劳动力（“耐用品”）与社会地位低下的、非标准的劳动力（“一次性用品”）之间不断增加的分割和极化（Hyman 1988，55－57；Vallas 1999，93－95）。

高效能工作组织研究对管理成果、利益协调和共赢的强调，抑制了对利益冲突的关注，并转移了人们对员工劳动力市场权利和机会等相关社会问题的关注（Godard & Delaney 2000，492）。将分析主要局限于正规的全职员工掩盖了这样一个事实，即功能灵活性的实现也许不一定需要单独使用这些员工，正如以下两项研究所启示的那样：史密斯（Smith 2001，17－20）关于临时员工如何帮助组织获取功能灵活性的研究，以及德拉戈（Drago 1996）对“一次性工作场所”（disposable workplace）的低工作保障环境（low-job-security environment）中“基于恐惧的管理”（management by fear）的讨论。

2. 数量灵活性及其外部化

组织灵活性研究的第二个方向聚焦于雇主通过使用非正规的非全职的劳动力来获取数量灵活性或降低成本的努力。[①] 外部化的劳动力(externalized labour)这种形式有着不同的名称:灵活的人事安排(Christensen 1989;Houseman 2001)、市场化的工作安排(Abraham 1990; Abraham & Taylor 1996)、临时工作(Polivka & Nardone 1989; Blank 1998; Barker & Christensen 1998),以及非标准的工作安排(Kalleberg et al. 1997;Felstead & Jewson 1999; Cousins 1999; Yeandle 1999)。愈来愈多的文献试图记录并解释组织愈来愈多地使用灵活人事安排的做法(如 Pfeffer & Baron 1988, 284 - 292; Davis-Blake & Uzzi 1993, 199 - 206; Houseman 2001; Kalleberg et al. 2001)。

组织的外部化劳动力包括几种非标准的雇佣关系。组织可以根据需求在有限时间内通过使用临时员工来限制就业期限。它们还可以通过使用临时助工机构或合同工来外化行政控制,从而获取数量灵活性,同时通常也能降低成本。这些员工被认为是临时机构或合同公司的雇员,而不是客户组织的员工。他们中有高技能人员(如顾问和独立专业人员)和低技能的员工(如办事员和餐饮服务人员)。此外,组织还可以通过使用兼职员工来限制就业期限,尽管兼职人员通常是组织中相对长期的人员,并因此可能被视为其核心劳动力的一部分。

组织使用各种非标准工作安排的趋势数据很罕见,因此它在多大程度上能够反映就业关系的根本转变是一个很难评判的问题。自 20 世纪 70 年代以来,在美国,临时助工机构的就业人数迅速增长,尽管它只占劳动力比例的一小部分(如 Segal & Sullivan 1997, 118 - 119)。一些研究者(如 Cappelli 1999)认为,这些非标准的就业安排代表着雇主和雇员之间的一种"新协议",在这种新协议中,市场机制已经取代了登记雇佣制度,并且对于高技能员工而言,忠诚和社会契约的概念已经过时了。其他人则坚持认为,这些变化反映了经济形势变动背景下雇主向员工分配风险的微小变化(Jacoby 1999)。英国的研究也提出了这样的疑问,即灵活人

---

① 组织也可以通过要求正规长期劳动力加班来实现数量灵活性(Streeck 1987, 294)。

事安排的使用是否是一种新的现象。马金森（Marginson 1991，35－42）发现，20世纪80年代英国许多大型的公司在使用非标准工作方面具有很大的连续性（参见Casey 1991，194－198）。而阿特金森（Atkinson 1987，90－91）认为，英国的分包合同在20世纪80年代早期就有所增加[尽管波勒特（Pollert 1988，289－291）总结道，私营部门的分包合同几乎没有增加]。

数量灵活性的人员安排的相关研究通常不去考量这些安排对组织正规员工的影响，这使得我们无法全面审视与使用非标准工作相关的不利因素。一方面通过非正式员工最小化劳动力成本，另一方面又要增加核心员工的投入和动力，同时使用二者的人力资源管理策略也许是不成功的，因为管理层招募临时工也许会引发临时工和长期工之间的冲突和紧张局面（Geary 1992，259－261，267）。尽管如此，正如巴奈特和迈纳（Barnett & Miner 1992，272－274）所示，使用临时工也许可以增加相对高技能的正规员工的内部工作的流动性，因为它可以减少参与职位竞争的正规员工的数量。

三、功能和数量灵活性的整合：中心—边缘模型

灵活性的第三组研究考虑了功能和数量灵活性之间的关系，并试图解释组织如何同时获得这些看似矛盾的灵活性形式。三十年前，多林格和皮奥里（Doeringer & Piore 1971，173）观察到，美国的雇主可以使用分包和临时工将需求转移到第二产业，从而为支柱企业提供人员配备的灵活性。研究者使用了多个标签来指称这种结合了数量和功能灵活性的劳动力使用策略，包括“中心—边缘”模型（Atkinson 1984；Osterman 1988；Harrison 1994；Drago 1998）、“中心—环圈”结构（如Olmsted & Smith 1989）、“三叶草”组织（Handy 1990，87－115）、双层组织（Christensen 1991），以及“附着—分离”模型（Mangum et al. 1985）。

也许，最有影响力的结合功能和数量灵活性的模型是阿特金森的（Atkinson 1984；1987。另见Atkinson & Meager 1986，3－5，72－74）“中心—边缘”或“微观双重劳动力市场”模型（Pollert 1988，283），它也成为许多生动而富有批判性的争论的对象（如Pollert 1988；Wood 1989，4－9；Hakim 1990；Penn et al. 1992，215－216；Hunter et al. 1993；Procter et al. 1994；Cappelli 1995）。该模型为管理者和政府

决策者提供了一个为获取功能和数量灵活性而识别主要实践的框架。它表明，管理者和决策者应当寻求与部分劳动力建立长期雇佣关系（那些训练有素的、技术娴熟的、对组织忠诚的、“核心的”、正规的、长期的工作人员被认为具有功能灵活性所必备的品性特征），同时应通过交易合同将其他活动和/或人员外部化。将组织劳动力细分为固定的和可变的部分被认为能够实现成本效益，因为数量灵活的、非标准的“边缘”员工用于缓冲或保护正规的“核心”劳动力免受需求波动的影响，从而避免了解雇正规员工带来的士气问题，也能够避免区别化对待正规员工所带来的不平衡问题（以及在某些国家的不合法问题）。

与中心—边缘模型相关的意象之所以对管理者和组织研究者产生了吸引力，是因为它整合了管理理论和时尚的多种特征。其包括已确立的管理思想，如汤普森（Thompson 1967）的观点，即组织应该缓冲或保护对其竞争力至关重要的能力和资源；策略，如组织战略性地界定其核心竞争力的需要（可参见 Pollert 1988，304；Pfeffer 1994）；日本人力资源管理的普及（Koike 1978）。该模型被认为特别适用于美国和英国，因为与许多其他欧洲国家相比，英美劳动法允许雇主相对自由地选择和改变其雇佣合同（Hakim 1990，161）。

研究证据

中心—边缘模型的若干假设已经成为大量实证研究的主题，特别是组织同时战略性地使用功能和数量灵活性的观念。尽管一些研究间接地检验了这些假设，但是几乎没有直接的、系统性的证据。尽管也有一些研究支持这些假设，但大部分都对其进行了驳斥。

（1）组织是否将功能和数量灵活性结合了起来？

一些研究发现，企业内部的功能和数量灵活性之间存在负向关系或者没有关系。奥斯特曼（Osterman 1999，102－107；2000，193－195）发现，在核心工作中充分使用“高效能”实践的组织比非“高效能”组织更不可能在工作中利用临时员工和外包工作（尽管前者仍然使用这两种做法）。作者认为该证据表明，如果组织雇佣那些临时工或短期工，将很难实施高效能的工作实践。同样地，戴维斯-布莱克和伍兹（Davis-Blake & Uzzi 1993，210－211，217）发现，更有可能与员工建立长期关系的企业不太容易把工作外部化:其分析表明,内部化的企业层级预测因素(establishment-level predictors of internalization)(如雇佣官僚化的程度,以及企业面临的寡头垄断市场和稳定需求的程度)影响了相反方向的外部化。卡佩利和诺伊马克(Cappelli & Neumark 2001)发现,即使他们控制了非自愿流动的经济决定因素和多个企业变量与工人变量,美国企业使用临时工作与企业长期劳动力间的非自愿流动二者也有着积极而显著的相关性。这一发现表明,临时工作和非自愿流动是互补的做法,而不是替代性的,因此也就与中心—边缘的假设相矛盾,即雇主从边缘员工那里获得数量灵活性,以保护他们的核心劳动力免受非自愿流动的干扰。

在英国,库利等人(Cully et al. 1999, 34 - 38)对1988年职场员工关系调查的数据分析发现,在各种非标准的工作安排与工作场所的功能灵活性之间存在着负相关。此外,对斯堪的纳维亚国家的企业内部灵活性的比较研究(见 Nutek 1999)发现数量和功能灵活性的指标在挪威只是弱相关(正负关系均是如此),尽管有时这些相关关系有着统计上的显著性(可见 Olsen 1998)。在芬兰,私营部门中拥有十名或更多员工的功能灵活的工作场所比传统的(非功能灵活)的工作场所更有可能使用定期合同(分别为46%与42%)。但是组织内临时雇员的比例在传统的工作场所比在功能灵活的工作场所更高(分别为14%与7%)。此外,佩恩等人(Penn et al. 1992)对造纸厂的访谈和观察发现,数量和功能灵活性的形式“处于严重的冲突中”(p. 220);他们的结论是,分包和多技能可以作为彼此的替代品,但不是补充做法。最后卡佩利(Cappelli 1995, 589 - 591)评论总结道,几乎没有证据表明,美国、澳大利亚、英国和新西兰的数量灵活性的增加是由管理者希望保护核心员工的意愿推动的。

相比之下,其他研究发现内化和外化的模式在同一组织内共存(尽管这些概念在研究中并不总是以相同的方式被衡量)。长期以来,日本一直被视为中心—边缘模型的样本,并且日本雇主通过同时使用内部化和外部化策略,力求保持内部人力资源的优势,同时能够降低成本并保证工作部署的灵活性。例如,森岛通夫(Morishima 1995,12 - 13)发现,在日本食品服务部门中,企业长期劳动力的内部化(奖励长期服务、强调相对于外部经验和培训的内部培训,以及支付高于市场的薪酬以留住长期员工)和企业内兼职与临时雇员的比例之间存在正相关。

在美国,劳奇(Lautsch 1996)发现,组织是否有"互惠互利的内部劳动力市场"(由绩效工资和利润分享、团队、轮岗、工作保障、交叉培训与自由裁量等实践来界定)与直接雇佣临时雇员和企业临时助工机构雇员的比例呈正相关。卡勒贝里(Kalleberg 1989)对北卡罗来纳州高增长企业的调查发现,分包工作的企业也更有可能从企业内部提拔它们大多数的员工,这是企业内部劳动力市场的一个指标。同样,库利等(Cully et al. 1999, 34－38)发现功能灵活性与分包正相关,这与雇主外化非核心活动和内化核心职能的观点是一致的。最近一项关于美国企业代表性样本的"高效能"和灵活的人员配置实践的研究(第二次全国组织调查——见Kalleberg et al. 1999)所提供的证据表明,在美国的大多数企业中,数量和功能灵活性是正相关的。基于它们是否使用功能和数量灵活性策略的交叉分类,企业被分为四组。超过一半的企业被归类为具有较高的数量灵活性(它们使用直接雇佣临时人员、临时助工机构或者合同公司)和较高的功能灵活性(它们使用高效能的工作实践,如团队和工作轮岗)(Kalleberg 2001, 6－7)。此外,品菲尔德和阿特金森(Pinfield & Atkinson 1988, 19)发现,样本中的加拿大公司结合了数量和功能灵活性策略。

对10个欧洲国家及澳大利亚和美国调查数据(OECD 1999, 207－209)的二次分析为以下命题提供了混合支持,即功能灵活性实践(如管理结构的扁平化、低级别员工的积极参与、团队与工作轮岗)和数量灵活性实践(外包和分包、裁员、临时合同)是呈正相关的。在欧洲国家,四种功能灵活性实践的使用与(在过去三年中)临时合同的比例和分包的增长呈正相关,但使用少于四种实践的则没有这种关系。采用一种、两种或三种(但不是四种)功能灵活性实践的工作场所更有可能在过去三年内提高兼职人员的比例。在澳大利亚和美国,大部分证据表明,具有功能灵活性实践的工作场所的全职人员的比例较高。

格雷尼尔等(Grenier et al. 1977)对两家加拿大制造工厂的分析说明了功能和数量灵活性之间关系的复杂性。他们表明是否有可能同时提高功能和数量灵活性取决于这些策略的实施方式。他们发现,通过内部手段(加班)改变劳动量并不会威胁到员工的工作保障,反而促进了功能性灵活;试图通过裁员和外部策略(如外包某些活动）来调整劳动量的工厂，其功能灵活性的实现受到了限制。

（2）雇主对中心—边缘模型策略性的使用

中心—边缘模型的另一个基本假设是，管理者对于结合了两种形式灵活性的劳动力使用机制的运用是有意识的，如果并非总是策略性的话。这个假设的证据也是矛盾复杂的，尽管作者们经常就策略的构成存在分歧（如，它是一种模式还是一种明确的计划——Procter et al. 1994，230－238）。在英国，哈基姆（Hakim 1990，168－173）发现只有5%～15%的雇主采用中心—边缘策略（事实上，只有约三分之一的雇主对人力资源政策有策略）（参见 Hunter et al. 1993，396；Marginson 1991）。一些美国的研究支持管理者应当使用中心—边缘劳动力使用策略的观点。曼格姆等（Mangum et al. 1985，603）的报告称，他们与雇主及临时助工机构代表之间的半结构化访谈表明，在内部劳动力市场中存在着中心—边缘的关系。此外，哈里森（Harrison 1994，205）在1988年大企业联合会的美国大型企业调研（1988 Conference Board survey of large American firms）的基础上，总结说，它们"故意为临时工作安排中的员工制定边缘的和内部的低薪劳动力市场"。此外，在上文提及的最近对美国1 000多家企业进行的调查中（参见 Kalleberg 2001，7），超过一半的受访者"同意"或"强烈同意"下列声明："你的人力资源管理战略将员工分为短期和长期员工"，尽管这显然回避了管理者是否有策略以及它们到底意味着什么等问题。

四、超越中心—边缘模型：灵活企业的新兴概念

中心—边缘模型是韦伯意义上的理想类型（Hakim 1990，162）。这个框架过分简化了现实世界的复杂性，尽管它为推导出更复杂的研究视角提供了一个有用的起点。中心—边缘模型的若干假设是进一步开发反映功能灵活性与数量灵活性间相互关系的现实概念的基础。

第一，依据同质的中心和边缘对组织劳动力使用战略的类型进行概念化过于简单。要阐明"中心"的元素很困难（Pollert 1991，11－12）：阿特金森（Atkinson 1984，29－31）讨论了构成边缘的各种工作安排，但倾向于将中心视作一个相当同质的群体。此外，将数量灵活性等同于边缘而功能灵活性等同于中心的做法低估

了组织从核心员工那里获得数量灵活性(例如,通过命令或者要求他们加班)和从分包商及其他形式的“外化”劳动力那里获得功能灵活性的能力(参见,Ackroyd & Procter 1998, 170 - 175)。此外,将中心和边缘的员工视为在组织各个部分所占据的位置,忽略了考虑这些员工群体在同一个部门内可以一起工作甚至可以在组织内执行相同工作的方式。

第二,中心和边缘部门之间的关系比中心—边缘模型通常所假设的更为复杂。例如,该模型认为边缘的员工会被用来缓和对中心的冲击,但情况并非总是如此。更确切地说,边缘可能以其他方式与中心有关,例如当组织使用临时助工机构来招募、筛选长期职位的雇员时。

第三,中心—边缘模型过于“以企业为中心”,因此对企业间的二元论关注不够。如,虽然阿特金森(Atkinson 1987, 90 - 91)认为分包[“疏离”(distancing)]是组织边缘的一个组成部分,但是他认为疏离是灵活性的替代——而不是另一种形式的灵活性——因为它回避了企业灵活地组织其自身劳动力的需求。然而,正如最近的研究所表明的那样(见下文),组织可以通过网络发展与其他组织的关系,以此来获得功能和数量灵活性。

下文概述的关于组织灵活性的新观点试图通过发展一个关于工作机制的微妙观点来克服这些假设中一个或多个缺陷,这是一种组织劳动力使用策略创造和维持标准与非标准工作安排的组合机制。

有两种综合性的理论观点有望描述组织如何同时结合功能和数量灵活性。一个理论侧重于组织如何通过不同类型的“人力资源组合”或劳动力使用系统的混合结构,在内部整合这两种形式的灵活性。另一个观点则强调组织如何通过与其他组织的外部关系来实现数量和功能灵活性。

1. 内部组织劳动力使用系统

组织可以运用不同劳动力使用系统的各种组合,或者从可能的安排“菜单”中选出人力资源“组合”的类型。人力资源公司的前总裁埃尔默·温特(Elmer Winter)提出了这种人力资源组合的非正式理论。他指出:“有着灵活性和降低员工成本要求的高效的商业公司应该使用75%的全职员工,15%的临时员工和10%

的长期兼职员工的劳动力混合体。”(Gannon 1974，44)

这一推理过程可以通过开发更系统的人力资源组合分类的尝试进行例证说明。首先，韦(Way 1992，333－336)区分了三种理想的非互斥的人员配备策略以说明组织为何可能使用临时雇员。他认为，企业很有可能只在某些特定条件下使用临时雇员来保护或者保留正规的核心员工：该策略是为了控制劳动力规模调整的成本，规模调整主要是由于产品市场的波动导致组织面临潜在裁员(如季节性、周期性、较短的产品周期、特殊项目)。为了实施中心—边缘劳动力使用策略，韦认为，很有必要以一种有关不裁撤核心员工、高培训投入和高技术变革的哲学作为补充。中心—边缘策略还需要边缘员工的供应，因为只有足够多的劳动力愿意接受边缘的工作，这个策略才可能被广泛运用。①

韦识别了另外两种结合功能和数量灵活性的劳动力使用模型。组织可以使用“最佳组合”策略来获得足够的员工(正式或临时)，以实现用最低的成本最大限度地提高劳动力，但是并不带有保护核心员工群体的目的。这种策略与降低成本的压力相关(如来自产品市场或政治家的压力)，其动机是降低分离成本(separation costs)而不是保护核心员工。它最适用于那些需要高级技能的工作，这样一来临时员工和正式员工一样富有创造力。第三种“约束选择”的策略是聘用临时员工以使生产不受干扰；这在“24－7”(每天24小时，每周7天)的人员配置中是有效的。该策略的招聘目标是正式员工，除非受到供应限制(在现有的薪酬水平下很难雇佣正式员工)或需求限制(当雇佣成为一种当务之急)。

韦自他在20世纪80年代后期对美国中西部地区各类组织研究的50个案例中所观察到的模式中得出了三种设想。然而，正如他所认识到的那样，需要量化数据(例如来自调查的量化数据)来更系统地测试他对这三种人员配置策略的描述。

其次，崔等人(Tsui et al. 1995)开发了一个旨在解释组织何时可能使用功能灵活性策略而不是数量灵活性策略的框架。他们区分了以功能灵活性为特征的雇佣关系(他们称之为“以组织为中心”)和提供数量灵活性的关系(他们称之为“以工

① 如果边缘劳动力不够熟练或致力于执行与中心群体相同的任务，那么企业可能无法在关键岗位建立缓冲。边缘员工就不会在组织中尽心尽力或在组织中被社会化，并且使其社会化或者加大其投入的努力可能会破坏这个系统的稳定，因为边缘劳动力可能寻求与中心群体相当的雇佣关系(Osterman 1988，85)。

作为中心”)。他们认为,大多数组织可能同时使用以工作为中心和以组织为中心的雇佣关系,尽管每种类型的使用比例会有所不同。他们提出了三种方案,以结合以组织为中心和以工作为中心的策略。“以组织为中心”的企业(如 20 世纪 90 年代以前“旧的”美国国际商用机器公司使用了“没有裁员”的策略)是指那些大多数雇佣关系都以组织为基础的企业,尽管以工作为中心的关系用于那些与组织核心任务相比更为次要的活动中(如安全和维护)。“以工作为中心”的企业主要使用以工作为中心的关系,并且只与一小部分的核心员工(如一个会计咨询公司拥有大量的初级会计师和一小部分的终身合伙人)建立以组织为中心的关系。第三种模型同时广泛使用了包含核心雇员和边缘雇员的两种雇佣关系。以工作为中心的关系既用于核心活动又用于边缘活动,如企业可能临时雇佣一名高管,或将其整个培训功能外包出去。然而,他们认为第三种方案,即以组织为中心的和以工作为中心的雇佣关系的混合,可能会给参与者带来相互矛盾的信息,因而可能特别不稳定。

崔等人的命题提出了对于组织而言既是外部的也是内部的因素,这些因素预测了组织是否会使用上述三个方案中的一个而不是另一个。例如,他们假设当员工短缺且被安排处理更复杂的工作时,组织更有可能使用以组织为中心的关系。这一框架非常有用,因为它可以用于识别组织的内外因素,但同样地,它也有待实证研究的评估。

再次,谢勒(Sherer 1996)及谢勒和李(Sherer & Lee 1992)的著作通过解释在各种情况下可能使用哪些人力资源组合来拓展中心—边缘模型。谢勒(Sherer 1996)识别了多种劳动力使用策略,这些策略在员工内部于组织的程度上有所不同:合作伙伴关系,在这种关系中劳动力是通过所有权和决策权强附于企业的;雇佣关系,在这种关系中,劳动力在某种程度上是企业内部的;承包经营关系,在这种关系中劳动力处在组织之外。其中每一种工作安排都涉及雇主与雇员之间不同形式的控制和财务安排。企业可以通过各种方式结合这三种类型的工作安排以获得功能和数量灵活性,如为某些工作使用雇佣关系,为另一些工作安排使用合作伙伴关系,还有一些工作为它们建立合同关系。谢勒的方法比韦的方法限制要少,因为他考量了除临时雇员与正式员工关系之外的其他关系。

谢勒和李(Sherer & Lee 1992)使用了 853 家企业的工作实践的调查数据来

实证检验这种分类方案。他们的测量包括以下指标：伙伴关系安排，如报酬是否是临时性的；为员工提供参与决策机会的实践，如自我指导的团队；改良后的雇佣关系，如兼职工作、灵活的工作时间、家庭工作和在卫星移动设备上完成的工作；独立承包商的使用。他们利用聚类技术展示出，组织对于工作安排有三种不同类型的混合结构，然后测试了几个关于各种组合的相关性的假设。特别要指出的是，他们发现较大的企业比小公司更有可能使用三种工作安排的组合模式。他们还发现，并不总是需要用"边缘"工作安排（如合同关系）来缓冲保护"中心"安排（如合作伙伴关系和改良后的雇佣关系）。

谢勒和李的聚类分析确定了工作安排在组织中"中心"或者"内部"的程度，并指明了在经验情境中可以找到劳动力使用实践的混合范围，但是，他们的分析没有系统地检验有关假设，即在何种条件下组织可能运用劳动力使用战略的这些组合中的一种或另一种，他们也没有尝试评估组织使用各种组合的后果。

最后，史密斯（Smith 1994）对服务公司的案例研究为组织如何能够整合正式与非标准员工提供了实证案例。她的研究表明功能和数量灵活性可以沿着一个连续体存在于同一个组织中，在这个组织中处于功能灵活性工作岗位的长期员工经常与临时员工并肩工作，而不是如同中心—边缘模型所假设的那样在单独的双重部门中相互隔离。此外，她证明了临时的、数量灵活的员工是异质的，一些临时员工完全缺乏工作保障，而另一些人在特定的工作场所缺乏保障，却与公司有着相对稳定的工作关系。她还表明，企业可以通过允许长期员工有相对较高的自主性来避免使用临时员工产生的冲突。

2. 组织网络

另一种替代中心—边缘模型而非与其互斥的阐述认为，组织是通过与其他组织建立外部关系而将功能和数量灵活性结合起来的，而不是采用组织内部不同类型的劳动力使用策略。由这些组织间关系所创建的组织形式称为准企业（参见Eccles 1981，340关于建构）、混合组织（Williamson 1991，280－281）、灵活的专业化生产系统（参见Piore & Sabel 1984，213－216关于纺织业）或网络组织（Powell 1990）。组织网络作为组织工作的一种方式，代表了官僚制的另一种替代性选择。

组织网络是以“互惠的交流和交换模式”(Powell 1990, 295)为特征的合作形式，并且受信任关系而不是价格或等级组织的逻辑支配。网络组织可以在战略联盟、合作企业和合作伙伴关系，以及分包中窥豹一斑。如同使用内部人力资源组合一样，组织之间网络关系的建立部分源于雇主试图减少资源依赖性和不确定性(如与技能短缺相关)，并回应竞争、技术和动荡环境条件的变化(Pfeffer & Baron 1988, 277)。

正如意大利艾米利亚—罗马涅工业区(Piore & Sabel 1984, 226 - 229, 266)及集中于马萨诸塞州 28 号线和加利福尼亚硅谷的以计算机为中心的企业网络所表明的那样，凭借网络，组织可以通过专业供应商和生产商之间的协作关系实现功能灵活性。这些网络中组织间的亲密和信任关系使得生产者能够重新构建他们与供应商的关系，并发展组织间的能力，从而通过重新部署环境变化所需的资源来实现创新和设备的多重使用(并进一步加强信任关系)(Harrison & Kelley 1993, 228 - 229)。此外，组织可以通过外包功能，如生产、维护、修理、写文书和其他“非中心”的活动，以及从临时助工机构雇佣人员来获得数量灵活性。

类似于内部组织结构的中心—边缘模型，组织之间的外部网络可能会促进工作质量不同的一级和二级公司之间的二元性(Hunter et al. 1993)。实际上，企业之间的这些差异可能要比企业内的高工资/低工资之间的分化重要。哈里森(Harrison 1994, 196)认为，大企业的灵活性从根本上取决于临时工作(兼职、部分年度、临时和合同工作)的长期存在：

> 如今，企业在这样的一个世界中运作，在这个世界中最佳实践越来越需要垂直分离、缩小规模、外包和企业网络的形成，以便跨越国界和部门边界运作……当我们把新时代典型的商业组织描绘为精炼的灵活企业时，它们被嵌入由合作伙伴、相关的供应商和分包商组成的网络，我们就会隐约地看到，新经济中的工作场所，可以说是管理的意图，被系统地分为内部人员和外来者。

内部人员是全职的相对安全的“中心”人员，享受额外福利，有培训和升职机会。外来者通常是临时人员。哈里森认为，双重劳动力市场可以存在于单一的企业中，特别是当企业是一个地理上分散的跨国公司时，比如耐克。占据着一个组织边缘的雇员也许是通过网络方式连接到该组织的其他组织的员工。内部人员和外来者之间产生的不平等构成了灵活性的“黑暗面”。

通过组织网络来组织工作所产生的员工之间的二元论（可能存在于企业之间也可能存在于企业内部）正在加深，因为管理者经常实施策略（如果不总是故意的话）以识别他们想要保留的员工（“一等”或“核心”）和那些可以牺牲的员工（“二等”或“边缘”）（Heckscher 2000，280－281）。核心员工有更多在其他组织工作的选择余地，部分原因是他们的技能是可随带转移的，因此他们可能不会选择与雇主保持长久性关系。而处于边缘的员工在其他组织中获得类似工作的选择余地比核心员工的少，因此这些边缘员工常常被雇主贬低为“二等公民”。为了改善边缘和核心员工的流动前景，有必要建立能够提供所需企业间培训和流动的社会机构（如跨企业的教育和劳动力市场的中介组织）。与德国等欧洲国家相比，这些机构在美国发展得相对不充分。

五、灵活企业的跨国差异

我对于两种组织灵活性的讨论主要集中于美国、英国和加拿大等自由市场经济。这主要是出于空间的原因：对于欧洲和太平洋的非盎格鲁-撒克逊国家，需要另一篇同等长度的论文来回顾有关这些主题的研究。许多关于美国、英国和加拿大的组织灵活性的研究往往以企业为中心，强调雇主对于其组织工作方式的选择。这反映了这些国家高度放松对劳动力市场和雇佣关系的管制，其中，国家法规和制度在雇主决定采用一种或另一种形式的灵活性方面作用相对较小。史密斯等（Smith et al. 1995，705）用例证来阐述这一点，发现加拿大各行业在使用外部（数量）灵活性方面的一致性要远低于瑞典。

将组织灵活性的相关讨论拓展至其他国家预示着阐明国家作用的重要性（如有关工会、职业保护与临时助工机构的法律和法规），以及经济、社会和政治机构在塑造雇主劳动力使用策略方面的重要性。尽管组织可能采用的灵活性劳动力使用策略取决于其国家的制度性背景，但是所有工业国家的组织都需要具有灵活性，以应对竞争、技术变革和劳动力构成的变化。

组织是否可能使用数量灵活性策略取决于其国家的监管制度，如给予正式、长期员工的保护量和把临时助工机构的使用限制在一些特定工作的法律的存在。人们认为，北美企业中有关职业保护和临时助工机构的限制相对较少，其比欧洲和日本的企业更依赖于外部灵活性战略（Clarke 1992, 239 - 240）。此外，史密斯等人（Smith et al. 1995, 705 - 707,712）发现电信行业的管理者更有可能采用数量灵活性，以应对国家制度在就业水平的管理决策方面限制较少的国家所面临的经济压力（如加拿大）。在西班牙，20 世纪 80 年代中期关于定期合同的法规自由化被认为是此类合同迅速发展的主要原因（Toharia & Malo 2000, 312 - 313）。在德国，工会的优势、职业市场的主导地位和强大的职业培训体系相结合，为 20 世纪 80 年代企业内部边缘劳动力的发展提供了较小的空间（Lane 1989, 286 - 288），因而重点就放在了促进功能灵活性的"新生产概念"（Kern & Schumann 1987, 159 - 167）。

组织采用功能灵活性劳动力使用策略的可能性取决于帮助雇主在工作设计中分散长期培训、发展和创新方面的风险的制度，以及管理者和雇员之间是否有高度信任的关系。德国和日本的企业在 20 世纪 80 年代和 90 年代有着高度信任关系，而同一时期的英国和法国的企业信任关系相对较低，因此德国和日本的企业更能实现功能灵活性（Lorenz 1992, 457）。

在东亚和东南亚国家和地区，企业主要能够采用数量灵活性策略（或者"静态"灵活性策略）来减少短期成本，这缘于其缺乏有效的劳动力竞争（Deyo 1997, 108 - 111）。这些策略使得企业转包给低成本的供应商，这反过来导致了菲律宾、泰国、马来西亚和新加坡等国和中国香港地区的大型出口行业更多雇用临时工和合同工。由于缺乏对技术、人力资源和组织改革研究及发展进行长期投入的鼓励制度，这也促进了静态灵活性策略的采用，尤其在泰国和马来西亚等国和中国香港地区，以及大多数东亚和东南亚的小企业中，这些治理制度是缺乏的。

在中国台湾地区，家族和联合债券能够为合作和投资进行经济担保，在企业内部和企业间为功能灵活性（或"动态"灵活性策略）提供所需的基于信任的持久关系。中国台湾地区模式提供了一个意大利和日本企业间合作模式的替代性方案，以供应集体物品和长期投资，以及最大限度地降低风险和促进创新（Deyo 1997，100）。当东亚和东南亚的国家和地区采用动态灵活性策略时（主要在高水平质量、批量生产和加工技术方面的产品市场中），这些策略往往比一些工业发达国家所使用的策略程度更深（Deyo 1997，111－112）。

六、朝向灵活企业的研究议题

组织灵活性仍然是二十一世纪工作和组织研究的重要着力点。组织将坚持运用功能和/或数量灵活性的劳动力使用策略，以应对竞争、技术和劳动力供应的压力。组织有可能选择将特定的功能内部化并鼓励功能灵活性，尤其当它们相信这种做法既高效又经济的时候。与此同时，组织网络、临时助工机构和其他劳动中介机构的更好的制度化给雇主提供了更多的选择来外化劳动力，并在其他方面采用数量灵活性策略。

对于这两种灵活性之间的相互作用的分析是非常重要的，因为它们与企业关系、组织行为和社会分层领域的研究问题相关。例如，组织试图保护处在中心的具有功能灵活性的员工而牺牲那些与企业关系薄弱的员工，这一点可以用来解释在20世纪90年代的美国与其他工业国家所观察到的不平等的增长。长期员工和临时员工之间的相互作用也可能导致这些群体间的冲突，妨碍组织取得绩效并对工会的组织形式施以压力。对于这两种灵活性之间关系更深的理解也有助于阐明管理者所使用的策略，这些策略可能对组织绩效、劳资关系和工作质量产生重要影响。此外，研究功能和数量灵活性之间的联系可以帮助我们更好地理解国家、工会和其他机构在工作组织、劳动力市场和产业关系体制方面设置的约束和界限所发挥的作用。

将“灵活企业”的观念作为研究这两种组织灵活性间相互作用的框架，对研究工作、组织和产业关系的社会科学家来说可能仍然很重要。这里所讨论的关于混合劳动力使用策略的理论观点为中心—边缘模型提供了两种不同的视角，即组织如何实现既能从一批高技能、训练有素、高投入群体中获得功能灵活性，同时又具备数量灵活性以适应需求的变化，这样一个看似矛盾的目标。内部和外部的观点并不相互排斥，如，通过使用临时工和分包商来寻求人力资源组合方案的组织，通常会从与其建立网络关系的组织中获取这些人员。

为了将有关灵活企业的这些观点精炼为系统的理论，还有许多工作要做。组织如何能将功能和数量灵活性的各自优势结合起来的理论，同时最大限度地减少这两种组织灵活性共存所带来的冲突和其他缺陷，我们需要详细阐释和检验这方面的理论。在说明边缘员工的使用如何破坏工会组织方面（Atkinson 1987，98－102），或者雇主从不同员工群体获得功能和数量灵活性的尝试如何加深了劳动力市场的分割方面（Atkinson 1987，91－92），几乎没有取得进展。

由于缺乏必要的数据，进一步阐述混合劳动力策略的内外部理论的努力受到了束缚。在一个国家内部，对于组织劳动力使用策略的研究通常基于对劳动力市场数据的总体分析（如劳动力中临时工的比例），或是基于对雇主的调查。此类研究设计通常提供了极为笼统的信息，这些信息对于检查组织内部结构不是很有帮助，并且可能会掩盖这些策略背后的机制。另一个极端是，案例研究往往细节丰富，但普遍性却很有限，因为某些案例被选中往往是因为人们已经认为它们具有创新性，已经引进了一些旨在增加灵活性的变革。

正如普克特等人（Procter et al. 1994，236－238）所认为的那样，考察劳动力使用策略的性质与结果所需的数据应该超越仅仅向高级管理人员询问其使用策略或做法的调研方法。我们需要从多方信息源去了解劳动力使用策略是如何在组织内实施的（假设他们有这样的策略）、工作是如何组织起来的，以及人员是如何配备的。这些数据应该在组织内的多个层面进行收集，以便对灵活的人员配置策略和非正规工作安排的具体实施、其对员工的影响，以及正规和非正规员工之间可能产生的冲突进行评估。

当然，采集雇主所运用的劳动力使用策略组合的历史数据和纵向数据，可以促进策略问题及雇主动机问题的研究。大多数纵向研究（如 Casey 1991，194－198）都聚焦于就业外部化的趋势。这些数据在某种程度上暗示了灵活企业的变化，因为外部化代表着背离正规雇佣关系，而且大多数组织有可能将其部分员工内部化。尽管如此，外部化趋势方面的数据并没能与企业内部的分化是否增加的争论进行直接对话。这些数据也没有说明企业间的网络联系如何随着时间的推移而发展变化。

识别恰当的分析单位来检验与组织灵活性相关的论据对于上述的许多研究目标都是关键所在。大多数前期研究的局限性都在于它们在机构层面(establishment level)衡量这两种类型的灵活性。就组织灵活性的研究而言，机构可能没有企业(firm)那样有用，因为企业通常可以通过在不同机构之间分工来获取灵活性，正如利润和成本中心之间的关系一样，但是，当组织通过与网络中其他组织的关系来获得功能和数量灵活性的程度——如同分包关系或与临时助工企业的关系——时，最合适的分析单位也许既不是企业也不是机构，而是由组织间关系以及从中招募员工和分包职能的劳动力市场中介机构所定义的网络。此外，随着工作组织方式从官僚结构转向网络，人们的职业生涯很有可能在未来会跨越个别组织，使得工作或项目流成为研究灵活性更有意义的分析单位。

尤其是，我们需要进一步研究组织获得功能和数量灵活性所凭借的网络的特征。有关网络维度的研究相对较少，如客户组织与从中获得工人和服务的临时助工机构和分包商之间关系的持久性、强度、形式化与重叠等议题。例如，与临时助工机构签订的长期合同可以使组织获得技术员工，而无须在内部培训这些员工。此外，对劳动力市场中介机构(如临时助工机构)之间相互关系的研究将阐明这一日渐发展且日益重要的经济部门的竞争态势。

审视超组织机构在塑造雇主劳动力使用实践中的作用，对于那些劳动力市场受到高度管制的国家尤为重要(不同于美国与英国)，因为雇主在这些国家的选择受到经济、社会和政治结构的制约。关于组织灵活性的制度差异的跨国研究能为揭示组织工作和雇主劳动力使用实践的变化范围发挥重要作用。功能和数量灵活性之间相互作用的比较分析则会大大加强我们对于组织绩效，劳资冲突和工人职业经历、态度和行为的理解。

参考文献

Abraham, K. G. (1990). 'Restructuring the employment relationship: The growth of market-mediated work arrangements'. In K. G. Abraham and R. B. McKersie (eds.), *New Developments in the Labor Market: Toward a New Institutional Paradigm*. Cambridge, Mass.: MIT Press, pp. 85 - 120.

Abraham, K. G. and Taylor, S. K. (1996). 'Firms' use of outside contractors: Theory and evidence'. *Journal of Labor Economics*, 14: 394–424.

Ackroyd, S. and Procter, S. (1998). 'British manufacturing organization and workplace industrial relations: Some attributes of the new flexible firm'. *British Journal of Industrial Relations*, 36: 163–183.

Appelbaum, E. and Batt, R. (1994). *The New American Workplace: Transforming Work Systems in the United States*. Ithaca, NY: ILR Press.

Appelbaum, E., Bailey, T., Berg, P. and Kalleberg, A. L. (2000). *Manufacturing Advantage: Why High-Performance Work Systems Pay Off*. Ithaca, NY: Cornell University Press.

Atkinson, J. (1984). 'Manpower strategies for flexible organizations'. *Personnel Management*, 16: 28–31.

Atkinson, J. (1987). 'Flexibility or fragmentation? The United Kingdom labour market in the eighties'. *Labour and Society*, 12: 87–105.

Atkinson, J. and Meager, N. (1986). *Changing Working Patterns: How Companies Achieve Flexibility to Meet New Needs*. London: National Economic Development Office.

Barker, K. and Christensen, K. (eds.) (1998). *Contingent Work: American Employment Relations in Transition*. Ithaca, NY: ILR Press.

Barnett, W. P. and Miner, A. S. (1992). 'Standing on the shoulders of others: Career interdependence in job mobility'. *Administrative Science Quarterly*, 37: 262–281.

Blank, R. M. (1998). 'Contingent work in a changing labour market'. In R. B. Freeman and P. Gottschalk (eds.), *Generating Jobs: How to Increase Demand for Less-Skilled Workers*. NY: Russell Sage, pp. 258–294.

Cappelli, P. (1995). 'Rethinking employment'. *British Journal of Industrial Relations*, 33: 563–602.

Cappelli, P. (1999). *The New Deal at Work: Managing the Market-Driven Workforce*. Boston: Harvard Business School Press.

Cappelli, P. and Neumark, D. (2001). 'External job churning and internal job flexibility'. Unpublished paper, Wharton School of the University of Pennsylvania.

Casey, B. (1991). "Survey evidence on trends in 'non-standard' employment". In A. Pollert (ed.), *Farewell to Flexibility*? Oxford: Blackwell, pp. 179 - 199.

Christensen, K. (1989). *Flexible Staffing and Scheduling in US Corporations*. Research Bulletin No. 240. New York: The Conference Board.

Christensen, K. (1991). 'The two-tiered workforce in US corporations'. In P. B. Doeringer *et al.*, *Turbulence in the American Workplace*. New York: Oxford Univ. Press, pp. 140 - 155.

Clarke, O. (1992). 'Employment adjustment: An international perspective'. In K. Koshiro (ed.), *Employment Security and Labor Market Flexibility: An International Perspective*. Detroit: Wayne State University Press, pp. 218 - 244.

Colclough, G. and Tolbert, C. M. II (1992). *Work in the Fast Lane: Flexibility, Divisions of Labor, and Inequality in High-Tech Industries*. Albany: SUNY.

Cotton, J. L. (1993). *Employee Involvement: Methods for Improving Performance and Work Attitudes*. Newbury Park, Cal.: Sage.

Cousins, C. (1999). 'Changing regulatory frameworks and non-standard employment: A comparison of Germany, Spain, Sweden and the UK'. In A. Felstead and N. Jewson (eds.), *Global Trends in Flexible Labour*. London: Macmillan, pp. 100 - 120.

Cully, M., Woodland, S., O'Reilly, A. and Dix, G. (1999). *Britain at Work: As Depicted by the 1998 Workplace Employee Relations Survey*. London and New York: Routledge.

Davis-Blake, A. and Uzzi, B. (1993). 'Determinants of employment externalization: A study of temporary workers and independent contractors'. *Administrative Science Quarterly*, 38: 195 - 223.

Delaney, J. T. and Huselid, M. A. (1996). 'The impact of human resource management practices on perceptions of organizational performance'. *Academy of Management Journal*, 39: 949 - 969.

Deyo, F. C. (1997). 'Labor and post-Fordist industrial restructuring in East and Southeast Asia'. *Work and Occupations*, 24: 97 - 118.

Doeringer, P. B. and Piore, M. (1971). *Internal Labor Markets and Manpower Analysis*. Lexington, Mass.: D. C. Heath.

Doeringer, P. B. and Piore, M. *et al*. (1991). *Turbulence in the American Workplace*. New York: Oxford University Press.

Drago, R. (1996). 'Workplace transformation and the disposable workplace: Employee involvement in Australia'. *Industrial Relations*, 35: 526 - 543.

Drago, R. (1998). 'New systems of work and new workers'. In K. Barker and K. Christensen (eds.), *Contingent Work: American Employment Relations in Transition*. Ithaca, NY: ILR Press, pp. 144 - 169.

Eccles, R. G. (1981). 'The quasifirm in the construction industry'. *Journal of Economic Behavior and Organization*, 2: 335 - 357.

Esping-Andersen, G. (2000). 'Who is harmed by labour market regulations? Quantitative evidence'. In G. Esping-Andersen and M. Regini (eds.), *Why Deregulate Labor Markets?* Oxford: Oxford University Press, pp. 66 - 98.

Felstead, A. and Jewson, N. (1999). 'Flexible labour and non-standard employment: An agenda of issues'. In A. Felstead and N. Jewson (eds.), *Global Trends in Flexible Labour*. London: Macmillan, pp. 1 - 20.

Gannon, M. J. (1974). 'A profile of the temporary help industry and its workers'. *Monthly Labor Review*, 97: 44 - 49.

Geary, J. F. (1992). 'Employment flexibility and human resource management: The case of three American electronics plants'. *Work, Employment and Society*, 6: 251 - 270.

Gittleman, M., Horrigan, M. and Joyce, M. (1998). "'Flexible' workplace practices: Evidence from a nationally representative survey". *Industrial and Labor Relations Review*, 52: 99 - 113.

Godard, J. and Delaney, J. T. (2000). 'Reflections on the "high performance" paradigm's implications for Industrial Relations as a field'. *Industrial and Labor Relations Review*, 53: 482 - 502.

Goldthorpe, J. H. (1984). 'The end of convergence: Corporatist and dualist tendencies in modern Western societies'. In J. H. Goldthorpe (ed.), *Order and Conflict in Contemporary Capitalism*. Oxford: Oxford University Press, pp. 315 - 343.

Grenier, J.-N., Giles, A. and Belanger, J. (1997). 'Internal versus external labour flexibility: A two-plant comparison in Canadian manufacturing'. *Relations Industrielles/Industrial Relations*, 52: 683 - 711.

Hakim, C. (1990). 'Core and periphery in employers' workforce strategies: Evidence from the

1987 ELUS survey'. *Work, Employment and Society*, 4: 157 - 188.

Handy, C. (1990). *The Age of Unreason*. Boston: Harvard Business School Press.

Harrison, B. (1994). *Lean and Mean: The Changing Landscape of Corporate Power in the Age of Flexibility*. New York: Basic Books.

Harrison, B. and Kelley, M. E. (1993). 'Outsourcing and the search for "flexibility"'. *Work, Employment and Society*, 7: 213 - 235.

Heckscher, C. (2000). 'HR strategy and non-standard work: Dualism versus true mobility'. In F. Carre, M. A. Ferber, L. Golden and S. A. Herzenberg (eds.), *Non-standard Work: The Nature and Challenges of Changing Employment Arrangements*. Champaign, IL: Industrial Relations Research Association, pp. 267 - 290.

Houseman, S. N. (2001). 'Why employers use flexible staffing arrangements: Evidence from an establishment survey'. *Industrial and Labor Relations Review*.

Hunter, L., McGregor, A., MacInnes, J. and Sproull, A. (1993). 'The 'flexible firm': Strategy and segmentation'. *British Journal of Industrial Relations*, 31: 383 - 407.

Hyman, R. (1988). 'Flexible specialization: Miracle or myth?' In R. Hyman and W. Streeck (eds.), *New Technology and Industrial Relations*. New York: Basil Blackwell, pp. 48 - 60.

Jacoby, S. (1999). 'Are career jobs headed for extinction?' *California Management Review*, 42: 123 - 145.

Kalleberg, A. L. (1989). *Human Resource Practices and Policies: A Survey of High Growth Triangle Businesses*. Chapel Hill, NC: Frank Hawkins Kenan Institute of Private Enterprise.

Kalleberg, A. L. (2001). 'Flexibility, dualism and labor market inequality'. Paper presented at conference on 'Contemporary Developments in the US Economy: Findings from the New Economic Sociology', Princeton University, 28 April.

Kalleberg, A. L. and Spalter-Roth, R. M. (1997). *Non-standard Work, Substandard Jobs: Flexible Work Arrangements in the US*. Washington: Economic Policy Institute.

Kalleberg, A. L., Knoke, D. and Marsden, P. V. (1999). *The 1996 National Organizations Survey* (machine readable data file). University of Minnesota (producer) Inter-university Consortium for Political and Social Research (ICPSR) (distributor).

Kalleberg, A. L., Reynolds, J. and Marsden, P. V. (2001). 'Externalizing employment: Flexible staffing arrangements in US organizations'. Unpublished paper, University of North Carolina at Chapel Hill.

Kern, H. and Schumann, M. (1987). 'Limits of the division of labour: New production and employment concepts in West German industry'. *Economic and Industrial Democracy*, 8: 151-170.

Kochan, T. and Osterman, P. (1994). *The Mutual Gains Enterprise*. Boston: Harvard Business School Press.

Koike, K. (1978). 'Japan's industrial relations: Characteristics and problems'. *Japanese Economic Studies*, 7: 42-90.

Kyotani, E. (1999). 'New managerial strategies of Japanese corporations'. In A. Felstead and N. Jewson (eds.), *Global Trends in Flexible Labour*. London: Macmillan, pp. 181-197.

Lane, C. (1989). *Management and Labour in Europe: The Industrial Enterprise in Germany, Britain and France*. Brookfield, VT: Gower.

Lautsch, B. A. (1996). 'Institutionalizing uncertainty'. Paper presented to a symposium on 'From Human Resources to Labour Costs: The Implications of Contingent Work for Individuals, Groups and Organizations', at the annual meeting of the Academy of Management, Cincinnati, August.

Lawler, E. E. III (1988). 'Choosing an involvement strategy'. *Academy of Management Executive*, 2: 197-204.

Lorenz, E. H. (1992). 'Trust and the flexible firm: International comparisons'. *Industrial Relations*, 31: 455-472.

MacDuffie, J. P. (1995). 'Human resource bundles and manufacturing performance: Organizational logic and flexible production systems in the world auto industry'. *Industrial and Labor Relations Review*, 48: 197-221.

Mangum, G., Mayall, D. and Nelson, K. (1985). 'The temporary help industry: A response to the dual internal labour market'. *Industrial and Labor Relations Review*, 38: 599-611.

Marginson, P. (1991). 'Change and continuity in the employment structure of large companies'. In A. Pollert (ed.), *Farewell to Flexibility*? Oxford: Blackwell, pp. 32-45.

Morishima, M. (1995). 'Part-time employment as a response to internal labour market constraints'. Paper presented at the 1995 Academy of Management Meetings, Vancouver.

Nutek (1999). *Flexibility Matters: Flexible Enterprises in the Nordic Countries*. Stockholm: Swedish National Board for Industrial and Technical Development.

OECD (1999). *Employment Outlook*. Paris: Organisation for Economic Co-operation and Development.

Olmsted, B. and Smith, S. (1989). *Creating a Flexible Workplace: How to Select and Manage Alternative Work Options*. New York: AMACOM, American Management Association.

Olsen, K. M. (1998). 'Kombineres ulike typer fleksibilitet?' ('Do unlike types of flexibility combine?') In K. M. Olsen and H. Torp (eds.), *Flexibility in Norwegian Working Life*. Oslo: Institute for Social Research, pp. 116 - 126.

Osterman, P. (1988). *Employment Futures: Reorganization, Dislocation, and Public Policy*. New York: Oxford University Press.

Osterman, P. (1994). 'How Common is Workplace Transformation and Who Adopts it?' *Industrial and Labour Relations Review*, 47: 173 - 188.

Osterman, P. (1999). *Securing Prosperity*. Princeton: Princeton University Press.

Osterman, P. (2000). 'Work reorganization in an era of restructuring: Trends in diffusion and effects on employee welfare'. *Industrial and Labor Relations Review*, 53: 179 - 196.

Ouchi, W. G. (1980). 'Markets, bureaucracies and clans'. *Administrative Science Quarterly*, 25: 129 - 141.

Penn, R., Liija, K. and Scattergood, H. (1992). 'Flexibility and employment patterns in the contemporary paper industry'. *Industrial Relations Journal*, 23: 214 - 223.

Pfeffer, J. (1994). *Competitive Advantage through People: Unleashing the Power of the Work Force*. Boston: Harvard Business School Press.

Pfeffer, J. and Baron, J. N. (1988). 'Taking the workers back out: Recent trends in the structuring of employment'. *Research in Organizational Behavior*, 10: 257 - 303.

Pinfield, L. T. and Atkinson, J. S. (1988). 'The flexible firm'. *Canadian Business Review*, 15: 17 - 19.

Piore, M. and Sabel, C. F. (1984). *The Second Industrial Divide: Possibilities for Prosperity*. New York: Basic Books.

Polivka, A. E. and Nardone, T. (1989). "On the definition of 'contingent work'". *Monthly*

Labor Review, 112: 9 - 16.

Pollert, A. (1988). 'The 'flexible firm': Fixation or fact?' *Work, Employment and Society*, 2: 281 - 316.

Pollert, A. (1991). 'The orthodoxy of flexibility'. In A. Pollert (ed.), *Farewell to Flexibility*? Oxford: Blackwell, 3 - 31.

Powell, W. W. (1990). 'Neither market nor hierarchy: Network forms of organization'. *Research in Organizational Behavior*, 12: 295 - 336.

Procter, S. J., Rowlinson, M., McArdle, L., Hassard, J. and Forrester, P. (1994). 'Flexibility, politics and strategy: In defence of the model of the flexible firm'. *Work, Employment and Society*, 8: 221 - 242.

Rubery, J., Tarling, R. and Wilkinson, F. (1987). 'Flexibility, marketing and the organisation of production'. *Labour and Society*, 12: 131 - 151.

Segal, L. M. and Sullivan, D. G. (1997). 'The growth of temporary services work'. *Journal of Economic Perspectives*, 11: 117 - 136.

Sherer, P. D. (1996). 'Toward an understanding of the variety in work arrangements: The organization and labor relationship framework'. In C. L. Cooper and D. M. Rousseau (eds.), *Trends in Organizational Behavior*, Vol. 3. Chichester: John Wiley, pp. 99 - 122.

Sherer, P. D. and Lee, K. (1992). 'Cores, peripheries, and more and less: An examination of mixes and labour relationships in firms'. *Industrial Relations Research Association 44th Annual Proceedings*, pp. 317 - 324.

Smith, M., Masi, A. C., van den Berg, A. and Smucker, J. (1995). 'External flexibility in Sweden and Canada: A three industry comparison'. *Work, Employment and Society*, 9: 689 - 718.

Smith, V. (1994). 'Institutionalizing flexibility in a service firm: Multiple contingencies and hidden hierarchies'. *Work and Occupations*, 21: 284 - 307.

Smith, V. (1997). 'New forms of work organization'. *Annual Review of Sociology*, 23: 315 - 339.

Smith, V. (2001). 'Teamwork vs. tempwork: Managers and the dualisms of workplace restructuring'. In D. B. Cornfield, K. B. Campbell and H. J. McCammon (eds.), *Working in Restructured Workplaces: Challenges and New Directions for the Sociology of*

Work. Thousand Oaks, Cal. : Sage.

Streeck, W. (1987). 'The uncertainties of management in the management of uncertainty: Employers, labor relations and industrial adjustment in the 1980s'. *Work, Employment and Society*, 1: 281 - 308.

Thompson, J. G. (1967). *Organizations in Action*. New York: McGraw-Hill.

Toharia, L. and Malo, M. A. (2000). 'The Spanish experiment: Pros and cons of the flexibility at the margin'. In G. Esping-Andersen and M. Regini (eds.), *Why Deregulate Labor Markets*? Oxford: Oxford University Press, pp. 307 - 335.

Tsui, A. S., Pearce, J. L., Porter, L. W. and Hite, J. P. (1995). 'Choice of employee-organization relationship: Influence of external and internal organizational factors'. *Research in Personnel and Human Resources Management*, 13: 117 - 151.

Vallas, S. P. (1999). 'Rethinking post-Fordism: The meaning of workplace flexibility'. *Sociological Theory*, 17: 68 - 101.

Walton, R. E. (1985). 'From control to commitment in the workplace'. *Harvard Business Review*, 65: 77 - 84.

Way, P. K. (1992). 'Staffing strategies: Organizational differences in the use of temporary employment,. *Industrial Relations Research Association 44th Annual Proceedings*, pp. 332 - 339.

Williamson, O. E. (1991). 'Comparative economic organization: The analysis of discrete structural alternatives, *Administrative Science Quarterly*, 36: 269 - 296.

Wood, S. (1989). 'The transformation of work?' In S. Wood (ed.), *The Transformation of Work? Skill, Flexibility and the Labour Process*. London: Unwin Hyman, pp. 1 - 3.

Wood, S. (1999). 'Human resource management and performance'. *International Journal of Management Reviews*, 1: 367 - 413.

Yeandle, S. (1999). 'Gender contracts, welfare systems and non-standard working: Diversity and change in Denmark, France, Germany, Italy and the UK'. In A. Felstead and N. Jewson (eds.), *Global Trends in Flexible Labour*. London: Macmillan, pp. 141 - 165.

第八章　社会网络

社会学、社会学家与中心—边缘的映像*

弗兰·科利尔(Fran Collyer)
悉尼大学(University of Sydney)

社会学家越来越意识到自己是全球体系中的学术工作者,他们的工作在当地的机构内产生,却受到更广泛的社会背景下的社会关系和物质条件的影响。最近社会学家所做的努力是在一个真正全球化的社会中(不仅仅以欧洲和美国为中心的社会)审视知识工作者,这源于知识社会学与全球化理论的结合(见 Alatas 2006; Connell et al. 2005; Connell & Wood 2002)。这一发展中的思想流派拒绝将全球化解释为同质化或平等化的力量,并坚持将其与帝国主义和文化统治的过程重新联系起来(Connell 2007a, 376)。因此,它构建了一个衍生自世界体系分析(Wallerstein 1979; 1974)和斯克莱尔(Sklair 1995; 2001)跨国资本主义观点的替代性框架。其结果是形成了一种知识生产的全球系统理论,该系统的运作方式类似于经济系统的其他方面。就像后者一样,它是等级的,充满了权力关系,并且以知识分子的"中心"和边缘之间存在的根本性的不平等关系为特征。

大量术语已经被开发出来以描述这些关系。加鲁(Gareau 1988)使用了帝国主义、寡头垄断和第三世界社会科学这类较为古老却仍然恰当的术语。朗格(Langer 1922, 4, 6)提到了"理论的生产中心",并且用"本土化"一词来质疑西方

---

* 本文译自 Collyer, F. "Sociology, Sociologists and Core-Periphery Reflections". *Journal of Sociology*, 2014, 50(3): 252 - 268.

社会学对非欧洲文明和文化的适用性。桑达(Sanda 1988, 195)采用了“从属”和“不发展”的术语来指第三世界社会学的运作。对于阿拉塔斯(Alatas 2006, 13)而言，其讨论聚焦于美国、英国和法国这些“世界社会科学大国”，据说这些国家生产了大量的研究成果，并对其他“消费”国家产生重大影响。霍通吉(Hountondji 1990, 7–8)谈到了“科学依赖”，前殖民知识对于世界知识体系的从属，以及殖民地的知识生产沦落为向支配国出口资料的数据库(霍通吉认为，科学研究的决定性过程不在于起始阶段的数据收集，也不在于最后阶段的理论运用于实践，而在于对原始信息的解释和理论的处理。在许多落后国家只能观察到起始和最后阶段，即狂热地收集所有可能有用的信息，出口至“母国”以便进行理论解释和处理，或者偶尔应用于一些地方性议题。而整个过程的中间阶段则发生于那些具有支配话语的国家。——译者注)。康奈尔(Connell 2007b)使用了另一组术语“全球宗主国”(global metropole)或关键知识中心(欧洲和北美)来指资源丰富和资本输出的国家。与这个全球中心相对的是“南方”，这个词并非指地理位置，而是一个社会范畴，旨在“强调宗主国的知识分子和机构与那些处于世界边缘的知识分子和机构之间的关系：权威、排斥与包容、霸权、伙伴关系、赞助和拨款”(Connel 2007b, 8–9)。

尽管人们对世界体系的知识生产和交换的可能性问题越来越感兴趣，但是理论的发展并未跟上步伐。我们现在对“全球南部”的公共知识分子和学术工作者所面临的挑战有了更多的了解，但对于推动世界知识体系的运作机制却缺乏清晰的概念。相反，我们花了近40年时间来讨论沃勒斯坦(Wallerstein 1974; 1979)关于世界经济的原创性议题并对其进行了分析。学者们对其逻辑进行了辩论，开发了各种类型(如 Arrighi & Drangel 1986)并对该体系的历史构成提出了疑问(如 Arrighi 1988; Skocpol 1977)，这些争论的特点是定位于中心国家而非边缘国家，包括它们的工业发展水平和类型(Tsokhas 1996, 198)、它们的地方政治制度(如 Alexander 1989; Taylor 1985)，以及在世界交换中将经济转化为政治权力的能力(Tsokhas 1992)。学者们甚至思考了边缘的工业化和中心的去工业化是否意味着转变甚至终结当前体系(Arrighi 1990)。如果我们要在沃勒斯坦的可交易商品和交换关系的原始模型上构建一个知识的生产系统，至少需要对知识商品的生产和交换系统进行更多的比较分析。这将有助于分析其从中心到边缘的变化，并在将来更好地对其运作的因素和机制进行理论化。

本文特别关注的是社会学知识在澳大利亚的生产。澳大利亚是世界体系中处于不确定地位的国家，有些人认为其应当被归为“中心”国家（Arrighi & Drangel 1986；Taylor 1988），尽管在其他地方它被视为边缘或者半边缘的一个部分（Alatas 2003；Connell 2007b，212；Wallerstein 1979，100）。令人惊讶的是，沃勒斯坦的原始模型仅说明了半边缘地区的少数特征，尽管其中两个特征与我们的分析相关。第一个特征是半边缘位于中心和边缘之间的位置，这个位置既可以被中心国家剥削利用，同时也能够在边缘国家之间进行贸易以获得优势（见 Wallerstein 1979，71－72）。第二个特征是它在国际分工中具有政治作用，用以转移边缘国家的紧张局势，否则这些张力将针对中心国家（见 Wallerstein 1974，349－350）。在其他学者的后续研究中，半边缘仍然成为那些在工业化水平、依赖程度或者发展历史方面既不属于中心也不属于边缘的国家的一种默认分类（如加拿大、俄罗斯、阿尔及利亚、古巴和越南）。从某种意义上说，半边缘概念的不确定性，以及对其在世界体系中准确的经济（和政治）角色缺乏共识，为这一新兴领域的理论发展提供了空间。

如果我们要更好地理解知识生产和交换在全球舞台上的不平等性，并且像康奈尔（Connell 2007b，213）一样承认，“在澳大利亚这样一个富裕的边缘国家和印度尼西亚这样一个贫困的边缘国家，知识生产是件非常不同的事”；中心和边缘的概念可能有助于提供一个理解这些多样性和相似性模式的过程。关于全球知识体系中边缘国家的边缘化问题，已经形成了一些重要的观点。例如，朗格（Langer 1992，9）认为，欧洲以外的社会在社会学上被视为“对象”而不是“值得融入的知识来源”；康奈尔（Connell 2005，13）认为边缘仅仅是一个“数据库”，是宗主国理论家的民族志材料的来源；而霍通吉（Hountondji 1983；1990，7－8；2002）则指出社会学理论在宗主国中的持续定位；迪斯凯利（Descarries 2003，625）将中心国家的学术研究认定为重要且普遍的，边缘国家的学术研究则是次要的、与文化相关的且特殊的。南迪（Nandy 1983）则指出了对于来自边缘国家的思想的排斥，或者是过于狭隘的选择。尽管这些观点令人信服，但如果要识别在中心、半边缘和边缘三方系统中所形成的知识生产的许多机制，大量的研究和理论发展还有待完成。

这些机制是如何把中心国家与那些边缘国家和半边缘国家区分开来的？这个全球分工系统的本质是什么？也许对于一个边缘国家而言是其出版物没有出现在主要的引文索引中，或者其中国立大学的缺席，以及研究由外国基金会或机构主导(例如在撒哈拉以南非洲所观察到的，见 Mouton 2010，66)。一个半边缘国家可能只是通过其在世界体系中的临时位置来定义，在引文索引中也有一些代表性，在第二或第三层级的世界排名中有少数大学存在，但在那些国家，海外大学的博士学位对于个人的进步而言仍然必不可少(如在中国所观察到的，见 Ping 2010，74)或只有公共或国立大学和研究机构的存在(如在印度观察到的，见 Krishna & Krishna 2010，77)或者，我们可能会避开对国家分类的特征体系，并建议采用更加动态的方法来理解国家在世界知识体系运作中的重要性。无论采用何种方法，很明显，如果不对全球知识体系三方之间关系进行系统的描绘和分析，我们只能推测一个国家的位置、其学术工作者的学术实践，以及使得宗主国专家知识的控制得以复制和维系的奖励和排斥制度之间的关系。

本文为进一步深化对世界知识体系的理解迈出了一小步。它借鉴了对三个国家(澳大利亚、英国和美国)的健康和医学社会学知识的实证研究，来说明中心—边缘关系如何塑造中心和边缘国家的知识生产和学术实践。在文献的其他地方也采用了文献计量和引文指标来检验殖民地科学和非殖民地科学在科学风格方面的差异(Arvanitis et al. 2000；Chatelin & Arvanitis 1992)。本研究应用了科利尔(Collyer 2009；2012)在现有引文方法基础上提出的一种变体。这一方法，即引文—语境分析，描绘了学术工作者之于全球知识体系的定位，同时包括了一组反映依附性的测量指标，这里的依附是指其他更强大的国家联合控制着某国的知识生产。

一、研究内容及方法

该实证研究将来自澳大利亚(一个“边缘”或半边缘国家)的一组作者的出版物与来自两个“中心”国家(英国和美国)的出版物进行了对比。重点关注社会学领域，因为这门学科的成员就全球化和不断变化的学术市场对于社会科学的影响这一问题不断进行追问(如 Akiwowo 1988. Baldock 1994. Keim 2011. Loubser

1988. Macintyre 2010. Sanda 1988. Willis 1982；1991)。为了分析中心—边缘关系对社会学这一庞大且异质的学科领域的影响，本研究特别选取了健康和医学社会学这一分支，这个领域在三个国家中具有许多实质的相似之处。本研究对自1990年以来在与各国国家专业协会有着紧密联系的期刊上发表的评论文章进行定量分析，以寻求证据。这些期刊是《健康社会学评论》(HSR)(澳大利亚)、《健康与疾病社会学》(SHI)(英国)，以及《健康与社会行为杂志》(JHSB)(美国)。鉴于这些期刊倾向于主要发表本国作者的文章，并且发表具有特定方法论倾向的论文(HSR和SHI偏向定性，JHSB偏向定量)，本研究同时收集了来自《社会学杂志》《社会科学与医学》《澳大利亚和新西兰公共卫生杂志》的论文及澳大利亚社会学协会的会议论文。来自每个期刊和国家的论文比例见表8-1，论文总数是842篇。

表8-1 研究总数——期刊和国家，1990—2011

期刊	论文数量					
	澳大利亚		英国		美国	
《健康社会学评论》	207	57%	17	7%	8	4%
《健康与社会行为杂志》	—	—	—	—	89	40%
《健康与疾病社会学》	30	8%	213	85%	41	18%
《社会学杂志》	16	4%	18	7%	87	39%
《社会科学与医学》	57	16%	3	1%	—	—
《澳大利亚和新西兰公共卫生杂志》	8	2%	—	—	—	—
澳大利亚社会学协会会议论文	48	13%	—	—	—	—
总数(n=842篇)	366	100%	251	100%	225	100%

注：由于四舍五入，数量加总可能不是100%。以第一作者的国籍来标注所属国家(依据原稿所注)。

那些可以被视为被评审过的研究文章可以入选，其中包括一些辩驳、评论，以及研究笔记，但是仅限于这些内容能够为某个问题提供实质性的和充分的引用分析。书评和社论被排除在外。编码将每篇文章作为一个“案例”，其中包括人口数据的细节(如作者姓名、国家和隶属大学)和原稿内容(如国家导向、来自原国家的参考材料所占百分比、引用等)。这两组变量——人口统计资料和原稿内容——使得自变量(地点和论文语境的指标)与因变量(如引文情况和论文的实质内容)之间能够建立交叉列表。这种方法最好被描述为引文—语境分析，因为它能够描绘全球位置对知识生产的影响。

每一篇论文的来源国是依据原稿中提供的第一作者的机构隶属关系。这就提供了一个“专业公民身份”(professional citizenship)指标而不是论文发表时的个人国籍。一些多产的作者不止一次地出现在数据库中，但是只有不到5%的人(暂时或永久地)转移到新国家的新机构，这表明这个变量作为国家指标的总体可靠性。此外，大多数论文是单独撰写的(55%)，使得按照国家对论文进行分类更有说服力，而那些合作完成的论文，几乎全部是与来自同一个国家的作者合作发表的(后文将详细讨论)。

该研究方法的相对优势包括它依赖期刊文章，而不是书籍，因为期刊文章被认为能够最好地反映健康社会学的大多数研究(Willis 1991，49)。虽然有人主张在社会学的研究范畴纳入书籍(如 Halpern & Anspach 1993，288)，但必须指出，书籍和期刊是针对不同的受众和目的而写的，因此不能直接比较。该研究方法的第二个优势在于使用手工编码数据，而不是计算机生成的研究数据。依赖于计算机生成的关键词分析的研究(如 Seale 2008)会受到误差的影响，因为论文常常充满了拼写错误(如是 Scrambler 而不是 Scambler)、不准确的来源(如弄错手稿的作者)、缺少引用(这是一个常见的问题)，以及有些参考资料未能包括在内(如书籍、报告、未发表的论文和未编入索引的期刊论文)。相比之下，这项研究使用的方法依赖于对该领域有一定了解的研究人员对每一篇文章进行仔细阅读和系统编码。引文—语境分析方法也比基于评论的分析更为严格，后者包括对著名文本的个体化选择(如 Willis 1982；1991)。最后，本研究采用分析书面手稿证据的替代性方法，克服了与调查问卷参与者声称使用海外期刊、参加会议或当地/全球培训的自我报告有关的问题(如 Connell et al. 2005)。对随机选择的文章再次进行盲编码及在必要时重新构建代码或再次编码直到实现完全可靠性，确保编码的可靠性。使用统计软件 SPSS 来记录和分析数据。本研究没有必要进行伦理审查，但在此特别感谢悉尼大学社会和政治科学学院的财政支持。

二、作者和合作

学术界和知识界人士面向世界的程度，或者说他们与世界的“联系”程度，可以通过各种方式来衡量，包括他们对互联网、电话的使用（如 Connell & Crawford 2007；Connell et al. 2005）。本研究的衡量标准之一是合著论文基于与“国内”或“国外”伙伴合作的程度。

第一项值得注意的研究发现是，来自澳大利亚的单一作者论文比例高于英国和美国。在澳大利亚作者中，68%的论文（或者 366 篇论文中的 250 篇）是单独撰写的，而英国为 49%（或者 251 篇中的 120 篇），美国为 40%（或者 225 篇中的 90 篇）。这种差异在很大程度上反映了澳大利亚社会科学家可获得的资助水平较低，这促使研究者仅依赖少量资源进行小规模研究。在 1990 年至 2011 年间，这三个国家的作者团队都有扩大的趋势（$p=0.001$，具有统计显著性），但在澳大利亚的案例中，从单作者到双作者的转变比例仅为 7%，而拥有三个或更多作者的论文比例没有变化。相比之下，在同一时期，涉及三、四位或更多作者的论文主要来自英国。例如，虽然 20 世纪 90 年代只有 2%的论文是由四个或更多的人撰写的，但在十年后，英国论文的这一比例上升至 19%。同样地，在美国，我们也看到了作者队伍的扩大。由四个或者更多的人所撰写的论文在第二个十年中从 11%上升到了 18%。这表明虽然知识工作者中存在着强烈的个人主义元素，但正如其他研究所发现的那样（Connell & Crawford 2007，199 - 200），更广泛的资助环境中的一些要素似乎正在重塑知识生产实践。这在英国尤为明显，英国健康和医疗赞助商的佣金和资助金的增长似乎正在鼓励更大的协作团队的成长（Collyer 2012，228）。相比之下，在澳大利亚的社会学界，尽管澳大利亚研究理事会（ARC）和大学努力鼓励合作，但多个作者合著仍然不常见。

当社会学家与他人一起发表论文时，他们与谁合作？在多作者的论文中，我们比较了第一作者和第二作者的“专业公民身份”。如表 8 - 2 所述，在澳大利亚的第一作者中，91%的人与其他澳大利亚作者合作，其他的合作伙伴主要来自美国（3%）或英国（3%）。类似的模式也出现在英国，92%的合作发生在“内部”；同样在美国，95%的合作是与其他美国人合作。在第二个十年，澳大利亚和英国的跨国合作略有增加(分别增长了 5%和 7%)，但是在美国却有所下降(下降了 85%)。

在我们的样本中国家间合作很少，这使得我们很难概括澳大利亚人的国际互动，但总的趋势是，与欧洲国家和美国之外的其他国家的合作水平非常低。澳大利亚另一项对知识工作者的研究也发现了同样的趋势：

> 如果我们的受访者曾在国外工作，那几乎总是在英国或美国。访谈中所提到的目前的海外联系通常针对同一个国家。这种“准全球化”模式在澳大利亚的知识型劳动力中很常见，即面向全球宗主国，而非澳大利亚自己的地区或整个全球社会(Connell 2006，9)。

表 8-2 作者和合作者——澳大利亚、英国和美国

第二作者国籍	论文数量					
	第一作者，澳大利亚		第一作者，英国		第一作者，美国	
澳大利亚	106	91%	4	3%	1	1%
非洲国家	—	—	1	1%	—	—
保加利亚	1	1%	—	—	—	—
加拿大	1	1%	1	1%	1	1%
牙买加	—	—	—	—	1	1%
新西兰	1	1%	—	—	—	—
俄罗斯	—	—	—	—	2	2%
瑞典	—	—	2	2%	—	—
英国	4	3%	119	92%	2	2%
美国	3	3%	2	2%	128	95%
总数(n=456)	116	100%	129	100%	135	100%

注：由于四舍五入，百分比加总可能不是 100%。国籍判定是依据第一作者和第二作者所来自的国家。本表只包括两名或两名以上作者的论文(数量为 456 篇)。

三、本地或国际材料的使用

分析的第二部分是研究期刊论文中所引用的参考资料，以作为全球或地方取向的证据。我们考察了所有论文的参考文献中的所有引用。根据本土创作的参考资料所占百分比对每篇文章进行编码，然后将论文重新编码为“低”或“高”两个类别，“高”组别指的是论文所依赖的参考文献主要来自论文发表时（第一）作者工作的国家（50%或更多），而“低”组别论文本土材料使用较少（不到50%），主要依赖于在其他国家创作的材料。

如表8-3所示，每个国家的作者有着明显不同的模式。澳大利亚的作者更倾向于从海外获取参考资料，而来自英国和美国的同行则更多地使用本国的资料。换句话说，只有33%的澳大利亚人是本土出版物的高使用者。相比之下，79%的英国作者和98%的美国作者是本土资料的高使用者。另一种解释这种显著关系的方式是，澳大利亚作者倾向于向外寻求他们的社会学材料，而英国和美国的作者则注重内向性和资料的本土化。

在进行历时分析时，我们明显地看到，在第二个十年，英国和美国的作者开始更多地使用海外资料，而澳大利亚的作者则不明显（具有统计显著性，p=0.000）。澳大利亚作者继续大量使用海外资料，而使用海外资料的美国作者数量在第二个十年小幅增长了4%，英国作者数量则增长了8%。

表8-3　参考资料的使用——国家间的比较

本地或海外资料	澳大利亚		英国		美国	
较少使用本地资料	235	67%	49	21%	5	3%
较多使用本地资料	117	33%	187	79%	199	98%
总数(n=792)	352	100%	236	100%	204	100%

注：由于四舍五入，百分比加总可能不是100%。国籍以第一作者所来自的国家为据。使用皮尔逊卡方来统计其显著性（p=0.000）。这些数字并不包括作者研究的是其他国家而非自己国家的48篇文章，尽管这种去除本身并没有造成统计差异。

四、全球体系中的位置感

分析的第三个方面是考察作者是否表达了他们在全球体系中的位置。该指标衡量的是作者介绍其主题或研究课题或者为其论文构建标题的方式。一些作者对自己所处的位置有一种反思性认知，并且能够立刻明确他们的论文是关于英格兰北部的医院服务或者澳大利亚卧龙岗市残疾儿童所遇到的问题，然而，另外一些作者并没有透露他们的研究位置，也许他们认为这对于读者来说是显而易见的，或者他们的主题具有普遍的相关性。后一类作者的书写如同他们的读者和自己处在同一个房间、同一个国家和同一个时段，而很少考虑一个社会与另一个社会在理解和经验上的诸多差异。

这个变量的结果如表 8－4 所示，我们可以看到澳大利亚的作者和美国作者对于自身位置的反思性认知完全处于不同的水平。在我们的研究中，大多数澳大利亚作者都有着高度反思性(68%)，能明确说明他们的研究地点。我们研究中的大多数英国作者也是如此，这可能是源于他们在欧盟内所处的位置。相比之下，大多数美国作者并没有在语境上来定位他们的研究。

表 8－4 位置感知——作者的反思性

	澳大利亚		英国		美国	
较低的反思性	116	32%	83	33%	143	64%
较高的反思性	250	68%	168	67%	82	36%
总数(n=842)	366	100%	251	100%	225	100%

注：国籍以第一作者来自的国家为据。使用皮尔逊卡方来统计其显著性(p=0.000)。

五、关键文本和引文

我们研究的最后一项措施包括检查澳大利亚、英国、美国作者在该研究领域所引用的主要作者。该指标可以表明，不同国家的社会学家之间可能存在共同的学术文化，以及该系统是可渗透的还是封闭的。结果如表 8－5 所示，第一组纵列显示了澳大利亚学者引用的最受欢迎的作者，以及每个作者通常的工作地点。第二和第三组纵列分别表示英国和美国作者的选择。

有两点值得注意。第一点，在引用当地作者的倾向性方面，澳大利亚作者与英国作者相似，其中被澳大利亚学者引用最多的作者中48%（或10/21）是其他的澳大利亚作者，被英国学者引用最多的作者中52%（或11/21）是其他的英国作者。与之形成鲜明对比的是，100%的美国作家引用其他美国作家的观点，这表明美国学者对参考材料的来源持有非常保守(insular)的倾向。

第二个有意思的发现是澳大利亚作者与他们在美国和英国的同行之间的对比。被引用最多的21位作者在澳大利亚学者与英国学者中有57%（12/21）是相同的，但是其中只有两名是澳大利亚人[勒普顿(Lupton)和特纳(Turner)]。相比之下，美国和英国之间的相同情况就很少，只有19%（4/21）的作者同时出现在两个国家被引用最多的作者名单中。这些数字再次表明英国和美国作者的本土化定位，以及澳大利亚作者的外向型导向。它们还进一步支撑了这样的观点，即中心国家（英国和美国）之间的文化共享程度要高于这些国家与边缘国家（或半边缘国家）之间的文化共享程度，尽管后者显然比前者更加封闭。来自边缘国家的学者只有在欧洲、美国或英国的期刊上发表，或与国际出版商（如赛吉或牛津）合作出版，并积极营销时，他们的作品才可能被核心研究国家的学者所使用（例如，勒普顿）。此外，本土国家内部的高引用率并不能保证得到中心国家学者的认可[如威利斯(Willis)、科利尔(Collyer)、肖特(Short)和怀特(White)]。同时，缺乏国外作者一直是那些中心研究国家（特别是美国）期刊的特点(Arvanitis & Chatelin 1988, 133)。

表8-5 依据第一作者所在国列出的最常被引用作者

在澳大利亚被引用前21的作者		在英国被引用前21的作者		在美国被引用前21的作者	
	工作地点		工作地点		工作地点
埃文·威利斯	澳大利亚	安瑟伦·施特劳斯	美国	大卫·梅凯尼克	美国
黛博拉·勒普顿	澳大利亚	迈克·布雷	英国	凯瑟琳·罗斯	美国
布莱恩·特纳	澳大利亚/英国	安东尼·吉登斯	英国	伦纳德·珀林	美国

（续表）

在澳大利亚被引用前 21 的作者		在英国被引用前 21 的作者		在美国被引用前 21 的作者	
	工作地点		工作地点		工作地点
米歇尔·福柯	法国	加雷斯·威廉姆斯	英国	欧文·高夫曼	美国/加拿大
安东尼·吉登斯	英国	米歇尔·福柯	法国	彼得·康拉德	美国
雷温·康奈尔	澳大利亚	黛博拉·勒普顿	澳大利亚	艾略特·弗雷德森	美国
安瑟伦·施特劳斯	美国	西蒙·威廉姆斯	英国	安瑟伦·施特劳斯	美国
乌尔利希·贝克	德国/英国	布莱恩·特纳	澳大利亚/英国	詹姆斯·豪斯	美国
多萝西·布罗姆	澳大利亚	大卫·阿姆斯特朗	英国	丽莎·伯克曼	美国
弗兰·科利尔	澳大利亚	尼古拉斯·罗斯	英国	亚瑟·克莱曼	美国
欧文·高夫曼	美国/加拿大	艾略特·弗雷德森	美国	布鲁斯·林克	美国
尼古拉斯·罗斯	英国	欧文·高夫曼	美国	约翰·米洛斯基	美国
皮埃尔·布迪厄	法国	米尔德里德·布拉克斯特	英国	佩吉·索茨	美国
艾伦·凯莱赫	澳大利亚/英国	凯西·卡麦兹	美国	路易斯·维尔布鲁格	美国
艾略特·弗雷德森	美国	罗伯特·丁沃尔	英国	布鲁斯·多伦温德	美国
斯蒂芬妮·肖特	澳大利亚	乔纳森·加布	英国	唐纳德·莱特	美国
凯文·怀特	澳大利亚	迈克尔·卡兰	英国	霍华德·韦茨金	美国
艾伦·彼得森	澳大利亚/英国	塔尔克特·帕森斯	美国	南希·克里格	美国
大卫·阿姆斯特朗	英国	皮埃尔·布迪厄	法国	约翰·麦金利	美国
西蒙·威廉姆斯	英国	朱丽叶·卡宾	美国	塔尔克特·帕森斯	美国
迈克·布雷	英国	亚瑟·克莱曼	美国	欧文·左拉	美国

注：排名前 21 的名单是通过记录每篇论文是否引用了该作者的名字来编制的。不关注同一个作者在给定论文中的多次引用。前 21 位作者的“专业公民身份”基于作者在稿件上所提供的国家隶属。工作地点是从类似的来源和机构网站上收集的，以确定最相符合的位置。尽管有些人，比如布雷恩·特纳，不止在一个国家工作了很长时间，因此必须被标注具有多个专业公民身份。其他作者，如约翰·麦金利(J. B. McKinlay)，出生于一个国家(新西兰)，但毕业后主要在另一个国家工作(美国)，因此被认为具有单一专业公民身份。

六、澳大利亚内部的差异

最后一个部分探讨了在英国、美国和澳大利亚之间发现的类似关系模式是否有可能在澳大利亚也如此运作。如果英国和美国是中心国家的代表，而澳大利亚是边缘或半边缘国家，那么依据假设，澳大利亚资源较好、地位较高的老牌大学和资源较少的新大学之间，可能会出现类似的排斥、霸权和占有关系。

出于分析目的，我们依据马金森（Marginson 1990）的类型学对澳大利亚的大学进行分类，此划分是按照机构建立的时间对不同机构进行纵向排序，有意思的是，这与它们的声望和市场力量相吻合。在这个等级结构中占主导地位的是“砂岩”（Sandstones）（如，悉尼大学和墨尔本大学），它们是第一批建立的大学，且在资产和研究收入方面是最富有的（Marginson 1999，18－20）。处于等级结构底层的“新大学”（New Universities）（如，斯威本大学、南十字星大学或西悉尼大学）在争取研究经费方面不太成功，这为多样化的、社会经济背景较差的学生提供了机会，学校通过提供更多的职业课程努力在学术市场上脱颖而出。这些定位上的差异被马金森（Marginson 1999，20）视为事后合理化（post hoc rationalizations）：

> 院校与学生之间的匹配，不是专业课程与特定需求相匹配的生态位函数，而是在一个共有的竞争体系中供求关系的不平等运作函数。垂直分化仍然是主导因素。

我们在上文报告了三个国家在使用本土而非海外参考资料方面的差异，发现中心国家较多地使用自己的本土资料，而澳大利亚则相反，较多地使用海外资料。表8－6将这些国家的差异与澳大利亚大学系统内部的差异进行了比较。这些数据揭示的是，虽然澳大利亚各大学之间并没有出现这种趋势的逆转，但那些最早建立、资源丰富的“砂岩”大学要比“新大学”更有可能模仿中心国家大学的模式，即向内寻求资料，而那些资源相对匮乏的大学则更加注重向外定位，更多地从国外寻找参考资料。

当我们回到测量反思性（在全球体系中的位置感）的变量时，类似的模式也出现了。表8-7的前几列标示了已经讨论过的国家间的比较,其中澳大利亚作者比美国作者更有可能对自己的研究进行定位和语境化。最后两列则说明了澳大利亚大学之间的差异。虽然这并不像中心国与边缘国那样明显,但它们表明,与"新大学"的同行相比,那些在精英大学工作的作者不太可能将自己的研究置于具体的语境中。这表明,来自更强大国家和机构的作者也有类似的倾向,他们对自己在全球体系中的位置并未有过多的反思,因为他们对其他国家的经验和理解中可能存在的差异不那么感兴趣。

表8-6 国家比较:本土参考资料的使用

	英国	美国	澳大利亚	"砂岩"	"新大学"
本土资料的低使用率	21%	3%	67%	63%	72%
本土资料的高使用率	79%	98%	33%	37%	28%
	100%	100%	100%	100%	100%

注:由于四舍五入,百分比加总可能不是100%。对于三个国家之间的比较,样本数量为792。对于澳大利亚大学之间的比较,样本数量为353。百分比表示每个类别中论文的数量,以显示其对本土资料的使用率的高低。例如,我们样本中33%的澳大利亚作者是本土(澳大利亚)资料的高使用者。对澳大利亚大学进行"砂岩"和"新大学"的类别化基于马金森(Marginson 1999)的类型学。

表8-7 反思性:国家与澳大利亚大学的比较

	英国	美国	澳大利亚	"砂岩"	"新大学"
低反思性	33%	64%	32%	36%	28%
高反思性	67%	36%	68%	64%	72%
	100%	100%	100%	100%	100%

注:由于四舍五入,百分比加总可能不是100%。对于澳大利亚大学的比较,样本数量为354;对于三个国家之间的比较,样本数量为792。对澳大利亚大学的分类基于马金森(Marginson 1999)的类型学。

七、讨论与结论

所有的国家间关系在某种意义上都是独一无二的，需要根据具体情况加以考虑。然而，这项来自三个国家的社会学知识生产的研究表明，我们也许可以使用“中心”和“边缘”的概念以及一组依赖性和中心性的经验指标来检验这种关系的本质。本研究揭示了知识生产关系的错综复杂程度，其中的一些关系对于知识生产系统各个部分的学术工作者都产生了明确的影响，而另一些关系则在不同程度地鼓励反思性或倾向性方面更为微妙。

首先，从这些生产关系中最细微的一点来看，我们可以关注中心国家与边缘或半边缘国家之间存在的明显差异。前者以美国和英国为例，后者以澳大利亚为例，本研究通过实证分析证明了知识生产实践中的一些差异是由全球位置造成的。研究也表明中心国家的学者主要依赖本土生产的参考资料，很少吸收“外国”的观点。在其他地方，这被称为低水平的“驯化”(domestication)，换言之，倾向于不去采用其他地方的文本并修改它们以确保与当地的相关性(即驯化它们)(Gareau 1988, 177)。此外，中心国家倾向于限制国家间的合作，与来自中心的其他国家进行“内部”工作，而忽视政府所制定的与发展中国家合作的政策(Arvanitis & Vessuri 2001, 201)。相比之下，边缘国家社会学的特点是面向宗主国定位、对“中心”国家参考资料强烈依赖，并且正如其他地方所论述的那样，倾向于将本土资料视为薄弱且不重要的(Arvanitis & Chatelin 1988, 113)。这种对“中心”国家的概念、理论和出版物的依赖，一直是新加坡的阿拉塔斯(Alatas 2006, 15)、非洲的萨尔(Sall 2010, 45)，以及澳大利亚的康奈尔和其同事(Connell et al. 2005,17)所观察到的。

> 澳大利亚的知识工作者非常认真地保持他们的国际联系，因为他们需要这样做。当被问及“为了跟上我所在领域的发展，必须阅读在国外出版的书籍和期刊”时，75%的受访者表示认同。也许最重要的问题是人们会在何处寻找创新。当被问及“当你在寻找新想法或新方法时，你最可能注意哪个国家”时，只有27%的受访者表示澳大利亚或新西兰，近两倍的受访者(48%)表示会关注北美，16%的受访者提及欧洲国家(包括英国)，

很少有人提到其他地方。作为一个群体，我们的受访者似乎都承认文化依赖的现实(Connell et al. 2005,17)。

该研究还表明，英国和美国这两个中心国家在其作者的知识实践上存在少量不太明显的差异。虽然两国在对非中心国家的参考资料缺乏兴趣这一点上几乎没有区别，但它们的反思性水平并不相同，因为来自英国的作者比来自美国的作者更有可能将他们的研究置于语境之中。同样，英国的学者也接触到更广泛的参考资料，特别是来自欧洲和美国的资料。这些研究结果表明，中心—边缘关系的未来研究应该对国家的分类采取谨慎的态度，要考虑到类别内部和类别之间的差异。

这项针对三个国家的健康社会学研究并非旨在揭示边缘或半边缘国家之间的差异，也不是为了确定适合澳大利亚学术工作者的全球类别。尽管如此，我们还是需要对这一地区的知识生产发表一两点评论，因为从文献中可以明显看出，经常被置于边缘或半边缘的国家之间存在着一些非常重要的差异。例如，在新加坡，除了西方国家文本之外，几乎没有其他文本被研究，本地资料仅用作经验材料来证明西方概念和理论框架的相关性(Alatas 2006,15)，与之相比，澳大利亚一直在发展自己的学者和关于健康和医学社会学的观点。从这个意义上说，澳大利亚可能会被恰当地归类为世界体系中的中间位置。然而，与此同时，对于边缘性的测量必须考虑到澳大利亚社会学家所面临的问题，这些问题是澳大利亚的文化与宗主国的文化非常相似造成的，因而很难说清楚习惯、态度、实践和结构上的细微变化。洛布塞尔(Loubser 1988,184)就加拿大提出了类似的观点，朗格也观察到西方国家的社会学不是同源的，而是分散在许多文化依赖的群体中，而且：

社会学中的社会文化依赖不仅存在于西方国家和第三世界之间，也存在于西方体系之内。在这儿，依赖甚至可能会更强，因为相对于当今或多或少较为普遍的现代性“语法”而言，参与其中的社会更加同源，但仍然没有同样的机会……依赖“老大哥”的倾向很强烈，也因为它们看起来如此相似……(因此)国家环境不再会产生对生活的其他可能解读(Loubser 1992，5)。

因此，澳大利亚的学者在整个世界体系中处于独特的位置，虽然他们很少与自己地区的学者交往，但是他们阅读和引用了宗主国的知识生产。他们仍然积极地参与西方学术作品的本土化生产，并颂扬自己的本土理论家。

最后，这项关于社会学知识生产的研究给澳大利亚内部带来了一些变化。资源充足和资源贫乏的澳大利亚大学间的国内关系显示出一些依赖性的特征，与"中心"国家的工作者一样，那些澳大利亚精英大学的工作者更多地依赖当地资料，而不像那些在名气较小、资源匮乏的机构工作的同行那样具有反思性。这种国内模式可能被视为对精英大学的当地学者和知识产品更有信心的证据，或者由于非精英大学的工作者面临更大的压力，他们不得不在出版和资助等竞争激烈的领域转向全球宗主国。对这些倾向不太正面的解释认为，前一组大学机构鼓励采用一种更加保守的办法来对待知识生产和全球化背景。

得出关于中心和边缘的知识生产之间差异的结论后，我们可能在同一组备选方案之间进行选择。在一些情况下，对本土资料的高度依赖可能是一种强有力的内部知识文化的标志，在这种文化中，概念和理论是丰富的、相关的、有用的，并且比外来的资料更加合适。在另一些情况下，这可能是与世界其他地方隔离的迹象，在这里，学者们认为没有理由去研究他人的想法或概念。如果不进一步审视社会学家的工作环境和全球系统的运作，就无法在这些可能的结论之间做出选择。当然，这项研究的发现只是对社会学家世界的局部一瞥。所有社会都需要一个充满活力的、地方性的社会学来确保记录和分析相关的事件和历史，但也需要一种相互的、全球性的思想交流和参与性的理论建构形式。只有这样，在特定文化背景下的概念和框架才不会表现得具有普适性。这项研究的价值可能在于，它表明了欧洲殖民主义和移民两个世纪以来建立的国际宗主国—边缘关系在多大程度上继续主导着澳大利亚和其他地方的社会学知识生产。

参考文献

Akiwowo，A.（1988）'Universalism and Indigenisation in Sociological Theory'，*International Sociology* 3(2)：155－160.

Alatas，S.F.（2003）'Academic Dependency and the Global Division of Labour in the Social

Sciences', *Current Sociology* 51(6): 599 - 613.

Alatas, S. F. (2006) *Alternative Discourses in Asian Social Science*. London: Sage.

Alexander, M. (1989) 'Conservatism, Counterrevolution, and Semiperipheral Politics: Australia and Argentina in the Interwar Period', *Review* 12(2): 299 - 333.

Arrighi, G. (1990) 'The Developmentalist Illusion: A Reconceptualisation of the Semiperiphery', pp. 11 - 42 in W. G. Martin (ed.) *Semiperipheral States in the World Economy*. Westport, CT: Greenwood Press.

Arrighi, G. (1998) 'Capitalism and the Modern World System: Rethinking the Non-debates of the 1970s', *Fernand Braudel Center Review* 21(1): 113 - 129.

Arrighi, G. and J. Drangel (1986) 'The Stratification of the World Economy: An Exploration of the Semiperipheral Zone', *Fernand Braudel Center Review* 10(1): 9 - 74.

Arvanitis, R. and Y. Chatelin (1988) 'National Scientific Strategies in Tropical Soil Sciences', *Social Studies of Science* 18: 113 - 146.

Arvanitis, R. and H. Vessuri (2001) 'Cooperation Between France and Venezuela in the Field of Catalysis', *International Social Science Journal* 53(168): 201 - 217.

Arvanitis, R., R. Waast and J. Gaillard (2000) 'Science in Africa: A Bibliometric Panorama Using PASCAL Database', *Scientometrics* 47(3): 457 - 473.

Baldock, C. (1994) 'Sociology in Australia and New Zealand', pp. 587 - 622 in R. Mohan and A. Wilke (eds) *International Handbook of Contemporary Developments in Sociology*. Westport, CT: Greenwood Press.

Chatelin, Y. and R. Arvanitis (1992) 'Representing Scientific Activity by Structural Indicators: The Case of Côte d'Ivoire 1884 - 1968', *Scientometrics* 23(1): 235 - 247.

Collyer, F. M. (2009) 'Work Environments: Their Impact on Theorising in the Sociology of Health, Illness and Medicine', paper presented at the Australian Sociological Association national conference, 'The Future of Sociology', Australian National University, Canberra, 1 - 4 December. Refereed proceedings available at: http: //www. tasa. org. au/tasa-members/conference-proceedings/

Collyer, F. M. (2011) 'The Sociology of Health and Medicine in Australia', Politica y Sociedad 48(2): 101 - 118.

Collyer, F. M. (2012) Mapping the Sociology of Health and Medicine: America, Britain and

Australia Compared. Houndmills: Palgrave Macmillan.

Connell, R. W. (2005) 'Australia and World Sociology', pp. 3 - 27 in J. Germov and T. McGee (eds) *Histories of Australian Sociology*. Carlton, Vic. : Melbourne University Press.

Connell, R. W. (2006) 'Core Activity', *Journal of Sociology* 42(1): 5 - 23.

Connell, R. W. (2007a) 'The Northern Theory of Globalisation', *Sociological Theory* 25(4): 368 - 385.

Connell, R. W. (2007b) *Southern Theory*. Crows Nest: Allen and Unwin.

Connell, R. W. and J. Crawford (2007) 'Mapping the Intellectual Labour Process', *Journal of Sociology* 43(2): 187 - 205.

Connell, R. W. and J. Wood (2002) 'Globalisation and Scientific Labour', *Journal of Sociology* 38(2): 167 - 190.

Connell, R. W., J. Wood and J. Crawford (2005) 'The Global Connections of Intellectual Workers', *International Sociology* 20(1): 5 - 26.

Descarries, F. (2003) 'The Hegemony of the English Language in the Academy: The Damaging Impact of the Sociocultural and Linguistic Barriers on the Development of Feminist Sociological Knowledge, Theories and Strategies', *Current Sociology* 51(6): 625 - 636.

Gareau, F. (1988) 'Another Type of Third World Dependency', *International Sociology* 3(2): 171 - 178.

Halpern, S. and R. Anspach (1993) 'The Study of Medical Institutions', *Work and Occupations* 20(3): 279 - 295.

Hountondji, P. (1983) *African Philosophy: Myth and Reality*. London: Hutchinson.

Hountondji, P. (1990) 'Scientific Dependence in Africa Today', *Research in African Literatures* 21(3): 5 - 15.

Hountondji, P. (2002) 'Knowledge Appropriation in a Post-colonial Context', in C. Hoppers (ed.) *Indigenous Knowledge and the Integration of Knowledge Systems*. Claremont: New Africa Books.

Keim, W. (2011) 'Counterhegemonic Currents and the Internationalisation of Sociology: Theoretical Reflections and an Empirical Example', *International Sociology* 26 (1): 123 - 145.

Krishna, V. and U. Krishna (2010) 'Social Sciences in South Asia', pp. 77 - 81, in

International Social Science Council and UNESCO, *World Science Report*: *Knowledge Divides*. Paris: UNESCO Publishing.

Langer, J. (1992) 'Emergence of Sociology', pp. 1 - 18 in J. Langer (ed.) *Emerging Sociology*. Aldershot: Avebury.

Loubser, J. (1988) 'The Need for the Indigenisation of the Social Sciences', *International Sociology* 3(2): 179 - 187.

Macintyre, S. (2010) *The Poor Relation*: *A History of Social Sciences in Australia*. Carlton, Vic.: Melbourne University Press.

Marginson, S. (1999) 'Diversity and Convergence in Australian Higher Education', *Australian Universities' Review* 42(1): 12 - 23.

Mouton, J. (2010) 'The State of Social Science in Sub-Saharan Africa', pp. 63 - 67 in International Social Science Council and UNESCO, *World Science Report*: *Knowledge Divides*. Paris: UNESCO Publishing.

Nandy, A. (1983) *The Intimate Enemy*: *Loss and Recovery of Self Under Colonialism*. New Delhi: Oxford University Press.

Ping, H. (2010) 'The Status of the Social Sciences in China', pp. 73 - 76 in International Social Science Council and UNESCO, *World Science Report*: *Knowledge Divides*. Paris: UNESCO Publishing.

Sall, E. (2010) 'Council for the Development of Social Science in Africa (CODESRIA)', pp. 44 - 47 in International Social Science Council and UNESCO, *World Science Report*: *Knowledge Divides*. Paris: UNESCO Publishing.

Sanda, A. (1988) 'In Defence of Indigenisation in Sociological Theories', *International Sociology* 3(2): 189 - 199.

Seale, C. (2008) 'Mapping the Field of Medical Sociology', *Sociology of Health and Illness* 30 (5): 677 - 695.

Skocpol, T. (1977) 'Wallerstein's World Capitalist System: A Theoretical and Historical Critique', *American Journal of Sociology* 82(5): 1075 - 1090.

Sklair, L. (1995) *Sociology of the Global System*. Baltimore, MD: Johns Hopkins University Press.

Sklair, L. (2001) *The Transnational Capitalist Class*. Malden, MA: Blackwell.

Taylor，P. J.（1985）*Political Geography：World Economy，Nation-State and Locality*. London：Longman.

Taylor，P. J.（1988）'Alternative Geography：A Supportive Note on Arrighi and Drangel'，*Fernand Braudel Center Review* 11(4)：569－579.

Tsokhas，K.（1992）'Protection，Imperial Preference，and Australian Conservative Politics，1923－1939'，*Journal of Imperial and Commonwealth History* 20(1)：65－87.

Tsokhas，K.（1996）'War，Industrialisation，and State Intervention in the Semiperiphery'，*Review* 19(2)：197－223.

Wallerstein，I.（1974）*The Modern World System*. New York：Academic Press.

Wallerstein，I.（1979）*The Capitalist World Economy*. Cambridge：Cambridge University Press.

Willis，E.（1982）'Research and Teaching in the Sociology of Health and Illness in Australia and New Zealand'，*Community Health Studies* 6(2)：144－153.

Willis，E.（1991）'The Sociology of Health and Illness in Australia'，*Annual Review of Health Social Science* 1：46－153.

Willis，E. and A. Broom（2004）'State of the Art'，*Health Sociology Review* 13(2)：122－144.

综　论

中心—边缘结构:社会科学研究的一个总体性视角

张　桐

一、导言

1.1　研究背景

工业社会"可以说在任何一个方面都表现为'中心—边缘'结构"①。作为一种分析视角,"中心—边缘"结构在诸如世界体系、经济学和组织研究等"众多领域已经相当普遍"②。塞尔维亚贝尔格莱德艺术大学的密斯科·苏瓦科维奇(Miško Šuvaković)更是用"中心"与"边缘"等语词表达了他对当前社会的深刻认识与担忧:

> 今天的社会不是19世纪和20世纪初的阶级斗争,也不是20世纪中叶的东西方竞争,而是中心与边缘的冲突,这种冲突存在于一个社会或地区,在文化中,也在公共、私人的交往中,在全球政治中,也在全球和区域经济中,在我们日常的权力分配中,也在价值的输出、交换和消费中。

① 张康之.关注"中心—边缘"结构,发展"积极的政治学".中国社会科学报,2010年10月7日.

② Stephen P. Borgatti & Martin G. Everett. "Models of core/periphery structures". *Social Networks*. 1999, 21(4). 375－395.

> 这种冲突的效果表现为个人层面的或全球化了的“中心”与“边缘”间的差异。在种族、民族、性别、经济、政治层面的每个社会都通过中心与边缘被塑造或重塑;而在全球层面,社会则通过中心—边缘的斗争被制度化或重新制度化。这种中心—边缘既可以是实际存在的中心与边缘,也可以是中心与其假想的边缘。私人生活与公共生活、艺术(精神价值的产出)与物质价值的产出、生与死、苦与乐、占有与给予等等都深处斗争的漩涡之中。[①]

这些触发式观点为我们认识社会提供了一种可能的新视角,然而,这样的论断缺少足够的证据。我们发现,这些证据散落在学术界的各个领域,没有得到收集与整理。在工业社会,我们看到,世界体系内的国际关系是“中心—边缘”的,一国内的区域发展与布局也是“中心—边缘”的;组织与管理中存在“中心—边缘”结构,社会交往里也存在“中心—边缘”结构;甚至“中心—边缘”以一种思维或心智模式更深层地存在于文化传播、语言表达和哲学思索中。从研究领域看,在国际关系、区域经济、城市规划、组织与管理、社会网络分析、复杂系统与复杂网络研究、文化与文学研究,以及哲学等众多领域中,学者们都在不同程度地使用“中心—边缘”的结构或分析视角。我们完全可以列举出一长串使用“中心—边缘”结构或语词的学者来,这其中不乏享誉世界的知名学人,例如萨米尔·阿明(Samir Amin,依附论代表人之一)、约翰·加尔通(Johan Galtung,现代和平研究开创者之一)、伊曼纽尔·沃勒斯坦(Immanuel Wallerstein,世界体系论代表人物)、保罗·克鲁格曼(Paul Krugman,诺贝尔经济学奖得主),以及查尔斯·汉迪(Charles Handy,现代管理哲学之父)。然而,遗憾的是,相关讨论都只局限在各个领域内部,我们也看不到将不同领域的“中心—边缘”结构加以综合并提升到工业社会之总体层面的明确迹象,这就阻碍了我们对“中心—边缘”视角的进一步探讨和应用,阻碍了我们透过

① Miško Šuvakovć. “The transgressive policy of parasitism”. http://www.parasite-pogacar.si/theorymisko.htm. 2012年10月2日访问。当然,我们将在后文指出,工业社会“中心—边缘”结构所包含的是一种全面的斗争,不仅存在于中心—边缘间,还存在于中心之间和边缘之间。这种情境也不仅出现在当前社会,更可以将其看作工业社会的一种总体性状况。

另一种可能的视角去认识和理解工业社会。

同时，从宏观的历史叙事来看，在工业社会向后工业社会转型的历史时期，社会在多方面呈现出了“去中心化”的趋势。[①] 例如，旧式的那种稳固的“中心—边缘”国际关系出现了某种松动；区域规划与发展也呈现出了某种中心衰落、功能分散、多中心崛起甚至一体化的现象。另外，探讨这一结构的学者们致力于指明并且论证这种弱化趋势。例如，在区域经济发展与城市规划方面，约翰·弗里德曼(John Friedmann)的四阶段论就认为最初那种区域内的“不均衡、不平等”将最终演变为“功能各异的城市集成系统”；社会交往研究者也越来越重视边缘行动者的创造力及其对整个交往网络的重要性；管理与组织理论、文化人类学、人类中心主义等思想与理论在过去的发展演变过程中也都呈现出了某种去中心化的趋势。这些具体领域的“中心—边缘”结构的演变为我们探讨工业社会总体性的“中心—边缘”结构的发展带来什么样的启示？对于我们理解社会治理又有怎样的启示？

1.2　问题的提出

既然“中心—边缘”结构在现实中广泛存在，在众多研究领域也得到了不同程度的探讨和应用，那么，什么是“中心—边缘”结构？各领域的研究者是在什么意义上使用“中心—边缘”这一结构或语词的？他们之间有什么共性？能否从中抽象出一个较为统一的“中心—边缘”结构或视角？换句话说，我们能否像那些触发式论断表明的那样，将“中心—边缘”结构从众多杂乱的领域中抽身出来，并提升到一种总体性的视角，为我们观察和解读工业社会提供另一种可能？

显然，由此我们可以延伸出更多的问题。换言之，如果我们相信“中心—边缘”结构是我们认识和理解工业社会的另一个可能的视角，那么对这一视角的建构显然包含相当多的问题，例如，它的生成、巩固，以及未来的消解，中心与边缘的互动、斗争和位移，“中心—边缘”结构的优劣，“去中心化”的趋势，如何打破“中心—边缘”结构，以及对未来社会治理的建构等。当然，探讨这些重大问题的首要任务就是回答“什么是‘中心—边缘’结构”。细致地来看，这个基础性的问题又可细化为

---

① 张康之. 论社会及组织结构的“非中心化”. 江海学刊. 2008(1). 87－93.

许多小问题，例如什么是“中心”，什么是“边缘”，“中心”何以成为“中心”，“边缘”又何以成为“边缘”，它们在哪个或哪些方面处于优势/劣势，这一结构在工业社会以哪些形式表现出来，以及它对社会治理有着怎样的启示意义等。

1.3 研究意义

首先，准确地说，工业社会的“中心—边缘”结构这一启示性论断的论据并不缺乏。相反，这些论据在各个领域都广泛存在，缺少的只是对这些证据的搜集与整理。因此，为工业社会总体上是“中心—边缘”结构这一论断补充证据，是本研究的第一项任务，也是第一个意义所在。

其次，在时间维度上，“中心—边缘”结构的演变，尤其是这一结构在未来表现出“去中心化趋势”的论断，同样需要论据补充。诸如弗里德曼的四阶段论将成为我们论证工业社会“中心—边缘”结构在未来消解的重要依据。另外，认识“中心—边缘”结构在具体领域的发展变化对于我们从总体上把握工业社会“中心—边缘”结构的演变趋势，探索以下问题都有着重要的启示意义：“中心—边缘”结构是如何生成和扩展的？在去中心化的趋势面前又是如何巩固自我的？消解这一结构的可能战略是什么？

再次，正如我们在前面指出的那样，要试图建构“中心—边缘”这一新的观察视角，首先需要将“中心—边缘”这一总体性结构从纷繁复杂的领域中抽身出来，如果可以，这种做法必将为总体性的“中心—边缘”结构研究提供基础，为学者们突破学科限制“关注‘中心—边缘’结构”[①]提供一个重要基点。

最后，需要提及的是，正如我们在这篇文章中所做的努力一样，打破“中心—边缘”结构的任务之一就是打破学科之间传统的隔阂，消除学科之间“中心—边缘”式的不平等状况，通向学科之间真正的合作之路，这也是我们走向普遍合作的历史进程的任务之一。

---

① 张康之. 关注“中心—边缘”结构，发展“积极的政治学”. 中国社会科学报，2010年10月7日.

1.4 研究思路与框架

1.4.1 研究思路

本研究通过检索、阅读和整理使用“中心—边缘”结构或语词的相关文献，(1)探讨不同学者分别在什么意义上界定和使用“中心—边缘”视角，包括“中心”与“边缘”的概念和特征、二者的关系、结构特征，以及这一结构的发展演变等问题；(2)尝试将这一结构进行拓展，即透过“中心—边缘”视角审视一些现象，分析一些问题；(3) 在此基础上尝试从各个分散的领域中综合形成某种共性的总体性的“中心—边缘”结构；(4) 并探讨其对社会治理的启示。

1.4.2 领域划分

本书探讨了“中心—边缘”结构在各领域的研究状况，包括全球范围、区域发展、网络研究、组织与管理，以及文化与哲学。这五个研究领域的划分显然基于工业社会的专业化分工之要求，这种割裂不仅反映在现实世界，而且反映在对现实的认知方面(例如学术研究)。我们将看到，在“中心—边缘”结构的讨论中，学者们通常只在自己的领域相互交流，而很少提及其他领域的研究状况。全球范围内的“中心—边缘”探讨主要集中在对国际关系或国际政治的分析，在这一部分，我们还将一国内部的“中心—边缘”讨论纳入其中。这是因为，一方面，它们都侧重政治层面的分析；另一方面，我们会看到，国际关系与国内的“中心—边缘”结构紧密关联。区域发展领域的“中心—边缘”结构也包括两部分：区域经济和城市规划。尽管二者存在诸多区别，但它们却有着相似的思想渊源，并且在“中心—边缘”研究方面相互借鉴。网络层面的“中心—边缘”研究涉及社会网络研究和复杂系统与复杂网络研究。社会网络分析法发展得较早也较为完备，但在一定意义上，又被纳入复杂系统研究，成为它的一个重要分支。在组织与管理方面，“中心—边缘”研究应该说还处在初级阶段，重要的论述有张康之教授等对官僚制组织形式之“中心—边缘”的分析和汉迪等对企业组织中弹性人力资源之“中心—边缘”的设计。文化与哲学层面的“中心—边缘”探讨则更加少见，这里主要讨论了人类中心主义、文化人类学，以及解构主义哲学等内容。

1.4.3 领域排序

对这五个领域的排序主要基于以下几点：

首先，它们对“中心—边缘”结构的分析与讨论的系统程度逐次降低：全球范围、区域发展、网络分析、组织与管理、文化与哲学。国际关系研究中的“中心—边缘”视角已经成为这一领域中相当重要的一支，普雷维什等拉美发展主义学者、依附论者和世界体系论者都广泛应用了“中心—边缘”这一结构。加尔通的帝国主义结构化理论则完全以此结构作为自己的分析框架，为我们建立了一个重要的“中心—边缘”结构模式。尽管这一支在国际关系研究领域还算不上“主流”或者“正统”，但从另一个角度来看，这正是我们尝试建立“中心—边缘”结构视角的目标之一，即把它系统化和普遍化。尽管国际关系研究的这一支备受批评，但它从独特视角所观察到的独特景象已得到广泛认可。同样地，尽管“中心—边缘”视角，正如所有其他视角一样，无法给我们提供关于工业社会的所有认识，但这一可能性的替代视角显然可以让我们观察到工业社会的某种独特景象。虽然区域发展和网络分析方面的“中心—边缘”研究没有上一个层面那样完备和广泛，但至少弗里德曼和克鲁格曼等区域发展研究者及史蒂芬·博加提(Stephen Borgatti)和马丁·埃弗里特(Martin Everett)等网络分析者都明确界定和应用了“中心—边缘”结构，换句话说，在他们那里，“中心—边缘”都可以称得上是一种模型了。相比，组织与管理和文化与哲学方面的“中心—边缘”就不具备这样的特征了，这些领域的“中心—边缘”研究尚处在初级阶段，亟待进一步的发展。

其次，在时间上，前三个领域之间存在着某种继承与批判式发展的关系。前两个领域(全球范围和区域发展)的“中心—边缘”研究更多属于启示性探讨，缺乏实证主义的要素，这也是它们备受批评的原因之一；而网络分析则在定量研究方面胜过其他领域。显然，它们受到了早期定性研究成果的启示，这一旗帜下的学者们除了在更广泛的领域探讨“中心”与“边缘”，还力图用定量方法证实或证伪早期研究者的启发式结论。另外，我们将看到，第三个领域，尤其是复杂系统和复杂网络研究的兴起，还反映了工业社会向后工业社会过渡的某些特征。

最后，正如我们指出的，初步尝试应用“中心—边缘”视角也是本研究的内容之一。这种尝试在后两个领域(组织与管理、文化与哲学)表现得更为明显。需要说明的是，尽管目前"中心—边缘"分析在这两个领域不多见，但这并不意味着"中心—边缘"结构在这些领域不明显。我们指出，组织与管理中的"中心—边缘"结构是一种无形的存在，它将人们以这种方式组织起来，并以此塑造着人们的行为与思维。文化与哲学中的"中心—边缘"结构更是如此，它反映了人们大脑深处的一种"中心—边缘"式的认知模式。本文尝试在这些领域，以"中心—边缘"结构为视角，观察和解析诸如官僚制组织及其圈层扩展、组织与管理理论的发展、人类中心主义自身的演变及其向"人—人""中心—边缘"的扩展，以及文化人类学在思想和研究方法方面的演变等问题。

二、全球范围内的"中心—边缘"

关于国际关系层面的"中心—边缘"研究，学者们通常追溯到劳尔·普雷维什(Raul Prebisch)并给予其高度评价。① 抛开他的论述为边缘国家的发展带来的理论、实践，以及意识形态意义，也无论他的论述遭到何种批评，仅就"中心—边缘"这一分析框架来看，他的启示意义就相当深远。这一视角被众多后来的学者继承并发展，一国内部的不平等问题也被纳入这一框架得以解释。加尔通为这一框架所做的系统化努力显得十分重要，他对"中心—边缘"结构颇为系统的特征描述成为我们建构这一视角的重要基点，更重要的是，他对"结构"的特殊强调启示我们，工业社会的"中心—边缘"结构绝不仅仅是"不平等"所能概括的，这其中包含着重要的"结构力量"。然而，从影响力上来说，他们或许都抵不过以沃勒斯坦为代表的世界体系论者。我们大概可以说，世界体系论者以"中心—边缘"框架为依托对资本

---

① 据考，早在普雷维什之前的1928年，德国经济学家魏尔纳·桑巴特在《现代资本主义》一书中首次提到"中心"和"外围"的概念，其后一些学者也不同程度地使用了这一结构术语，但是他们只提及这一结构的一些基本方面，而没有从理论高度系统地阐释它。参见江时学.拉美发展模式研究.北京：经济管理出版社.1996.P37。另外，关于思想渊源的考究，需要特别指出的是，马克思、恩格斯关于工业生产和农业生产的国际分工的表述被一些学者看作"中心—边缘"视角的思想渊源，参见郭寿玉.资本主义南北经济关系新论——马克思主义中心外围论.北京：首都师范大学出版社.1993.P1.但是这种做法是有待商榷的。更准确地说，马克思、恩格斯等人的相关表述和我们在这里谈论的工业社会"中心—边缘"结构是完全不同的。正如普雷维什所指出的，尽管马克思主义的分析方法可能有助于我们看待这类问题，但是关于外围资本主义的矛盾及其与中心区的关系等问题根本就没有进入马克思等人的脑际，也不可能进入他的脑际。参见[阿根廷] 劳尔·普雷维什著.苏振兴、袁兴昌译.外围资本主义：危机与再造.北京：商务印书馆.1990.P16.

主义世界体系的细致分析与批判让"中心—边缘"这一结构语词声名远扬。

2.1　普雷维什的启示:"中心—边缘"分析框架的创立

作为一位身处国际体系外围——拉丁美洲的经济学家和实践者,普雷维什深刻感受到了国际贸易体系的不平等,为传统的经济学理论(由中心区提出、为中心区服务)无法解释和改善这种不平等而深感困惑①,并于1949年向联合国拉丁美洲和加勒比经济委员会提交报告②,正式阐述了他的"中心—边缘(外围)"理论。③在此后的时间里,普雷维什围绕着"中心—边缘"的结构视角不断扩充了他的发展理论。他指出,一些发达的资本主义国家是生产和出口工业制成品的"中心",而欠发达的为中心提供诸如"粮食和原材料"等初级产品的国家则构成了"外围"。这种生产和进出口的不同导致了商品市场、就业机会和机械化水平的不同,最终形成了不同的劳动生产率和工资支付水平④,加之边缘区初级产品的贸易条件不断恶化(原因包括技术进步及其传播机制、初级产品和工业制成品的需求弹性不同⑤、工会组织等因素导致对贸易周期的不同反应⑥,以及新中心——美国的贸易保护政策⑦),中心与边缘的差距将进一步拉大。中心与边缘是一种霸权与依附的关系:中心的资本主义是"统治性的",是为了"利用外围",而不是"发展外围"。⑧ 虽然中心的霸权形式在不断变化,但通常与中心的技术、经济和军事优势相联系。边缘处

---

① [阿根廷] 劳尔·普雷维什著.苏振兴、袁兴昌译.外围资本主义:危机与再造.北京:商务印书馆.1990.P22.

② Raúl Prebisch. "The economic development of Latin America and its principal problems." *Economic Bulletin for Latin America*. 1962, 7(1).

③ 据考,普雷维什最早在1944年的大学课堂上提出"中心—外围"的概念。参见董国辉、劳尔·普雷维什经济思想研究.天津:南开大学出版社.2003.P21,48.

④ [墨] 帕索斯.余幼宁译.R.普雷维什与拉丁美洲的经济发展.国外社会科学.1982(1).65-66,79.

⑤ R. Prebisch. "Commercial policy in the underdeveloped countries." *American Economic Review*, 1959, 49. P261.

⑥ R. Prebisch. "The economic development of Latin America and its principal problems." *Economic Bulletin for Latin America*. 1962, 7(1). P6.

⑦ R. Prebisch. "Commercial policy in the underdeveloped countries." *American Economic Review*, 1959, 49. P267.

⑧ [阿根廷] 劳尔·普雷维什著.苏振兴、袁兴昌译.外围资本主义:危机与再造.北京:商务印书馆.1990.P9.

在中心的“霸权和市场规律统治下”[①]，在技术、消费形式、文化、制度、思想和意识形态等方面表现出依附性。[②] 边缘如果不服从，就会招致“惩罚”甚至“武力”制裁。[③] 在时间维度上，普雷维什将这种“中心—边缘”体系的形成定位在18世纪的英国工业革命，并坚称这一“中心—边缘”格局在19世纪和20世纪发挥了重要作用。就此，普雷维什提出包括“进口替代论”“体制改造论”在内的诸多政策建议，希望边缘区寻求自身发展的动力，以打破旧的格局。尽管普雷维什后来不断调整和充实自己的理论，但始终都围绕着“中心—边缘”结构进行。[④]

无论他的理论（如贸易条件恶化论）还是政策建议（如进口替代理论），都遭受了相当多的质疑和批判。然而，首先，他的发展主义理论确实在一段时间内对拉丁美洲乃至其他大洲的某些发展中国家，或者更确切地说，对国际贸易体系里的边缘国家产生了深远的影响。[⑤] 其次，相比其理论给边缘国家带来的经济效益，也许其理论的政治意涵更加重要，即他为某些发展中国家争取打破现有格局，建立国际新秩序提供了重要的思想武器。他所提出的“中心—边缘”结构意在警醒边缘区的理论家和实践家，在理论上不要迷信中心区提出的正统经济学理论，而要发展自己的理论[⑥]；在实践中也不要信奉中心资本主义的神话而妄加模仿，否则中心区的理论和政策向边缘的扩散将最终导致文化、制度、思想和意识形态的全面渗透和压制。[⑦] 因此，他的“中心—边缘”结构，在政治的意义上，是在宣扬“民族自主、自立

---

① ［阿根廷］劳尔·普雷维什著.苏振兴、袁兴昌译.外围资本主义：危机与再造.北京：商务印书馆.1990.P23.

② ［阿根廷］劳尔·普雷维什著.苏振兴、袁兴昌译.外围资本主义：危机与再造.北京：商务印书馆.1990.P29.

③ ［阿根廷］劳尔·普雷维什著.苏振兴、袁兴昌译.外围资本主义：危机与再造.北京：商务印书馆.1990.P172.

④ 普雷维什坦言，他从没有放弃“最初的理论革新思想所赖以形成的中心—外围概念”，即使国际形势在二十世纪七八十年代发生了重大变化，“这个概念继续有效”。参见［阿根廷］劳尔·普雷维什著；苏振兴、袁兴昌译.外围资本主义：危机与再造.北京：商务印书馆.1990.P26.

⑤ 相关讨论可参见董国辉.劳尔·普雷维什经济思想研究.天津：南开大学出版社.2003.P122-145，162-174.

⑥ ［阿根廷］劳尔·普雷维什著.苏振兴、袁兴昌译.外围资本主义：危机与再造.北京：商务印书馆.1990.P28.

⑦ ［阿根廷］劳尔·普雷维什著.苏振兴、袁兴昌译.外围资本主义：危机与再造.北京：商务印书馆.1990.P28-29.

和自强的精神"[①]。普雷维什在回应一些批评时,尤其是来自西方正统经济学家的批评时,也指出,他们的批评出于维持现存世界格局和中心利益的企图。[②]

2.2　继承与发展:"中心—边缘"模式的扩散

普雷维什的"中心—边缘"结构得到了广泛认可,并被众多学者沿用,尽管其所指的内容因人而异。与主流经济学派分庭抗礼的激进派学者们就沿用了这一概念来表述中心国家与边缘国家的不平等,指出边缘区不发达的根源在于中心—边缘间的"不平等交换及其价值转移"[③]。这其中影响最大的当属二十世纪六十年代兴起的"依附论"[④]学派[以安德烈·贡德·弗兰克(Andre Gunder Frank)、特奥托尼奥·多斯·桑托斯(T. Dos Santos)、阿明等人为代表],尽管依附论学者们在理论、方法和政策等方面都存在差异,尽管他们是作为普雷维什的发展主义的"对立面"出现的[⑤],但是他们使用和采纳了普雷维什的"中心—边缘"分析视角,也着重探讨中心与边缘间统治与依附的不平等关系。以此为基础,依附论者形成了一些与普雷维什的结论相似的结论(尽管在论证和对策建议上有区别)。他们认为,边缘区的不发达不是发达资本主义的前期状态,相反,恰是中心资本主义发展的结果。如果不做改变而模仿西方的发展道路,边缘区不可能像西方正统经济学预言的那样走向发达,而只能在中心的支配下谋求极其有限的发展,其发展的大部分成果又被中心区攫取。同时,依附论者也强调,现代化理论是"西方中心主义"的理论,不适用于边缘国家。[⑥] 到了弗兰克,依附理论作为一个整体被确定了下来。弗兰克形象地指出,如果在某个地点和时间点为这个世界拍一张照,它所呈现出的就

---

① 曾昭耀. 关于进口替代工业化战略的再思考. 拉丁美洲研究. 1996(6). 1-9.

② [阿根廷] 劳尔·普雷维什著. 苏振兴、袁兴昌译. 外围资本主义:危机与再造. 北京:商务印书馆. 1990. P190.

③ 乔依德. 试评发展经济学中的激进派观点. 世界经济. 1983(9). 44-50.

④ "依附"即一些国家的发展受另一些可以自主扩张的国家的制约,其不仅表现在经济上,也表现在政治、社会和文化方面。参见张雷声. "依附论"与"世界体系论"之比较分析. 江淮论坛. 1990(5). 22-26.

⑤ 肖枫. 西方发展学和拉美的发展理论. 北京:世界知识出版社. 1990. P149-151.

⑥ 孙来斌、颜鹏飞. 依附论的历史演变及当代意蕴. 马克思主义研究. 2005(4). 70-76.

是这种“中心—边缘”的结构[①],尽管他使用的是“宗主—卫星”(metropolises-satellites)的表述,但与普雷维什的“中心—边缘”提法相一致。[②] 他同样强调边缘区为了发展必须脱离发达国家的束缚。总之,尽管“中心—边缘”结构的成因、内容、对策都处在不断的争论当中,但“中心—边缘”这一基本的国际格局已经成为很多学者的共识。[③] 依附论在二十世纪七八十年代的发展为“中心—边缘”的结构视角补充了新的认识。[④] 例如,尽管依附论者始终坚持边缘处于被中心剥削和支配的地位,但不平等的“中心—边缘”格局在一定程度上也促进了边缘区的发展(虽然十分有限)。在强调中心对这种不平等负责任的同时,依附论者们也开始关注边缘国家内部的因素。[⑤] 受此影响,在二十世纪七十年代,普雷维什对边缘区不发达的原因探讨,开始注重边缘国的内因并提出了体系改造的理论。他指出,对于边缘的持续贫困,“中心的责任是很大的”,但“外围的责任也不小”[⑥]。在论及这一问题时,尽管他没有明确提出一国内部的“中心—边缘”结构,但清晰地表达了这种思想。他指出,无论中心国还是边缘国,一国内部的分配都不公平,发展成果的重要部分都被享有特权的社会上层(国内的中心)占有,而大量群众(国内的边缘)被排除在外。可见,他一直是在用“中心—边缘”的视角来认识问题的。[⑦]

谈到一国内部的“中心—边缘”结构,社会学家赫克特(Michael Hechter)就采用了这一划分,并将一些现代国家生成的进程直接称为“内部殖民主义”。我们看

---

① Frank A. G. “The Development of Underdevelopment.” In: Wheeler S. M. & Beatley T. (eds). *The Sustainable Urban Development Reader*. London: Routledge. 2004. P39 - 40.

② [美] R. H. 奇尔科特. 比较政治学理论——新范式的探索. 北京:社会科学文献出版社. 1998. P330.

③ 当然,也存在反对者。可参见董国辉. 劳尔·普雷维什经济思想研究. 天津:南开大学出版社. 2003. P66.

④ 将这种“中心—边缘”视角及其发展理论应用于从国际、国内到区域、城市等不同层级的地理范围,也成为了依附论的一个特点。参见 Wim Ettema. “The Centre-Periphery Perspective in Development Geography.” *Tijdschriftvoor Econ. En Soc. Geografie* 1983, 74(2)。这些领域的“中心—边缘”结构将在后文一一论及。

⑤ 关于依附论的演变,参见孙来斌、颜鹏飞:依附论的历史演变及当代意蕴. 马克思主义研究. 2005(4). 70 - 76.

⑥ [阿根廷] 劳尔·普雷维什著. 苏振兴、袁兴昌译. 外围资本主义:危机与再造. 北京:商务印书馆. 1990. P198.

⑦ 这主要来自他关于“资本主义的向心性”的判断。在国际关系中,“剩余”由边缘国向中心国流动;在一国内部(包括中心国和边缘国),“剩余”由边缘化了的群众向“特权消费”阶层流动。

到，“绝大多数现代国家”在早期都由多个相对独立的文化群体（部落）组成，但在今天大都被某种居于统治地位的文化体系包裹着，进而形成所谓的民族主义。赫克特解释道，在初期，基于某些“相当偶然”的因素（官僚体系、经济发展、科技变革等），地区之间出现了某种“优劣格局”，此后的过程就是“中心”区域将其“政治影响与控制范围向现代国家的边界扩展”[①]的过程。赫克特以不列颠群岛上“英国人”的认同形成为例解析了这一过程，并预言，中心地区与边缘地区不会像“扩散模式”预测的那样不断缩小差距并走向一体化，而是遵循“内部殖民主义模式”，在中心地区的利益主导下不断拉大差距。例如，赫克特指出，中心地区规定并制度化了“分层体系”（社会角色的分配/劳动的文化分工），中心区成员扮演地位高的社会角色，而边缘区成员扮演另一些角色，双方均按照制度规定中的“角色期望”行事。[②] 当然，作为世界体系内的中心国，正是英国开创并引领了外部殖民主义，考虑到这一点，英国的内部殖民主义并不让人惊讶，但在第三世界国家，内部殖民主义却同样存在。二十世纪六十年代，一些学者就提出了第三世界国家内部的“殖民主义论”，指出，第二次世界大战结束后，一些国家获得了民族解放胜利，摆脱了外部殖民主义，却被纳入新的世界体系中，也将这种剥削机制移植到国内。[③] 可见，殖民主义的“中心—边缘”模式正是这样不断向外扩散：中心国的特权阶层首先在国内以这样的方式确立了统治地位；随后将这种模式运用到对外扩张中，一些国家由此被拉入这一框架而成为边缘国家[④]；之后，中心国又以同样的方式对边缘国内部进行改造。由中心设计的“中心—边缘”结构正是这样不断扩大自己的圈子，按照自己的模样塑造了世界。

2.3　加尔通的结构化理论：“中心—边缘”结构的系统化

加尔通则创造性地将全球范围内的“中心—边缘”结构与一国内部的“中心—

① ［美］赫克特.内部殖民主义.载：马戎.西方民族社会学的理论与方法.天津：天津人民出版社.1997.P81.

② ［美］赫克特.内部殖民主义.载：马戎.西方民族社会学的理论与方法.天津：天津人民出版社.1997.P79－90.

③ 江时学.“内部殖民主义论”概述.国外理论动态.1993(15).5－8.

④ 也可参见张康之.论全球化运动中的“去中心化”.理论探讨.2012(2).5－10.

边缘”结构相综合，形成了他的“帝国主义结构化理论”。他指出，帝国主义不单是一种国际关系，而且是国内(intra-national)和国际(inter-national)关系的综合，而无论在国内还是国际层面，帝国主义都可以被简化[①]为中心与边缘的关系。加尔通揭示了帝国主义生成和维持“中心—边缘”结构的两种机制：垂直机制(vertical interaction)和封建机制(feudal interaction)。垂直机制，即中心国家与边缘国家间不平等的交往关系(inter-actor effects)及其对国内的影响(intra-actor effects)[②]，是中心国与边缘国不平等的主要机制；而封建机制是中心国对这种不平等的维持与强化，中心国透过这种结构将其边缘国捆绑在其周围，边缘国也由此产生对其中心国的依赖。[③] 我们也可以将这两种机制分别称为“中心—边缘”结构的“生成机制”和“强化机制”。

谈到帝国主义或国际关系，人们通常含混地指出一些国家与另一些国家在总体上的不平等关系[④]，但加尔通细化了这种“中心—边缘”结构的几大特征：(1) 中心国的中心与边缘国的中心有共同利益(harmony of interest)；(2) 与中心国内部差异相比，边缘国内部的差异更剧烈；(3) 中心国的边缘与边缘国的边缘之间没有共同利益。[⑤] 简言之，中心国与边缘国的不平等交往虽然为二者都带来利益，然而，中心国得到“较多”，边缘国得到“较少”；中心国的中心得到这“较多”利益中的

---

① 提到“简化”，需要指出的是，工业社会存在这样一种心理，即“将各种知识简化为封闭系统下的知识形态，以消除所有重要的不确定性”。“中心—边缘”结构就是这样的一种简化，因此它是符合工业社会的时代特征的，透过它我们将更清晰地看到，工业社会的理论认知和实践都是为了消除不确定性，追求确定性。参见张康之. 论合作制组织的开放性. 探索. 2009(1). 153－159.

② 这不仅仅表现在经济方面(制成品—原材料)，在政治(决策—遵从)、军事(保护/威胁—服从)、传媒(新闻—事件)和文化(教导—学习)方面同样如此。这五种方式相互促进，共同维护帝国主义。参见 Johan Galtung. “A Structural Theory of Imperialism”. *Journal of Peace Research*. 1971, 8(2). 81－117.

③ 以经济帝国主义为例，加尔通选取了贸易构成指数(trade composition index)与伙伴聚集指数(partner concentration index)分别作为垂直机制与封建机制的变量。参见 Johan Galtung. “A Structural Theory of Imperialism”. *Journal of Peace Research*. 1971, 8(2). 81－117. 可见，垂直机制强调中心与边缘的层级关系，中心在上，边缘在下，权力自上而下，而利益却主要自下而上地流动；封建机制则强调中心与边缘在垂直关系的基础上所形成的更复杂的关系，中心在中间，边缘在外围，这不仅反映了中心对边缘的控制，还导致了边缘对中心的依赖、中心对边缘的割裂、边缘国内的分化等。

④ 加尔通指出，这种简单而含混的认识会误导人们，即让人们看不到两个中心共同的利益，并把帝国主义仅仅看作一种国际关系(inter-national)。参见 Johan Galtung. “A Structural Theory of Imperialism”. *Journal of Peace Research*. 1971, 8(2). 81－117。

⑤ Johan Galtung. “A Structural Theory of Imperialism”. *Journal of Peace Research*. 1971, 8(2). 81－117.

大部分，而边缘得到小部分；边缘国的中心得到剩余“较少”利益中的绝大部分，而边缘得到极小部分。加尔通强调，两个中心（中心国的中心与边缘国的中心）的一致利益才是帝国主义“中心—边缘”结构的最基本要素，在这里，中心国的中心通过拉拢边缘国的中心来稳固自己在国内（剥削中心国的边缘）和国际上（剥削边缘国家）的地位。显然，边缘国的中心充当了桥头堡（bridgehead）的角色，它们帮助中心国的中心控制着输送“剩余”的交通要道——边缘国家。

但是，这种垂直关系仅仅是一个中心国和一个边缘国的简单假设，现实中，一个中心国往往有多个边缘国，不平等关系复杂化。同时，众多中心国的存在产生了许许多多垂直关系，它们已然结成一个“中心—边缘”网络，不平等关系进一步复杂化，这就是加尔通所谓的封建机制。首先，在一个小型“中心—边缘”结构内（由一个中心国和它的若干个边缘国构成），这个中心国与它的边缘国是不平等的垂直关系，同时，这些边缘国之间缺乏联系。其次，若干个小型“中心—边缘”结构之间也缺乏交往，交往只局限于中心之间的互动：此网的边缘只能通过它的中心接触外界，与其他网的中心和边缘缺乏联系；同时，此网的中心也只能与其他网的中心互动，而与其他网的边缘缺乏交往。[①]

加尔通以“中心—边缘”结构清晰地阐述了英国工业革命以来帝国主义的新图像，与过往那些依赖直接武力的“业余”帝国主义相比，如今的帝国主义相当专业（professional），它们更加依赖结构力量（就是“中心—边缘”结构）而非武力。[②] 显然，这更隐蔽、更高明，因此也更易于维持。这一巧妙的结构不仅为中心（尤其是中心国的中心）提供了持续不断的“剩余”，而且能够很好地化解来自边缘的抗争。其化解的重要策略之一即“分而治之”（divide and rule）。一方面，封建机制使得边缘国与边缘国之间的联合很难实现；另一方面，中心国的边缘与边缘国的边缘难以携手。加尔通指出，“民主”在这个过程中就扮演了一定的角色，与边缘国的边缘者相

① 从示意图中可以更清晰地了解这些关系。参见 Johan Galtung. “A Structural Theory of Imperialism”. *Journal of Peace Research*. 1971, 8(2). 81－117。我们在末尾的结论部分也简要总结了这一结构的 8 个特点。中心—边缘视角的一大特点也在于其形象特征，在“中心—边缘”结构存在的层面，我们都可以画出一幅示意图来述说其中的复杂关系。

② Johan Galtung. “A Structural Theory of Imperialism”. *Journal of Peace Research*. 1971,8(2). 81－117.

比，民主让中心国的边缘者尝到了更多的利益甜头，也感到了些许自我存在的意义，因此他们不愿，也不屑与边缘国的边缘联合以共同对抗两个中心。化解的另一战略即中心国与中心国的联合。表面看，中心国与中心国很可能是竞争关系，因为它们需要在全球划分自己的势力范围，但是它们一旦就此划分达成一致，就更可能形成温和中立(neutral)的关系，以共同维护整个资本主义系统，甚至包括非资本主义在内的整个帝国主义体系。① 需要指出的是，我们这里所涉及的学者们，都使用了"中心—边缘"的结构化语词，有些试图给出"中心—边缘"的定义并阐释其中的关系，但能像加尔通这样突出"中心—边缘"之结构化力量的学者并不多。这种结构力量之强大，正如"车轮"的旋转，不在于轮轴与辐条这些分立零件的存在，而在于轮轴始终将辐条"裹挟"在其周围，并用自己的旋转带动整个车轮的行进。当然，不同的是，在"中心—边缘"结构中，边缘之间缺乏联系，而车轮的外层轮圈却将辐条连在一起。不过，我们会在后文指出，即使"中心—边缘"结构里出现了某种边缘间的交往或联合(即给它装上外层轮圈)，整个系统还在不停地运转。

2.4 世界体系论："中心—边缘"结构的应用分析

1970年代中期形成的世界体系论②是在依附论思潮的基础上发展出来的，它依旧沿用了"中心—边缘"的结构视角，并从依附论那里延续了一个基本认识，即资本主义的发生和演变过程就是中心国通过不平等交换对边缘国剥削的过程。沃勒斯坦③是这一派的代表性人物，但在一些重大问题、细节的论证，以及结论方面，沃

---

① Johan Galtung. "A Structural Theory of Imperialism". *Journal of Peace Research*. 1971,8(2). 81-117.

② 一些学者把我们这里讨论到的普雷维什、依附论者、加尔通，以及沃勒斯坦等人都纳入世界体系论者(World System theorists)的范畴，参见 Peu Ghosh. *International Relations*. New Delhi: PHI Learning Private Limited. 2009. 37，或被称为 World System Paradigm，参见 Ronan Van Rossem. "The World System Paradigm as General Theory of Development: A Cross-National Test". *American Sociological Review*. 1996，61(3). 508-527。在后面这篇文章里，作者量化地描述了"中心—半边缘—边缘"的不同特征，例如中心之间产生依赖，半边缘部分地依赖中心，边缘则完全依赖中心(或中心与半边缘)。

③ 世界体系论与依附论在一些方面较为相似，致使有学者把沃勒斯坦也称为依附论者。莱纳就称沃勒斯坦为"依附/世界体系论者"，参见[美] E. H. 莱纳. 水刃译. 依附论：入土为安. 国外社会科学. 1991(12). 37-38. 这表明了依附论与世界体系论在理论上的紧密联系。也可参见孙来斌、颜鹏飞. 依附论的历史演变及当代意蕴. 马克思主义研究. 2005(4). 70-76。

勒斯坦都与普雷维什及依附论学派有所不同。首先,他将“中心—边缘”的二分法扩展到“中心—半边缘—边缘”的三元结构。[①] 半边缘相对于中心扮演边缘角色,而面对边缘区则扮演中心角色。更重要的是,半边缘为中心充当了保护带,部分地吸收了来自边缘的冲击,缓冲中心与边缘的激烈矛盾,它的存在对于维持世界体系是“不可缺少的”[②]。其次,关于世界资本主义,一个重要问题是,不同地区最初何以成为不平等的中心与边缘?其根源常被“国际分工”“资本主义的扩张”“传播方式”等因素笼统概括而缺乏被细致地考察,例如普雷维什就将其根源粗略地表述为技术进步及其传播机制。[③] 而沃勒斯坦显然在系统性和细致性方面超越了以前的学者:他详细讨论了这三种区域在地理因素、经济角色、阶级结构、国家机器、劳动控制方式等方面的差异。例如在劳动控制方面,在16世纪和17世纪前期,边缘区(东欧、南欧和美洲)是奴隶制(从事简单粗糙工作的奴隶)和“封建制”(经营商品性农作物的佃农和在大领地上劳动的农奴),中心区(主要是西欧)是雇佣劳动和自我雇佣(独立工匠、监工和熟练工人的中间阶层),半边缘区(例如法国南部和意大利北部)则是分成制(以分成制方式将小块土地出租)。[④] 正是这种劳动管理方式的多元化,加之边缘区的加入解放了中心区的劳动力,中心区劳动力得以进一步专业化和多样化,并不断进军新领域(例如金融银行业),后来引领了整个体系。除了对劳动控制方式的细致考察,沃勒斯坦还特别强调国家机器的角色。中心区国家权力的持续增长既是资本主义世界体系生成的动力,也是这一体系发展的结果[⑤],这显然不同于将资本主义形成的原因归于政府不干预的自由市场的传统论点。正因如此,沃勒斯坦将“中心—边缘”称为“中心国家—边缘地区”,“地区”一词不仅指一

---

① 加尔通在自己的帝国主义结构理论中也曾指出,二元的“中心—边缘”只是一种简化,它完全可以扩展为“中心—中间—边缘”的三元结构,甚至扩展为一个从极端中心到极端边缘的连续体。参见Johan Galtung. “A structural theory of imperialism.” *Journal of Peace Research*. 1971,8(2). 81-117。不过,他并没有像沃勒斯坦那样详细地阐述中间者(go-between)在这个结构中扮演的角色。

② [美]沃勒斯坦.罗荣渠译.现代世界经济体系(第一卷).北京:高等教育出版社.1998.P463.

③ 技术进步发生在中心国家,并首先向中心区经济渗透,这导致中心与边缘从一开始就是不平等的,国际贸易体系将这种不平等维持并放大。参见董国辉.劳尔·普雷维什经济思想研究.天津:南开大学出版社.2003.P56-57。

④ [美]沃勒斯坦.罗荣渠译.现代世界经济体系(第一卷).北京:高等教育出版社.1998.P98-128.

⑤ [美]沃勒斯坦.罗荣渠译.现代世界经济体系(第一卷).北京:高等教育出版社.1998.P173.

些边缘区还不是独立国家的状态，更反映了边缘区在总体上并不具备中心国那般的国家力量的现实。[①] 这些都为“中心—边缘”结构补充了众多新的认识和论据。在时间维度上，不同于众多学者通常笼统地把 18 世纪看作“中心—边缘”形成的时期，沃勒斯坦考察了“延长的”16 世纪(1450—1640 年)，指出在 16—17 世纪，中心区是西北欧，半边缘区在欧洲，边缘区扩及美洲，亚洲和俄国处在这一体系之外。1815—1917 年，世界体系在全球扩展，在这一过程中，一些国家和地区也在“中心—半边缘—边缘”的图式中上下移动。[②]

沃勒斯坦受布罗代尔的影响很大，尽管布罗代尔提出的“经济世界”与沃勒斯坦的“世界体系”或“世界经济”概念存在许多差别和争议[③]，例如布罗代尔认为一个世界包含多个“经济世界”，这些经济世界单独就能构成一个整体[④]，但是布罗代尔依然采用了“中心—边缘”的结构视角来分析他的“经济世界”，在这些方面“我们”(布罗代尔称“自己和沃勒斯坦”)“基本上是一致的”，虽然他使用的是“中心—腹心层—中间层—外层”的表述。[⑤] 因此，虽然他们的分析单位不同，但他们运用了同样的分析视角，并揭示了资本主义得以扩张的条件之一就是在广袤的地域上同时存在着阶梯式的不平衡的发展。[⑥] 布罗代尔认为 15—18 世纪，全球有欧洲、俄罗斯、土耳其和远东四个“经济世界”共存，但他分析的重点，同沃勒斯坦一样，仍

---

① [美] 沃勒斯坦. 罗荣渠译. 现代世界经济体系(第一卷). 北京：高等教育出版社. 1998. P463.

② 无论依附论还是世界体系论，都致力于对现状的分析与批判，学者们大都预言了这种结构在未来的消解，但没有建构一个令人信服的未来，他们在政策建议和建构未来方面要么着墨不多，要么并不擅长，也因此遭受了很多质疑和批评。沃勒斯坦就预言了现代世界体系必将“灭亡”，并可能被一个具有“更高生产率和更合理的收入分配制度”的新体系——“社会主义世界政府”取代(参见[美] 沃勒斯坦. 罗荣渠译. 现代世界经济体系(第一卷). 北京：高等教育出版社. 1998. P6，462。)很明显，所谓“社会主义世界政府”在沃勒斯坦那里还相当不成熟，没有人(包括他自己)能说清楚这到底是个什么东西，这种社会主义“更模糊、更具空想性”(安然. 沃勒斯坦的现代化思想研究. http://www. modernization. com. cn/beida4. htm 2012 年 12 月 5 日访问)。沃勒斯坦关于未来的设想与关于历史的批判显得充满了矛盾[参见吴苑华. 社会主义是什么？——沃勒斯坦论社会主义. 长春市委党校学报. 2009(1). 4 - 6。]；在建构未来方面，他深受意识形态限制。(参见 Daniel Chirot & Thomas D. Hall. “World-system theory”. *Annual Review of Sociology*. 1982，8. 81 - 106。)

③ 参见赖国栋. 布罗代尔的“经济世界”与沃勒斯坦的“世界经济”. 古代文明. 2010，4(3). 10 - 17.

④ [法] 费尔南·布罗代尔. 顾良，张慧君译. 资本主义论丛. 北京：中央编译出版社. 1997. P101.

⑤ [法] 费尔南·布罗代尔. 顾良，张慧君译. 资本主义论丛. 北京：中央编译出版社. 1997. P102.

⑥ [法] 费尔南·布罗代尔. 顾良，张慧君译. 资本主义论丛. 北京：中央编译出版社. 1997. P107.

然是欧洲[①](因此他们都被弗兰克斥为"欧洲中心论"[②]),但与沃勒斯坦的结论相反,弗兰克认为,1400—1800 年的大部分历史的"中心"("如果非要说有什么'中心'的话")是亚洲(尤其是中国,而不是欧洲),欧洲在这一时期仅仅处于"边缘"[③]。当然,这一论断很值得怀疑[④],但是,正如弗兰克自己所言,他最核心的论点即"在他的书所考察的历史时期(1400—1800 年)实际上没有什么中心"。(他之所以在一些时候也使用"中心—边缘"的称法,很大程度上是因为他在 1980 年代前主要是一个依附论者。)在弗兰克看来,沃勒斯坦所称的现代世界体系(欧洲主导)并非欧洲创造的,而是先前就存在的世界体系(亚洲主导)的某种延续。弗兰克讨论的这个时期(从地理大发现到工业革命)正是农业社会向工业社会过渡的时期。联系沃勒斯坦的观点,我们看到,这个过渡期可以被看作工业社会"中心—边缘"结构形成的时期。从这个角度来看,这一过渡时期具有一些"中心—边缘"的要素也就不足为奇了,弗兰克和沃勒斯坦的论断也并非那么不可调和。当然,弗兰克紧接着的一句预言——"在可预见的未来很可能也没有什么中心"[⑤]——却明显有违事实,他没有认识到工业革命后的明显的全面的"中心—边缘"结构。总体来说,弗兰克否定"历史的断裂"而强调历史的传承,对于我们认识工业社会"中心—边缘"结构的重要启示在于:"中心—边缘"结构并非在工业社会突然降临,而是逐步向我们走来。[⑥]

---

① 更确切地说,他们更加关注地中海北岸的"民主国家",而忽略了地中海沿岸的其他国家,更没能从"16 世纪后的中国、波兰和俄国"等国得出一致的结论。参见赖国栋. 布罗代尔的"经济世界"与沃勒斯坦的"世界经济". 古代文明. 2010,4(3). 10 - 17.

② [德] 贡德·弗兰克. 刘北成译. 白银资本. 北京:中央编译出版社. 2000. P2. 不过,沃勒斯坦本人并不认为自己是欧洲中心论者,相反,他认为弗兰克的论点属于"反欧洲中心论的欧洲中心论",参见[美] 伊曼纽尔·沃勒斯坦. 冯炳昆译. 所知世界的终结——二十一世纪的社会科学. 北京:社会科学文献出版社. 2002. P196。关于他们论战的内容可参考何爱国. 亚洲的路灯? 抑或欧洲的路灯? ——试论弗兰克与沃勒斯坦关于世界体系的著名论争. 载:盛邦和、[日] 井上聪主编. 新亚洲文明与现代化. 上海:学林出版社. 2003.

③ [德] 贡德·弗兰克. 刘北成译. 白银资本. 北京:中央编译出版社. 2000. 中文版前言 P26.

④ 弗兰克的论证方法和结论遭到了众多批判和质疑,部分可参见周立红. 弗兰克思想的转航与悖论. 史学月刊. 2002(1). 107 - 112.

⑤ [德] 贡德·弗兰克. 刘北成译. 白银资本. 北京:中央编译出版社. 2000. 中文版前言 P26.

⑥ "中心—边缘"结构是一个过程量,在这个过程中,它不断生成、扩张、衰弱、再巩固。我们在后文还会重申这一点。

三、区域发展中的"中心—边缘"

上述研究大都着眼于全球范围内的国际关系，或从国际政治中延展自己的观点，而相对较少关注区域间的差异，尤其是经济差异问题。区域经济学者、城市规划学者、地理学者等[①]就受到了上述研究的影响[②]，开始用"中心—边缘"的视角分析相关问题。

3.1 区域经济研究中的"中心—边缘"

在研究区域经济的学者中，尤其是探讨区域经济差异的理论的学者中，"中心—边缘"的结构视角得到了重要的发展和应用。早期代表性作家之一约翰·弗里德曼在1966年提出了"中心—边缘模型"(core-periphery model)[③]，认为众多原因(不平等的贸易、技术进步和不同的生产效率等)导致个别区域优先发展为中心，进而支配其他外围区域。中心区域一般在工业水平、技术水平、资本、人口等方面都要优于边缘区。和普雷维什等人强调技术革新及其传播机制类似，在众多原因中，弗里德曼同样强调创新因素，指出，区域发展本身就是创新不断积累并最终汇聚成"大规模创新系统的不连续过程"[④]。中心区域潜在的创新需求与鼓励创新的机制使中心得以成为"变革中心"，这种变革对外扩散的过程就是中心自我强化其统治地位的过程。扩散过程虽然可能遭遇边缘的反抗，但弗里德曼提出了六种自我强化和反馈效应，并指出中心和边缘的不平等格局正是通过这些机制不断加强。[⑤] 例如，通过"主导效应"，人力、资本和资源由边缘流向中心，中心内部进而产

---

① 区域经济学与区域科学、城市规划学、城市经济学，以及空间经济学、经济地理学等交叉，甚至在学科定位和名称上都存在一些争议，部分争论可参见高丽娜、蒋伏心.空间经济学与区域经济学的分异与融合.南京师大学报(社会科学版).2010(6).50-55。在这里，我们不对这些学科名称进行明确区分。

② 早期依附论等使用"中心—边缘"结构的理论对区域经济学(空间经济学、经济地理学)的影响是一个重要的研究话题。参见 Wim Ettema. "The centre-periphery perspective in development geography". *Tijdschriftvoor Econ. En Soc. Geografie* 1983,74(2)。

③ 参见 John Friedmann. *Regional development policy: A case study of Venezuela*. Cambridge, Mass: MIT Press. 1966。有学者指出，正是弗里德曼在20世纪60年代将"中心—边缘"的结构概念引入区域经济学，参见秦岭.区域经济学理论与主体功能区规划.江汉论坛.2010(4).10-13。

④ 杨云彦等.边缘化区域及其发展研究.学习与实践.2011(12).10-17.

⑤ 李小建主编.经济地理学(第二版).北京：高等教育出版社.2006.P237-238.

生更强的互动交流，从而引发新的创新（信息效应），而创新又会产生连锁反应，引发一系列创新（链接效应）。[①] 他也将这种不平等的“中心—边缘”结构称为“殖民性质的”(colonial)[②]，并认为这种结构化现象在“世界、城市、国家和大陆”等一切与公共政策相关的层级都存在[③]。后来，弗里德曼又在经济、社会和政治层面进一步细化了“中心—边缘”的理论[④]，论述了中心是如何通过资本投资、变革及其传播、政治控制等要素来支配边缘区域的。

关于“中心—边缘”结构的未来，弗里德曼早在1966年提出这一结构时就讨论过它的趋势。他把一个区域的经济发展划分为四个阶段：在前工业化阶段（preindustrial），存在若干个较小的城市，对周边的吸引能力小，彼此孤立；在过渡阶段（transitional），一个强大的“中心”逐渐形成，“中心—边缘”得以确立；在工业化阶段（industrial），出现一些居于中心与边缘之间的次级城市，并开始逐步分解中心的功能；最后是后工业化阶段（postindustrial），由于资源在体系内的全方位流动，中心和边缘之间的差距缩小，边缘逐渐消失，形成一体化的空间。[⑤] 可见，弗里德曼认为，“中心—边缘”结构仅仅是工业社会区域经济发展的一种存在形式，在未来将呈现出弱化直至消解的趋势。

在弗里德曼之前，一些经济学者也不同程度地表达了“中心—边缘”的结构化思想。例如缪尔达尔（Gunnar Myrdal）在1957年提出了地理上的“二元经济结构”，赫希曼（Albert Hirschman）在1958年提出了“不平衡增长理论”。他们都指出，现代市场不是完全竞争市场，经济的外部性和规模效应使得一些区域在发展上

---

① David Walker. *Canada's Industrial Space Economy*. London: Bell & Hyman Limited. 1980. 48-50.

② John Friedmann. “Regional planning: A problem in spatial integration”. *Papers and Proceedings of Regional Science Association*. 1959, 5. 167-180.

③ John Friedmann. “Regional economic policy for developing areas”. *Papers in Regional Science*. 1963, 11. 41-61.

④ 例如 John Friedmann. *A general theory of polarized development*. Ford Foundation, Urban and Regional Advisory Program in Chile. 1967 和 John Friedmann. *Urbanization, planning and national development*. London: Sage Publications. 1973。

⑤ Garrett Nagle. *Development and Underdevelopment*. Nelson Thornes. 1998. 14.

持续优于另一些地方①，并针对这种不可避免的不平衡格局提出各自的政策建议。总体来说，这些区域经济学家都从“区域差异、互动和极化”②等方面分析和阐述了区域间的“中心—边缘”结构。

弗里德曼之后，探讨“中心—边缘”的经济学者中，影响最为广泛的当属克鲁格曼。他所建立的“中心—边缘”结构促成新经济地理学的产生，并把空间维度带到经济学的主流地带。③ 受弗里德曼和缪尔达尔等人的影响④，在1991年的《地理和贸易》中，克鲁格曼建立了两区域模型，并论证了假想中的这两个条件相同的区域最终会自发形成以工业化区域为中心、农业化区域为边缘的“中心—边缘”结构（其作用因素包括规模经济、运输成本和制造业在支出中的份额）。⑤ 和大部分区域经济学家一样，克鲁格曼也指出，虽然这个结构现象对于“大都市带”可能更明显，但在许多层次都是如此。⑥ 尽管克鲁格曼的理论也受到诸多质疑和批判，但他在经济学中的影响力使得“中心—边缘”的分析视角得到了普遍关注。可见，但凡讨论“中心—边缘”结构的学者，虽然都聚焦于某个具体领域的具体分析单位，但都感到这种结构的普遍化存在。这一节所讨论的“区域”层面也不仅指一国内的区域（例如城乡、城市间），在更大的地理单位上同样适用。这些探讨都侧重于经济学分析，而非上一节的政治学层面。

3.2　城市发展与规划中的“中心—边缘”

克鲁格曼的“中心—边缘”构想可能来源于德国经济学家冯·杜能（Von

---

① Patrick Lehner & Gunther Maier. “Does Space Finally Matter? The Position of New Economic Geography in Economic Journals”. *ERSA Conference Papers*. 2001.

② Wim Ettema. “The Centre-Periphery Perspective in Development Geography”. *Tijdschriftvoor Econ. En Soc. Geografie* 1983,74(2).

③ 然而有分析指出，尽管经济学家将地理学引入经济学，但是新经济地理/空间因素仍然处于经济学的边缘而没有得到足够的重视。参见 Patrick Lehner & Gunther Maier. “Does Space Finally Matter? The Position of New Economic Geography in Economic Journals”. *ERSA Conference Papers*. 2001.

④ 参见 Kathy Pain. “Examining ‘Core-Periphery’ Relationships in a Global City-Region: The Case of London and South East England”. *Regional Studies*. 2008, 42(8). 1161 - 1172。

⑤ ［美］保罗·克鲁格曼. 张兆杰译. 地理和贸易. 北京：北京大学出版社. 2002. P109.

⑥ ［美］保罗·克鲁格曼. 张兆杰译. 地理和贸易. 北京：北京大学出版社. 2002. P32.

Thunen)的农业区位论[①],杜能早在19世纪中期就提出了“城市为中心,农村为外围”的思想。18世纪末19世纪初,受英法工业兴盛的影响,当时的德国(普鲁士)农业也走上了商品化的道路,正是在这种强调农产品贸易的背景下,杜能提出了他的农业区位论。可见,区域经济里的“中心—边缘”思想同样形成于这个时间段——农业社会到工业社会的转型期,这和我们在上一节得出的结论相一致。

随后,随着工业的发展,工业区位论、市场区位论、中心地理论等古典区位论不断出现并发展,“中心—边缘”的思想在这些理论中都有充分体现。然而,从古典区位论发展出了两条相互联系、相互影响,却又不尽相同的思想线索,它们都沿用了“中心—边缘”的思维,一条就是我们上面提到的以缪尔达尔、弗里德曼乃至克鲁格曼为代表的,强调用“聚集经济”和“循环累积效应”等来解释不平衡经济格局的新发展经济学[克鲁格曼称为“高发展经济学”(High Development Economics)]。另一条则指向土地经济和区域科学,试图解释土地利用和经济活动在空间上的差异[②],并对后来城市规划学(或城市经济学)的形成与发展产生了重要影响。与第一条强调“中心—边缘”之不均衡发展的思想路线略有不同,城市规划学者更多的(并非全部)是在空间分布的意义上使用“中心—边缘”这一构型,或者更准确地说,他们更多的是在探讨中心与边缘间的地理距离对人们的经济活动和决策产生的影响。当然,两条路线都使用了“中心—边缘”视角,都表达了“中心优于边缘”的观念[③],只是在程度上表现得有所不同。或许我们可以说,第一类经济学者强调“中心—边缘”是“强势—弱势”的关系,而第二类规划学者则认为“中心—边缘”只是“优势—劣势”的关系。

---

① Kathy Pain. “Examining ‘Core-Periphery’ Relationships in a Global City-Region: The Case of London and South East England”. *Regional Studies*. 2008,42(8). 1161 - 1172.

② Andrew Copus. “From Core-Periphery to Polycentric Development: Concepts of Spatial and Aspatial Peripherality”. *European Planning Studies*. 2009, 9(4). 539 - 552.

③ Andrew Copus 对这两类传统关于“边缘劣势”的讨论进行了总结,综合提出了导致中心—边缘发展差异的三大类因素:因果类(causal)包括交通与运输成本、较弱的聚集优势;条件类(contingent)包括高成本的服务提供、低频度的创新、落后的研究部门、对治理的弱影响;相关类(associated)包括稀疏的人口、对初级工业的依赖、落后的基础设施。参见 Andrew Copus. “From Core-Periphery to Polycentric Development: Concepts of Spatial and Aspatial Peripherality”. *European Planning Studies*. 2009, 9(4). 539 - 552。

3.2.1 城市规划的演变："中心—边缘"结构的弱化

让我们看看城市规划理论在20世纪的发展演变，以及它对我们认识"中心—边缘"结构演进的启示。E. W. 伯吉斯(E. W. Burgess)在1925年提出的同心圆城市结构，形象地展示了城市由中心向边缘地区辐射出去的分布方式。同心圆模式显示，高收入人群的住宅和娱乐活动反而分布在离城市中心较远的外围地带，而中低收入者更多地聚集在中间地带，城市中心则主要是中央商业区。[①] 可见，伯吉斯等人观察到的这种区域布局与传统的以富裕的工业城市为中心、以贫穷的农村为边缘的结构完全不同。那是因为，当伯吉斯提出同心圆理论时，美国的城市化已经相当成熟并开始向"大都市区化"过渡[②]，传统的"城—乡"二元模式逐渐被多中心的功能分散的"大都市区"取代，甚至表现出了一体化的趋势。哈里斯(Harris)和乌尔曼(Ullman)在1945年就提出了多中心模式，认为除了传统意义上的中央商务区核心，一些曾处于边缘区或者半边缘区的二级城市开始迅速发展，大都市中开始出现其他中心。[③] 1970年代对于美国城市发展是另一个重要的时间段。L. H. 洛斯乌姆(L. H. Russwurm)的区域城市模式把城市和乡村之间的区域看作一个渐变的界限模糊的连续体[④]，这就完全取代了传统的界限清晰的"城—乡"绝对二分法。更重要的是，1970年代的美国出现了贫穷的城市中心和富裕的郊区，中心城市问题凸显，人口向郊区和农村流动，比多中心的大都市区更进一步，甚至出现了"没有中心城市的大都市区"——奥兰治县的现象。[⑤] 由此，美国布莱恩·贝里(Brian J. L. Berry)在1976年提出了著名的"逆城市化"(counterunbanization)理论，并引起很大反响。尽管历史地看，将1970年代美国一些大都市区内功能重组的现象称作"逆城市化"的做法并不恰当，但这反映了一个不争的事实：城—乡"中心—边缘"的绝对二分法已经褪色，大区域范围内的多中心开始涌现，功能开始分

---

① 郑长德、钟海燕. 现代西方城市经济理论. 北京：经济日报出版社. 2007. P59-60.

② 王旭. 美国城市发展模式. 北京：清华大学出版社. 2006. P155-160. Joel Garreau 指出了20世纪中后期城市发展的三个浪潮，即1950年代和1960年代人口居住的郊区化，1970年代商业的郊区化及以后全面的郊区化。参见甄峰. 信息时代的区域空间结构. 北京：商务印书馆. 2004. P202.

③ 郑长德、钟海燕. 现代西方城市经济理论. 北京：经济日报出版社. 2007. P61-62.

④ 郑长德、钟海燕. 现代西方城市经济理论. 北京：经济日报出版社. 2007. P65-66.

⑤ 王旭. 美国城市发展模式. 北京：清华大学出版社. 2006. P155-160.

散，有的老牌中心甚至开始没落，出现了“中心—边缘”的某种逆转。

1980年代以后的几十年中，交通、通信、工业、信息技术等方面都发生了重大变革，对于区域问题的研究也有了新的议题。安德鲁·考帕斯(Andrew Copus)指出，区域经济学和城市规划学在之前的研究中都在不同程度上强调地理距离的影响因素，然而科技的新变化促使经济活动在空间上进行重组，因此“无空间的”(aspatial)概念被提出，来取代旧有的强调“地理空间”的概念。“无空间”概念指出，在新形势下，包括边缘地区在内的所有区域的经济能量不再像过去那样过分依赖地理“区位”(location)，而更多的受信息社会技术的设施、社会资本、商业网络等因素的影响①，尤其是信息技术所构建的虚拟空间对后工业化的城市形态产生了极其重要的影响。总之，这些新趋势表明，传统的那种差异巨大且极不平等的“中心—边缘”发展布局正在逐步萎缩，去中心化趋势较为明显，去中心化的方式之一就是通过“多中心”来取代“单一中心”，甚至形成“无中心”的区域。

3.2.2 “中心—边缘”的新形态

然而，这并不意味着“中心—边缘”完全消解，“中心—边缘”的分析视角对于我们认识当今的问题仍然有很大价值。以城市规划理论与实践领先的美国为例，如果我们把分析视角从区域上升到整个美国，美国仍然是“中心—边缘”图景，只是重组成另外一种形式。王旭指出，在一些大都市区确实存在所谓“逆城市化”的过渡现象，但在另一些大都市区则不是如此，更不用说，还存在广阔的非大都市区。②1999年由欧洲委员会发布的旨在实现欧洲均衡发展的《欧洲空间发展战略》(European Spatial Development Perspective, ESDP)就被看作“去中心化”在政策方面的一个例证，但凯茜·佩恩(Kathy Pain)指出，ESDP提出的“多中心”(polycentricity)与之前的“中心—边缘”概念的相同之处就在于，它们都是在二元

---

① Andrew Copus. “From core-periphery to polycentric development: Concepts of spatial and aspatial peripherality”. *European Planning Studies*. 2009, 9(4). 539 - 552.

② 王旭. 美国城市发展模式. 北京：清华大学出版社. 2006. P322 - 324. 泰瑞尔·G. 摩尔(Tyrel G. Moore)利用弗里德曼的“中心—边缘”结构的案例研究指出，美国的阿巴拉契亚山地区在20世纪的大部分时间处于美国区域发展的边缘地带。参见 Tyrel G. Moore. “Core-Periphery Models, Regional Planning Theory, and Appalachian Development.” *Professional Geographer*. 1994, 46(3). 316 - 331。

分立的大框架内设定的，这将限制 ESDP 政策在实践中的运用。① 同时，我们可以清楚地看到，关于这些新趋势的探讨主要集中在欧美这些本来就处于世界核心的区域。而在其他新兴国家和欠发达国家，“中心—边缘”的二元结构并未削弱，甚至有所恶化。②

在理论层面，考帕斯在提出“无空间”概念时也指出，即使使用此概念，我们仍然需要在“边缘化”(peripherality)的大背景下讨论相关问题，因此他创造了“无空间的边缘化”(aspatial peripherality)这样的概念。③ 这样的词汇从表面上看是矛盾的，实质上却反映了“中心—边缘”的新形态，即在城市规划中，“中心—边缘”在地理空间意义上逐渐消解，但可能以另一种更隐秘的形式继续存在。首先，虽然传统的“区位”不再成为优势，但总有一些特定的社会经济因素会取而代之，成为区域发展的核心因素，传统的核心区相比边缘区将更可能具备这些核心因素。因此，这种先天优势会巩固旧有的“中心—边缘”结构，只是让它呈现出不同的景观。例如一些学者指出，如果说信息技术的作用是抽象的、扩散的、共享的，但信息技术的设施是具体的、实在的、具有聚集效应的，它的布局会受到传统因素的影响。一些研究也证实了这种不均衡分布状态的存在。④ 其次，面对基于传统因素的“中心—边缘”结构的衰退，传统的中心必然会积极地制定新的策略以维持旧有秩序，非空间的因素便成了它们的替代选择。正如杨(Henry Wai-chung Yeung)指出的，全球化中的发达资本主义国家总会制定新的战略以“保证对国际经济的最大垄断”。⑤ 当然，在这种新的“中心—边缘”结构中，中心无法一味地控制和剥削，更多的只是影响。这种“中心—边缘”结构不再是静态的、边界清晰而相互隔离的、剥削与被剥

---

① Kathy Pain. “Examining ‘Core-Periphery’ Relationships in a Global City-Region: The Case of London and South East England”. *Regional Studies*. 2008,42(8). 1161－1172.

② 参见甄峰. 信息时代的区域空间结构. 北京：商务印书馆. 2004. P14.

③ Andrew Copus. “From Core-Periphery to Polycentric Development: Concepts of Spatial and Aspatial Peripherality”. *European Planning Studies*. 2009, 9(4). 539－552.

④ 参见甄峰. 信息时代的区域空间结构. 北京：商务印书馆. 2004. P23－24. 甄峰总结道：“新的经济不均衡在国家间、区域间、城市间、城市内，以及个人之间都有所增加。”

⑤ 转引自甄峰. 信息时代的区域空间结构. 北京：商务印书馆. 2004. P14.

削的线性关系，而是动态的、边界模糊的、复杂的互动机制。[①] 从这个意义上讲，虽然中心找到了新的方式来影响边缘，但首先在程度上已然大打折扣，其次在范围上，“中心—边缘”结构失去了在一些层面的控制力，这本身就昭示着“中心—边缘”结构的衰弱。

四、网络层面的“中心—边缘”

城市规划理论在后期关于虚拟空间意义上的“中心—边缘”的探讨把我们引向了一个十分重要的概念，即“网络”。这个词已然成为研究当代社会的一个重要概念。[②] 如果说上述领域关于“中心—边缘”结构的探讨给我们更多的是启示性意义（而事实上，对上述研究的重要批评之一就在于其量化方面的弱势[③]），那么网络分析的方法则更多的是定量地、形象地向我们展示社会的这一结构[④]，这不仅是对“中心—边缘”视角应用的拓宽，更是对“中心—边缘”结构存在的某种验证。

4.1 社会网络分析中的“中心—边缘”

致力于人际关系网研究的社会网络分析法就向我们展示了人与人交往的“中

---

① 格拉汉姆(Graham)和马文(Marvin)指出，后工业化时代的基于信息技术的“抽象概念和逻辑空间”，替代了工业化时代的基于线性概念的“欧氏距离和物质空间”。参见甄峰. 信息时代的区域空间结构. 北京：商务印书馆. 2004. P35.

② 据考，1922 年，社会学家斯梅尔(G. Simmel)创造了这个词汇。参见吴彤. 复杂网络研究及其意义. 哲学研究. 2004(8). 58 - 63.

③ 尤其在定量研究者眼里，理论的一个必备条件即它（至少部分地）可以被转化为可操作的定义。对依附论和世界体系论里“中心—边缘”结构的一个主要批评就在于这种结构缺乏共识性的明确的量化标准，尤其是定量地界定“中心”“边缘”“半边缘”，以及它们之间的关系的标准。这方面众多的量化研究各有利弊，对理论的验证结果也不尽相同，参见 David Snyder & Edward L. Kick. “Structural Position in the World System and Economic Growth, 1955 - 1970: A Multiple-Network Analysis of Transnational Interaction”. *American Journal of Sociology*. 1979, 84(5). 1096 - 1126，也可参见 Daniel Chirot & Thomas D. Hall. “World-System Theory”. *Annual Review of Sociology*. 1982, 8. 81 - 106 中的相关综述。对加尔通理论的定量检验可参见 Elisabeth L. Gidengil. “Centres and Peripheries: An Empirical Test of Galtung's Theory of Imperialism”. *Journal of Peace Research*. 1978, 15(1). 51 - 66。同样，克鲁格曼模型的一个缺点也在量化方面。参见 Kathy Pain. “Examining ‘Core-Periphery’ Relationships in a Global City-Region: The Case of London and South East England”. *Regional Studies*. 2008, 42(8). 1161 - 1172。

④ 20 世纪 50 年代以前，研究者也大都是在隐喻的意义上使用社会网络概念，但之后，研究者逐渐在严格的、分析的意义上进行研究。参见［美］ 约翰·斯科特. 刘军译. 社会网络法分析法. 重庆：重庆大学出版社. 2007. P22.

心—边缘”结构。20世纪40年代，沃纳(Warner)等人创新性地研究了“派系”的内部结构，并按照成员间交往频次和关系紧密程度等划分了“核心—初级圈—次级圈”，这些圈层内的联系频繁程度与紧密程度依次降低。他们还提出了外围成员只有通过核心成员才能与外界接触等诸多假设。① 这样的认识与我们在国际关系中看到的“中心—边缘”关系相一致，并得到后来社会网络分析者的验证。到了20世纪70年代，劳曼和帕皮(Laumann & Pappi, 1976)、阿尔巴和摩尔(Alba & Moore, 1978)在关于社会精英与集体行动的研究中对“中心—边缘”进行了分析探讨。② 后者较早地尝试将“网络整合”(network integration)的概念应用于实践中，提出了“社会圈(social circle)—小圈子/派系(clique)”的“中心—边缘”结构，指出社会网络的“中心”是指一些影响力较大的人组成的联系较为紧密的圈子，而处在“边缘”圈的人们之间关系稀疏，他们的重要联系只指向“中心”。定量地看，当一些小圈子重叠达到一定程度时，它们就构成了“社会圈”，即“中心”，其他的参与者则被划为“边缘”。③

对于社会网络分析而言，定量是其亮点，也是它的难题所在。例如对“中心”的寻找和度量就一直是一个相当重要的话题，研究者致力于用不同方法在不同层次上测量“中心”，包括早期的“明星”概念及后来的“点中心度”或者“局部中心点”(与邻近环境中的许多点有连接的点)，弗里曼(Freeman)的“整体中心度”(总体网络中核心点的战略地位)、测量网络中心化程度的“中心势”(centralization)、“结构中心”(structural center)(一个或若干个点构成的网络中心)，以及“顶点分析”(peak analysis)等等概念和测量方法的提出。④ 事实上，中心性就是从“关系”的角度出发对“权力”的一种量化分析，被用来探讨中心对边缘的“影响”或“支配”。在社会网络研究者眼中，权力并非个体所具有的特征，而是一种相互关系，一种“社会行动

① [美] 约翰·斯科特. 刘军译. 社会网络法分析法. 重庆：重庆大学出版社. 2007. P18.

② Borgatti & Everett. “Models of Core/Periphery Structures”. *Social Networks*. 1999, 21(4). 375－395.

③ Alba, R. D. & Moore, G. “Elite Social Circle”. *Sociological Methods & Research*. 1987, 7(2). 167－188.

④ 参见[美] 约翰·斯科特. 刘军译. 社会网络法分析法. 重庆：重庆大学出版社. 2007. P68－83.

者之间实存或者潜在的互动模式”。[①] 而从权力的角度看待人际交往，或者按照多坦·伯西兹(Dotan Persitz)的说法，在一个基于权力(power-based)的社会中，“中心—边缘”构型就成为主导。[②] 这些研究背后都隐含着一种“中心—边缘”的思想，或者按照博加提和埃弗里特的说法，一种关于“中心—边缘”的隐喻性认识(intuitive conceptions)(即他们持有这种结构性视角，尽管没有明确表述出来)。博加提和埃弗里特在对社会网络研究中的中心与边缘进行了概念回顾后，认为既往的社会网络研究包含三类这样的隐喻性认识[③]：(1)“一个无法再细化为排他性的凝聚子群体的网络”的观点。大多数关于“凝聚子群”(即“行动者之间相对较强的、直接的、紧密的、常态或者积极的关系”[④])的研究都隐含这样的观念，因为一个凝聚子群一旦被界定，就意味着形成圈内和圈外的“中心—边缘”关系，其余的关于子群内的互动、子群间的关系、某个行动者与特定子群的联系等研究都无非是对“中心—边缘”结构关系的探讨。(2)“两类节点”的观点。这类研究者明确提出了中心与边缘，并定量分析中心内、边缘内，以及中心与边缘间的联系。怀特(White)等人提出的著名的块模型就是一个典型的例子。块模型将原始社会网络处理，最终可以得到“1—块”和“0—块”的矩阵，分别与“中心”和“边缘”相对应。它不仅定量地告诉我们一些行动者如何因为相同而构成一个子群，而且告诉我们两个子群是如何不同的。[⑤] 布瑞格尔(Breiger)的权力关系的等级块模型就形象地呈现出了“中心”聚类控制“边缘”聚类的图景。(3)“在欧氏空间里分布的中心与边缘”的观点。这点和第二点相似。或者我们可以说，虽然社会网络分析者并不持有统一的社会结构观[⑥]，但“中心—边缘”的思想一定是其中的一种主要结构观。然

---

① 刘军.社会网络分析导论.北京:社会科学文献出版社.2004.P113.

② Dotan Persitz. “Power and core-periphery networks”. 2010. http://dx.doi.org/10.2139/ssrn.1579634. 2013年1月2日访问.

③ Borgatti & Everett. “Models of core/periphery structures”. *Social Networks*. 1999, 21(4). 375-395.

④ 刘军.社会网络分析导论.北京:社会科学文献出版社.2004.P153.

⑤ 刘军.社会网络分析导论.北京:社会科学文献出版社.2004.P214.

⑥ 刘军.社会网络分析导论.北京:社会科学文献出版社.2004.P151.

而,这三类观点都更倾向于认为“网络最多只能包含一个中心”①,因此博加提和埃弗里特把“中心—边缘”离散模型(仅仅包含“中心”和“边缘”两类)扩展为连续模型(“中心—半边缘—边缘”三元甚至更多)。显然,在这个方面,他们受到了世界体系论者的影响。而在应用研究方面,社会网络分析已被广泛用于分析科研合作和联合董事会等现实网络,这些社交网络都呈现出了一定的“中心—边缘”结构。

总之,社会网络分析者试图建立各种模型,将现实中观察到的复杂交往网络进行简化,设计并测量诸如互惠性、紧密性、持续性、可达性等指标,以及派系、聚类等概念,借以区分网络中的等级结构,并开发出不同的可视化工具(社群图等)向人们形象地展示这种结构。他们定量地展示了社交网络中“中心—边缘”结构的基本特征,即中心由一些联系相当紧密(接近于最大可能的联系)的参与者组成,而边缘行动者与中心行动者之间的联系次之,远没有达到最大可能,即中心成员与边缘成员只是部分相连,而边缘行动者之间的联系更少。基于此,“中心—边缘”结构的一些其他特征也被提出并检验。例如,相比边缘,中心更容易到达网络(子网或整体网络)的其他部分,对网络起到更为重要的(甚至支配、控制的)作用,而边缘参与者更多只能通过中心成员到达网络的其他部分或者其他网络。

谈到社会交往,我们自然想起费孝通先生在半个世纪以前提出的中国乡土社会的“差序格局”及其后的演变。费老关于传统中国社会结构的水波比喻已成为社会学里的经典。这里需要澄清的是,费老关于乡土中国的认识与我们这里所说的工业社会的“中心—边缘”结构,除了在图式上表现出某些相似性,并没有多少可比性,与源自西方的社会网络分析也相去甚远。② 倒是“差序格局”在费老之后的理论变迁在一定程度上反映了工业社会“中心—边缘”的某些特征。例如李沛良的

① Borgatti & Everett. “Models of core/periphery structures”. *Social Networks*. 1999, 21(4). 375-395. 这并不意味着之前的所有研究者都认为网络只有一个中心,Alba & Moore 就曾指出,理论上,一个社会网络中可能出现多个中心或者没有中心。

② 费氏的“差序格局”仅仅是一个触发式的概念,与社会网络分析这种发展完备的定量研究方法属于不同的学术类型。一些学者将二者等同的做法也遭到了学界的批评,可参见阎云翔.差序格局与中国文化的等级观.社会学研究.2006(4).201-213,以及翟学伟.再论“差序格局”的贡献、局限与理论遗产.中国社会科学.2009(3).152-158。有学者指出,差序格局关注的是“特殊主义色彩的交往”,强调情感基础上的私人联系,而社会网络法则包含了各种各样的关系。参见廉如鉴.“差序格局”概念中三个有待澄清的疑问.开放时代.2010(7).46-57。

"工具性差序格局"就反映了自我中心式的社会关系建构，这种建构不像传统中国那样基于情感，而更多基于利益考量。自我与那些"工具性价值"大的成员关系亲密，构成了中心，而那些利用价值小的成员则属于外围。[①] 张继焦也指出，基于初级关系（血缘或亲缘）的原版差序格局分析显然无法适应陌生、复杂、异质、多变的城市环境，因此他借鉴网络分析方法、社会资本理论、结构洞等理论，提出了"城市版"差序格局。[②] 可见，这些版本的"差序格局"完全是"中心—边缘"的。它们的提出受一些西方现代理论的影响，但更重要的是，它们真实反映了工业社会之工具理性的渗透力量。在当今中国，"乡村版"的差序格局也同样需要修正，工业社会的理性化、功利化导向的人际交往不仅存在于城市，而且还在向农村渗透。[③]

需要指出的是，除了"中心—边缘"结构，社会网络研究还发现了人际交往的其他结构，例如社团/桥梁（Communities/Bridges）和重叠邻域（Overlapping Neighborhoods）[④]，它们在不同环境中发挥着不同功能。然而，"中心—边缘"构型却显得更加普遍，甚至是一种主导类型。究其原因，首先，从总体上看，是由于工业社会对效率和秩序的追逐，而"中心—边缘"迎合了这样的标准，在稳定性和效率性方面都显现出了优势[⑤]。其次，工业社会强调"单一标准"的线性思维助长了中心的生成与崛起。从伯西兹的论述中，我们大致可以梳理出这样的生成过程：一些行动者具有某些特质，而其他行动者却基于单一标准达成一种共识，即这些特质是一种他们不具有的优势。于是其他行动者更倾向与优势群体建立联系，从而甘愿聚集在其周围。由此，优势群体足以影响网络内的大部分行为连接，从而将这种优势

---

① 参见李沛良. 论中国式社会学研究的关联概念与命题. 载：北京大学社会学人类学研究所. 东亚社会研究. 北京：北京大学出版社. 1993。

② 张继焦. 差序格局：从"乡村版"到"城市版". 民族研究. 2004(6). 50－59.

③ 徐晓军的研究显示，乡村社会关系已经高度简单化，传统的纽带开始萎缩，导致乡村生活的风险增大。徐晓军还指出，乡村社会关系呈现出明显的"内核—外围"两极分化的结构：外围关系高度利益化，内核高度情感化。参见徐晓军. 内核—外围：传统乡土社会关系结构的变动. 社会学研究. 2009(1). 64－95。

④ Yann Bramoulle & Rachel Kranton. "Strategic experimentation in networks." *Journal of Economic Theory*. 2005.

⑤ 相关论述可参见 Dotan Persitz. "Power and core-periphery networks." 2010. http://dx.doi.org/10.2139/ssrn.1579634. 2013 年 1 月 2 日访问。

转化为一种"位置优势"，进而树立了"中心"地位。[①] 显然，共识性的单一标准在这个生成机制里扮演了重要角色。在高度复杂和高度不确定的后工业社会，总体上稳定和效率的标准将不再适用，"中心—边缘"式的人际网也将随之衰落，与众多其他结构形态的网络共存；每个行动者将不会依赖单一标准去评价社会成员，行动者之间也没有必要就衡量标准达成共识，"中心—边缘"结构的生命力将就此衰弱。[②]

4.2 复杂系统与复杂网络研究中的"中心—边缘"

回到我们在此节最初提到的"网络"概念，从这个角度看，社会网络分析只不过隶属于一个更大的研究领域——复杂系统与复杂网络研究。复杂系统与复杂网络是一门综合了数学、物理学、统计学、计算机科学等学科的较新的学科，在社会学、政治学、经济学、生态学等领域都有很多应用。该领域界定的"复杂系统/复杂网"介于规则网与随机网之间[③]，这更符合客观存在的大多数系统的特征，在高度复杂和高度不确定的后现代社会，更是如此。这也是为什么到了20世纪90年代末，关于复杂系统的研究迎来了高潮。该领域就是要用复杂网络的相关理论和方法认识它们的成分、结构、相互关系，以及演变过程。在该领域看来，现实中的交通网（如交通指挥、城市规划）、互联网（如网络连接、超链接）、生态网（如物种食物链、生化反应关系）、人际网（如合作演出网、科研引用）等等"规模庞大、非线性强、复杂度高而且种类繁多的多节点连接巨型动态系统"[④]都属于复杂网络的范畴。

但是，复杂并不意味着无秩序，更不意味着不可被认识。相反，在复杂系统研究者看来，复杂系统在其复杂性中呈现出的是一种高层次的有序性，其表现之一就

---

① Dotan Persitz. "Power and core-periphery networks". 2010. http://dx.doi.org/10.2139/ssrn.1579634. 2013年1月2日访问. 这和加尔通的结构理论有相似之处，即中心只有将一种优势（垂直机制）转化为一种位置优势（封建机制）才得以成为"中心"。

② 如果需要某种共识，那么将不是利益追求或价值喜好上的共识，而是一致的合作意愿或合作精神。参见张康之. 论合作. 南京大学学报（哲学·人文科学·社会科学）. 2007(5). 114－144. 关于"中心—边缘"结构的生成、单一标准的线性思维在其中扮演的角色，以及相关讨论，我们在总结部分还将进一步探讨。

③ 复杂网络的一些重要特征还有小世界性和无标度性等。参见何大韧等. 复杂系统与复杂网络. 北京：高等教育出版社. 2009. P150－154。

④ 何大韧等. 复杂系统与复杂网络. 北京：高等教育出版社. 2009. 前言P2.

是“集群/网络中心化”特征。[①] 早期，网络中心化在我们前述的社会网络分析中有着重要发展，它区分了中心参与者和边缘参与者。网络中心化的测度值则描述了一个内聚的网络在多大程度上围绕着一个或一些特定的点组织起来。[②] 此外，网络中心化在蛋白质网、通信网和交通网、城镇网和社区网甚至公共安全和健康领域等网络中都得到了重要应用。[③] 霍姆（Petter Holme）在定量分析了地理网络（省级高速、管道、道路、机场、互联网）、人际网络（高中生、狱友、社会学家）、电子交流（邮箱、虚拟社区）、网络连接、软件、食物网、神经网、生物网等现实系统后指出，尽管这些网络在程度和形态上存在很大差异，但从它们中都能观测到“中心—边缘”结构。这里，与边缘相较，“中心”处于更重要的地位且内部联系更紧密。[④]

另外，复杂网络研究中的无标度模型对于我们理解一些现实复杂系统也很有帮助。无标度具有两个特点：一个是增长，即复杂网络是开放的系统，新的节点可以不断加入已有的系统；另一个是优选，即“富者愈富”，新加入的节点更倾向与原有网络中的重要节点建立联接，而不会选择边缘节点[⑤]，这就意味着“中心”和“边缘”的差异可能愈来愈大。国际关系里的“中心—边缘”结构正是如此，帝国主义结构得以维持的一大动力就是不断地扩张，不断强迫或利诱新成员加入，新成员更倾向讨好强国而与中心国建立关系，优选机制就致使“富者愈富”，“中心—边缘”结构也就得到了加强。

除了在量化方面做出的贡献，复杂网络研究还提出了“中心—边缘”研究的现实意义，即在现阶段，认识复杂网络的“中心”与“边缘”可能有助于我们以“中心—边缘”的视角预防和解决复杂网络的相关问题。例如，在保护互联网的安全性和稳定性、防止交通网整体瘫痪、应对传染病的扩散等方面，从“中心”（即网络中心节点、交通要道、病源或易感染人群）出发制定相应战略，发挥“中心”对整个网络的重

---

① 吴彤. 复杂网络研究及其意义. 哲学研究. 2004(8). 58－63. 复杂系统的“小世界”特征反映的就是高的平均集群性和小的最短路径。

② ［美］约翰·斯科特. 刘军译. 社会网络法分析法. 重庆：重庆大学出版社. 2007. P74.

③ 张婧婧. 复杂网络中心化的研究. 西安理工大学硕士学位论文. 2007.

④ Petter Holme. “Core-Periphery Organization of Complex Networks”. *Physical Review E*. 2005, 72(4).

⑤ 何大韧等. 复杂系统与复杂网络. 北京：高等教育出版社. 2009. P157.

要影响力将是解决此类问题的可选策略。[①] 当然，这种策略是基于“中心—边缘”结构的强大而被迫做出的回应，只是权宜之计，而非根本的解决之道。随着复杂性和不确定性的进一步提升，这种权宜之计将失去活力。根本之道显然在于破除“中心—边缘”结构。设想一下，如果区域发展不是“中心—边缘”式的，而是相对均质的，道路交通的“中心—边缘”结构也就不会如此明显，交通整体瘫痪的问题也就不会重现。换个角度看，寻求基于“中心—边缘”结构的策略恰恰证明了“中心—边缘”结构本身的脆弱性，因为黑客只需攻击网络核心节点、入侵者只需摧毁交通要道、反人类分子只需将病毒投到密集人群，他们的阴谋就能立刻得逞。因此，这充分证明了工业社会的“中心—边缘”结构，虽然在工业社会高歌猛进，却由于无法应对后工业社会不可预测、复杂的危机，本身变异为一种风险。

总体来说，复杂系统和复杂网络这门综合性学科的出现，本身就表明了某种时代特征。在工业社会成长起来的学科都和现实中分化的领域一一对应，这显然和工业社会强调分工和专业化相符。而兴盛于 20 世纪 90 年代的复杂系统与复杂网络研究是基于结构而创立的研究领域，即把在众多分化领域中都存在的复杂网络结构作为其研究对象，例如生化领域的蛋白质网、城市规划中的交通网、社会学中的人际网、通信领域的互联网等。这正得益于我们所处的时期：只有当我们站在向后工业社会过渡的高度向工业社会回顾和俯视时，才能发现这样的结构图景。这也是为什么我们在这个时期提出了工业社会的“中心—边缘”结构。当然，“结构”未来不会再扮演它在工业社会扮演的那种角色了[②]，但是，我们只有以这样的视角才能认清工业社会的真面目。

五、无形的“中心—边缘”——组织与管理

“中心”与“边缘”的本意就指向的是一种空间分布，所以，当我们谈论地理空间（包括国际和 国内部）里的“中心—边缘”结构时，人们是看得见摸得着的，甚至当

① 参见张婧婧. 复杂网络中心化的研究. 西安理工大学硕士学位论文. 2007。作者在第六章着重讨论了网络中心化与网络脆弱攻击的关系，即不同的攻击方式对网络的不同影响。

② 在下一节，我们会看到工业社会的官僚制组织同样以“结构”著称，未来的组织与管理也将致力于走出这一困境。

我们谈论虚拟空间(网络)内的“中心—边缘”结构时,人们也是可以想象的。但是,工业社会的强大之处更在于“中心—边缘”的无处不在。工业社会的人们正是以这种方式被无形地组织起来、控制起来。相比以上研究领域,在管理与组织研究领域,“中心—边缘”的结构语词使用得并不那么广泛。然而,当我们尝试用同样的视角去审视工业社会的管理理论与实践时,我们又将看到什么样的图景?

5.1 “中心—边缘”视角下的组织与管理理论发展

5.1.1 古典管理理论:官僚制的“中心—边缘”机制

现代管理学理论的确立通常要从泰勒谈起。在泰勒所处的时代,工厂的生产效率低下,资本家和工人的矛盾激化,其部分原因就在于企业缺乏系统的管理理论做指导。在这种情况下,泰勒在借鉴和批判早期管理思想的基础上,将科学方法引入管理实践,促使管理从简单的经验叠加转变为一门真正的科学。尽管科学管理在理论和实践上的重要性是再怎么表述都不为过的,但这种基于理性和效率原则的理论和实践并没有改变“资本家—工人”的“中心—边缘”状态,反而以一种科学、理性、制度化的形式将这种形态确认了下来。在列宁看来,这是一种“巧妙”却又“残酷”的剥削手段①,其“巧妙”就体现在用制度确认了这种不平等。尽管泰勒一再强调资本家与工人的“衷心”合作,倡导一种心智革命(mental revolution),即双方变“对抗”为“信任与合作”,将双方不同的目标追求统一到提高生产率上来②,但在垄断资本主义大踏步的当时,这样的寄语显得很不合时宜,并淹没于科学管理的技术倾向中。

随后,法约尔将科学精神从工厂扩展到企业,韦伯更以官僚制将其扩展为整个社会的组织方式。尽管官僚制的理论价值直到二十世纪四五十年代才被重新发现,并且肯定与批判相伴,但官僚制在实践中却几乎成了工业社会主导的组织形

---

① 列宁在指出“泰勒制”消极层面的同时,强调俄国需要吸收“泰勒制”当中“科学的先进的部分”以提高劳动生产率。参见列宁.《列宁全集》中文第2版第34卷.人民出版社.1985.P130-132,P168-171。

② 方振邦、徐东华.管理思想史.北京:中国人民大学出版社.2011.P22.泰勒指出,计件工资制、奖金付酬、动作分析、智能工长制等等都不是科学管理的核心,只是辅助手段,科学管理的本质就是一场全面的心智革命。参见罗珉.泰罗科学管理的遗产及其反思.外国经济与管理.2011,33(9).1-10.

态。官僚制组织是在工业社会理性基础上，通过制度规范、专业分工、层级控制、管理职业化等方式，建构起来的一种精确的(也就会是僵化的)、层级节制的(也就缺乏了自主权)、非人格化的(也就会是冷漠的)、目的导向的(也就忽略了过程)组织。更为重要的是，官僚制所代表的可预见性、确定性和规范性等观念已渗入生活的每一个领域，在后工业社会的今天都有些挥之不去。官僚制往往以金字塔作为隐喻，强调最多的就是它的层级结构。如果我们换个角度，从金字塔的上面俯视，这就更像一个有核心与外围、圈内和圈外的“中心—边缘”结构。与传统的金字塔隐喻相比，“中心—边缘”视角能让我们探悉更多关于官僚制的“内幕”。[①] 官僚制不断向外扩散和渗透，试图将一切纳入自己的“圈子”，而且“谁也不允许离开这个圈子”[②]。

以官僚制的人格压制为例，我们来看看，官僚制是如何不断扩充自己的“中心—边缘”圈子的。在官僚制组织内部，首先存在的是“制度—雇员”的“中心—边缘”。官僚制组织倾向于“制造组织成员的边缘化”[③]，雇员的自主性、独立性、创新性被规则压制，其行为对组织目标也许是有利的，对自己却显得毫无意义，因为组织不允许他们思考其意义。其次，在雇员内部，层级节制的领导与控制确定了“高级雇员—基层雇员”的“中心—边缘”。这种层级节制已众所周知，并受到了众多批判。然而，再进一步，当雇员无法在组织内获得“完整性”时，基于一种内心需要，雇员就将他的“边缘化感受”扩展到他的管理对象。于是，每一个管理对象就被当成一个个没有情感的“案例”或物件，官僚制雇员依据规章制度处理一个个案例，输出一个个产品。他们以管理者自居，以制度为由，“冠冕堂皇地指责比他们地位还要低的公民”。[④] 由此，通过把管理对象吸纳进来，组织内的边缘化雇员将自己抬升为“半边缘”，以此弥补心灵的创伤。“中心—边缘”正是这样，由官僚制组织扩展到官僚化的社会，“圈子”变大了。这并没有结束，尽管管理对象都被看作“案例”，但

---

① 学术界对官僚制的“中心—边缘”结构探讨并不多。张康之教授提出，官僚制是一种典型的“中心—边缘”结构。参见张康之. 论社会及组织结构的“非中心化”. 江海学刊. 2008(1). 87-93.

② ［英］约翰·基恩. 公共生活与晚期资本主义. 北京：社会科学文献出版社. 1999. P5-6.

③ 张康之. 论社会及组织结构的“非中心化”. 江海学刊. 2008(1). 87-93.

④ ［美］查尔斯·葛德塞尔. 张怡译. 为官僚制正名——一场公共行政的辩论. 上海：复旦大学出版社. 2007. P20.

其内部显然又是分层的，管理者不可能做到一视同仁。在繁杂的工作面前，管理对象中的那些弱势群体“案例”首先被延误、搁置、疏远甚至排斥，而社会地位高的管理对象却被优待。这无疑又是对管理对象内“中心—边缘”结构的肯定与强化。因此，官僚制的“中心—边缘”内涵再度放大。可见，官僚制正是以这样的方式将其“中心—边缘”结构不断向外扩散，形成“制度—高级雇员—低级雇员—管理对象—弱势群体”的圈层结构。

除了扩张，这种“中心—边缘”式的组织方式还需要巩固机制，因为它在扩张中面临诸多挑战，信任危机①就是其中的一例。前述的所有观点都表明“中心—边缘”的一个基本特征，即边缘之间缺乏联系。官僚制组织的“制度—雇员”结构就使得边缘化的雇员只遵从制度或上级，雇员之间由于隔离，因而缺乏信任；同时，薪金、职位、级别、荣誉被设定为稀缺资源，吸引雇员参与竞争，竞争主导下的雇员只有业务“协作”而没有真正的“合作”。② 这种信任缺失在“高级雇员—基层雇员”“管理者—被管理者”“优势群体—弱势群体”的“中心—边缘”结构中被一圈圈推出去，强化了全社会的信任缺失。为了应对信任危机这样的离心力，组织的制度化、命令链和控制力变本加厉，“中心—边缘”的结构力量也因此得以加强。官僚制正是通过这种机制，在应对工业社会有限风险的过程中不断巩固了自己的“中心—边缘”结构。

总体来说，以泰勒的科学管理、法约尔的一般管理和韦伯的组织理论构筑起的“古典管理理论”③顺应工业化的要求，以科学、制度、理性的名义将组织和社会的“中心—边缘”结构确定了下来。尽管这一结构带来了劳动生产率的大幅提高，但在一定程度上，我们可以说，在工业革命大范围扩散的19世纪，泰勒所观察到的组织成员的边缘化境地并没有因为古典管理理论而改变多少，反而将“边缘化”以制度形式确定了下来，显得更隐蔽、更高明、更“巧妙”。此后管理学的发展，都可以看作一个在“中心—边缘”思维模式统治下调整的过程，一些调整也许触动了“中心—

① 关于此，可参见张康之. 论信任、合作，以及合作制组织. 人文杂志. 2008(2). 53－58以及张康之. 论组织管理中的信任与合作. 浙江学刊. 2007(2). 124－130。

② 关于“协作”与“合作”的区分，参见张康之.“协作”与“合作”之辨异. 江海学刊. 2006(2). 98－105.

③ 方振邦、徐东华. 管理思想史. 北京：中国人民大学出版社. 2011. P19－20.

边缘”结构的稳定性，但更多调整反而强化了这一结构。

5.1.2 从行为科学到“丛林时代”

二十世纪二三十年代兴盛的人际关系学说及后来形成的行为科学将视野转向“社会人”，同时给予了非正式组织相当的关注。这一发现揭示了组织成员除了上述通过抬高自身在“中心—边缘”结构中的地位，还通过非正式组织来应对“边缘化感受”，因为组织成员在自己从属的非正式组织中获得了一定的“个性”。然而，无论行为科学如何强调非正式组织的重要性，在官僚制组织笼罩的实践中，非正式组织自身显然被正式组织边缘化了。更可怕的是，正式组织的构造原则——科学建构——已然向非正式组织渗透，挤压非正式组织的伦理空间，以致非正式组织本身也可能朝着“中心—边缘”的方向发展。[①] 这就像一切“中心—边缘”结构一样：中心往往将自己的原则灌输给边缘，挤占边缘自己的理念。官僚制正是通过这种方式以自己的面目改造了那些本不该如此的社会层面。简言之，官僚制确立了“正式组织—非正式组织”的“中心—边缘”结构，而在正式组织和非正式组织内部，又对其各自进行改造。从管理学发展的大路径来看，20 世纪上半叶的行为科学范式从人性、人的行为研究入手，是对组织内被制度边缘化的人的重新认识，其目的却依然是认识、预测进而影响并控制人的行为。[②] 这和我们观察到的所有“中心—边缘”结构的演进过程再一次相契合，即对边缘的重新认识只是为了进一步控制边缘。[③]

当然，我们从不否认这种演变的积极意义：在复杂性低、可预测性高的时期，这种基于控制的再认识是进步的。到了 20 世纪 50 年代，经济恢复带来个人生活的改善，“威迫”对于组织中的边缘人已不再那么有效[④]，“激励”理论便成了更高明的技巧。而领导理论的兴起则告诉管理者如何更好地理解、激励员工，并利用、驾驭非正式组织，以提高组织绩效。第二次世界大战结束至 20 世纪 80 年代的现代管

---

① 正式组织的规则入侵非正式组织的一个例子：成员往往将正式权威带入非正式组织，以增加自己的影响力。参见张康之. 合作制组织及其治理功能. 中共宁波市委党校学报. 2009(1). 5－14.

② 胡恩华、刘洪. 管理科学研究范式的转换. 系统科学学报. 2007，15(1). 74－78.

③ 在下一节的人类中心主义和文化人类学的发展演变中，我们将再次看到这一点。

④ 方振邦、徐东华. 管理思想史. 北京：中国人民大学出版社. 2011. P60.

理理论因缺乏主导理论而呈现出了孔茨所谓的“丛林”特征。从“中心—边缘”视角看理论自身的发展,我们就会发现,传统的管理学中都存在着主导理论或范式,其他理论和认识则被边缘化而没有引起足够的重视。[①] “丛林时代”的理论不再具有过去的“中心—边缘”结构,而是呈现出多样性,人们也得以从不同角度来认识组织与管理。在这个意义上,管理理论自身的发展也呈现出了去中心化的趋势。

5.2 后工业化时期:弹性人力资源观的出现

5.2.1 “中心—边缘”的新形态

随着复杂性与不确定性的逐渐增强,外部环境的不断变迁给组织形态提出了众多挑战。20 世纪后期,无边界组织、网络组织、智能组织、柔性组织(flexible firm)等未来组织形态被提出。柔性组织就探讨如何增强组织弹性以应对诸如科学技术、人力市场、产品市场和资本市场等因素的变动,尤其在人力资源管理方面,柔性或弹性概念就明确使用了“中心—边缘”的结构视角,并得到了广泛应用,这在组织管理理论中十分罕见,所以我们有必要做一下简单的考察。

在人力资源管理方面,组织柔性(flexibility)一般分为数量柔性(numerical flexibility,调整员工数量)和功能柔性(functional flexibility,增强员工承担多样化工作的能力)两种工具。[②] 二十世纪八九十年代以后,“中心—边缘”结构被应用到该领域,将两种柔性工具整合进这一个模型来认识。此后,“正式员工—非正式员工”或“核心员工—外围员工”的“中心—边缘”结构在组织管理学界成为普遍概念,尤其是汉迪在 1991 年出版的《非理性时代》使得“中心—边缘”组织的概念流行起

① 例如我们前面提到的泰勒关于资本家与工人合作的寄语,在当时就被完全淹没了。

② Arne L. Kalleberg. “Organizing flexible: The flexible firm in a new century”. *British Journal of Industrial Relations*. 2001,39(4). 479 - 504. 作者还指出用“中心—边缘”视角理解组织柔性的缺陷在于,只强调了边缘的异质性,而将中心理解为同质的;认为中心和边缘在组织的不同部门从事不同性质的工作,这种认识忽略了他们在同一部门工作甚至从事相同工作的现象;中心—边缘的关系比模型展示的也许更复杂。当然,本文所提出的“中心—边缘”视角和其他视角一样不可能解释所有现象,它的不足之处还有待进一步的研究。

来。[①] “三叶草组织”（Shamrock Organization，一些后来的学者称之为“中心—边缘”组织）是汉迪在二十世纪九十年代提出的一种组织的未来形态。他认为这种组织包括“核心专家、合同外包、弹性劳动力”三部分劳动力：核心层包括掌握组织核心智慧和技能的资深专家、技术人员和管理人员，他们对组织起关键作用；那些非关键的工作任务可以外包给其他组织或团体，因为它们可以以较低的成本出色地完成这些任务；还有一些工作交由兼职或临时工从事，他们可能不会长期为组织工作，但他们富有潜力和精力。[②]

这一类理论框架都通常把员工划分为“中心”和“边缘”两部分，边缘员工由于不掌握组织核心资源因而具有较低的不可替代性，在面临环境变化或危机时，例如在需要裁员时，边缘员工成为组织的首选，核心员工得到了保护。对比一下，在没有这种机制以前，从众多正式员工中选择并裁掉一部分，这种做法往往会引发员工的不满甚至冲突。而如今，由国家法律和组织规则所确认的“正式员工—弹性员工”的“中心—边缘”结构挽救了组织，使组织在面临同样的窘境时不再陷入法律纠纷和道德困境。[③] 这便是组织中雇员内部分化出的一种新的“中心—边缘”构型，只是这种形式得到了学界的认可并加以理论化。

这也把我们引向“中心—边缘”结构的另一问题，即中心通过制定规则，可以把环境变化导致的危机先引向边缘处。中心由边缘包裹，边缘显然起到了保护中心的作用。从组织的灵活性看，这当然是一种进步。然而，换个角度并非如此。从汉迪的语言表述看，我们似乎就可以体会到（尽管他没有这样说，大概也不敢这样承认）：汉迪赞赏核心专家，赞赏他们的“志向”“责任心”“忠诚度”和“热情”；而不大喜欢合同工和弹性劳动力，因为他们缺乏这些品质，他们只是为了追求金钱报酬而工作。汉迪的语言表明，这种组织设计仍然是从组织狭隘的逐利性出发的。中心与边缘在这种组织设计中显然再一次遭受了不平等对待，因为组织努力将中心打造

① Peter Cappelli & David Neumark. “External churning and internal flexibility: Evidence on the functional flexibility and core-periphery hypotheses.” *Industrial Relations: A Journal of Economy and Society*. 2004. 43(1). 148 - 182.

② ［英］查尔斯·汉迪. 王凯丽译. 非理性时代：掌握未来的组织. 北京：华夏出版社. 2000. P80 - 106.

③ Arne L. Kalleberg. “Organizing flexible: The flexible firm in a new century.” *British Journal of Industrial Relations*. 2001, 39(4). 479 - 504.

成适应性的，却企图把边缘改造为可抛弃的或者可牺牲的。简言之，这只不过是组织成员为了应对“边缘化感受”而寻求的第三条道路罢了，即在员工内部“制造出一个明显的边缘群体”。[①] 更为重要的是，如R.海曼(R. Hyman)所言，这种对劳动力的“中心—边缘”式对待不仅存在于某个组织内，还存在于组织间、地域间甚至国家间。这种不平等与“性别”“民族”等等不平等有什么不同吗？[②] 从这个意义上看，将这种新的人力资源柔性观称为“中心—边缘”结构再恰当不过了，虽然持这种称呼的学者大都不是在这个意义上使用“中心—边缘”的。总之，如果我们把传统组织(强调组织边界、组织结构、命令和控制等)看作一个“中心—边缘”式的形态，那么自二十世纪八九十年代以来强调组织柔性的“中心—边缘”结构就是另一种形态了。尽管从时间维度上看，二十世纪八九十年代的欧美在一些领域已经步入后工业化时期，但“中心—边缘”结构在组织中并未消解，而是以另一种区别于传统的形式出现。这就再次证明了“中心—边缘”结构的顽强及其消解的难度。这也是为什么我们会说，至今很多理论建构都仍然是在“中心—边缘”的思维模式下展开的。

5.2.2 “去中心化”趋势

当然，值得注意的是，此时的“中心—边缘”已经萎缩成组织形态的一部分。在后工业社会，组织形态明显呈现出了多元化。除了三叶草组织，还有无边界组织、网络组织、智能组织、柔性组织等诸多概念被提出。“虚拟组织”就已变得相当流行，它强调组织可以根据市场需求选择并联合外部资源，基于任务组成临时性的组织。组织、团体或个人都在贡献自己的核心能力，但它们之间的联合既可以是稳固而长久的，也可以是临时的。[③] 这些新概念都在传递这样的思想，即未来的组织必

---

① 张康之.论社会及组织结构的“非中心化”.江海学刊.2008(1).87-93.另外两条路我们前面已经提到，即通过压制组织外成员来提升自己的地位，以及通过非正式组织获得有限的“自我”。

② 参见 Hyman, R. “Flexible specialization: Miracle or myth?” In: R. Hyman and W. Streeck (eds.), *New technology and industrial relations*. New York: Basil Blackwell. P55-57。Karl H. Müller & Niko Toš 就在社会层面上探讨了“中心——边缘”模型，他们区分了两种社会组织的形式——“中心—边缘”(全职劳动力—Fulltime Employed 和其他社会成员)和“垂直分层”(全职劳动力内部的分层现象)，提出了新的分层方案(Stratification Scheme)并检验了上述两种模型。参见 Karl H. Müller & Niko Toš. “The organization of modern societies: Core-periphery or vertically stratified?” *Teorija in Praksa*. 2012,49(3). 566-586。

③ Vincenzo Corvello & Piero Migliarese. “Virtual forms for the organization of production: A comparative analysis”. *International Journal of Production Economics*. 2007,110(1-2). 5-15.

须有能力快速适应外界的复杂与不确定，因此必须具有模糊的组织边界、与外界互动的能力、灵活的组织结构，以及信任等特点，但是，未来的一大特点就是，没有哪一种组织结构可以是主导型的，“中心—边缘”形态不行，虚拟组织也不行。① 如果要为未来的组织寻找共性，那么它一定不是基于某种结构的②，而是基于它的本质的，张康之教授提出的合作制组织就凸显了未来组织的合作本质。③

“中心—边缘”结构在组织层面的萎缩恰佐证了“中心—边缘”的消解趋势。“中心—边缘”的建立是一个不断扩大“圈子”的过程，它的消解也一定是一个逐渐缩小领地的过程。尽管，如上所述，人力资源弹性方面的“中心—边缘”依旧存在，然而，与往昔的组织相比，去中心化的趋势已是相当明显了。让我们再次回到管理哲学大师——汉迪的观点，尽管我们前面批判了他的某些看法。通信技术所引致的“家庭办公”概念已不算新鲜，托夫勒早已预测了这种方式④，但汉迪在此基础上进一步发现，“家庭办公”已经让组织办公中心的功能大大缩减，企业员工大部分时间都在其他地方(例如家中)工作，新的办公中心没有办公室，只有会议室和一些特殊设备，甚至有“豪华的厨房”，因为它更多的是为员工提供一个放松的、相互接触的“中心俱乐部”，组织成员有时甚至为了“逃避家庭”而来到这里。⑤ 传统那种复杂、拥挤而忙碌的“办公中心”向“俱乐部”的演变，清晰表明了“中心”的削弱，以及功能分散。因此，即使 20 世纪末 21 世纪初的组织学家使用“中心—边缘”语词，也已经与传统的“中心—边缘”结构相当不同，这就是“中心—边缘”衰解的大趋势所致。

---

① 尽管“虚拟组织”的概念已经相当流行，但有研究指出它只适用于一部分企业。参见 Vincenzo Corvello & Piero Migliarese. *Virtual forms for the organization of production: A comparative analysis*. 2007,110(1-2). 5-15。

② 因此张康之教授将合作制组织称为一种“构成性”组织，而非官僚制那样的“结构性”组织。在合作制组织的建构中，结构问题只是其中一个需要讨论的要素，而不是主体部分，参见张康之. 论组织变革的困境与出路. 教学与研究. 2008(9). 32-38。

③ 参见张康之. 论信任、合作，以及合作制组织. 人文杂志. 2008(2). 53-58；张康之. 合作制组织及其治理功能. 中共宁波市委党校学报. 2009(1). 5-14；张康之. 论组织管理中的信任与合作. 浙江学刊. 2007(2). 124-130。

④ 方振邦编著. 管理思想百年脉络(下册). 北京：中国商业出版社. 2004. P533.

⑤ [英] 查尔斯·汉迪. 王凯丽译. 非理性时代：掌握未来的组织. 北京：华夏出版社. 2000. P100-102.

六、更深层的“中心—边缘”——文化与哲学

“中心—边缘”结构在上述领域的普遍存在都显然反映了“中心—边缘”模式的一种更深层的存在——一种认知、一种心理，或者说一种思维或心智模式。文化与哲学研究对“中心—边缘”结构的相关认识就反映了这种更深层次的存在。这里，文化与哲学不仅作为一种研究领域单独存在，更重要的是，它们的理论认识对于我们理解上述现实领域的“中心—边缘”结构也大有裨益。

6.1 “中心—边缘”视角下的人类中心主义

人，无论国家、组织、群体里的人还是作为个体的人，都有意或无意地将“自我”与“他者”相区分。不过，这种区分的延伸就可能创造出一个以“自我”为“中心”、“他者”为“外围”的认识框架。这里的“他者”既可以包括自然，也可以包括人。人对自然之他者的确认首先将我们引向一个重要术语，即人类中心主义。人类中心主义的基本认识之一就在于“人是宇宙的中心”。尽管人类中心主义的思想渊源可以追溯到很久以前①，但在农业社会，面对未知、巨大而神秘的自然界，人们更多的是对自然界的恐惧和敬仰，人们谈论更多的是如何“认识”世界，在美学方面则强调对自然的“模仿”。然而，启蒙时代之后，人开始觉醒，理性、工具性、目的性的思想进入人的脑际，科技进步更助长了人的气焰，人类中心论正如人类自身一样变得更加自信和突出。人类的命题从“认识”世界向“改造”世界倾斜。“我来自世界”（小我是大世界的产物）的认识逐渐被“我来到这个世界”（大我莅临小世界）的狂妄所取代，人类不仅以自己的价值和目的控制和改造世界，更以之认识、解释和评价世界。在这个意义上，人类俨然把自己放在中心地位，与其他生物和非生物构成的自然（边缘）形成对立。诚然，这种认识人与自然的“中心—边缘”观点具有其合理性

---

① 关于人类中心主义，一些学者也从古典时期和中世纪那里寻找思想源泉，指出亚里士多德、阿奎那、笛卡尔等人的思想也包含着人类中心论的观点，参见杨通进. 人类中心论与环境伦理学. 中国人民大学学报. 1998(6). 54-59。也有学者分别讨论了古希腊、中世纪、近代和现代等不同时期的人类中心主义，参见单桦. 从人类中心主义到生态中心主义的权利观转变. 理论前沿. 2006(9). 19-20。还有学者区分了几种人类中心论的不同形态，例如宇宙论的、目的论的、认识论的、生物学的和价值论的人类中心论，参见郑慧子. 对两种意义上的人类中心主义的批评. 自然辩证法研究. 2005,21(12). 5-9。不过，这些并不是本文的主要议题。

和重要意义[①],尤其是考虑到工业社会这个时代背景,但是,正如恩格斯警示的那样,人类不应“过分陶醉于他们对自然界的胜利”。[②] 这种“过分”的“中心—边缘”认知已经导致众多社会问题。例如在美学方面,人类不再专注于欣赏和描摹自然界,而是走向了审美的异化,即通过扭曲自然来满足人类的欢愉[③],例如违反植物的自然生长而将其修剪成奇形怪状,或者将猛兽训导成宠物来满足人类的眼球欲望。人类中心主义也因此成为众多学科,尤其是生态伦理学,批判与反思的对象。

但更重要的是,如果个体真的能把全人类作为一个整体看待,来应对边缘的自然,那么“中心—边缘”也就不会产生如此多的问题,充其量也就是人与自然的关系问题,诸如环境污染、生态失衡、灾难频发等。然而,问题的关键就在于,人类中心主义所暗含的狂妄使一部分人狭隘地将某个或某些种族、国家、民族、阶层、群体、小团体或个体视为“中心”,而把其他人视为“边缘”。这种对立,在农业社会仅仅表现为群体间斗争,无论纵向的阶级斗争还是横向的部落战争,表面看似残忍,却仅仅是偶发性的,是所有生活的一个部分。而到了工业社会,“个体”的解放则将社会推向了全面斗争的局面,“中心”从其自身利益出发“所开展的一切活动,都包含了斗争的内容和从属于斗争的需要”,而且法律还“鼓励这种斗争”。这种斗争之所以看起来温和,是因为法律规范将斗争以温和的“竞争”形式确证了下来。[④] 简言之,到了工业社会,“人—自然”的“人类中心主义”问题延伸到了“人—人”的“中心—边缘”问题,不仅是延伸,更是无限地扩大,这种认识无孔不入,渗透到了工业社会的每一个角落,使得工业社会呈现出全面的“中心—边缘”构型。我们前述的四节都反映的是“人—人”的“中心—边缘”结构及认识。而与此同时,“中心—边缘”式的“人—自然”认识并没有消解,反而变本加厉。这两类问题的交织使得工业社会的问题变得更复杂,而这种复杂性不断累积,以致到了后工业社会,成为我们不得不面对和解决的难题。

---

① 参见余谋昌.走出人类中心主义.自然辩证法研究.1994,10(7).8-15。

② 转引自李学智.马克思恩格斯地理环境学说析论.天津师范大学学报(社会科学版).2010(4).1-6.

③ 关于人类中心主义与美学的关系,参见曾繁仁.人类中心主义的退场与生态美学的兴起.文学评论.2012(2).107-112。

④ 张康之、张乾友.认同、承认与通向合作之路.长白学刊.2010(1).22-30.

当然，需要说明的是，我们无法将所有的问题都归咎于“人类中心主义”这个概念。[①] 我们这里所强调的是二者在“中心—边缘”的结构形态上所表现出的一致性及相互联系，因为我们不可否认，人类中心主义与个体或群体的自利包含着同样的逻辑[②]，这种逻辑正可以用“中心—边缘”结构来指称和加以理解。从“人—自然”的“人类中心主义”到工业社会的“人—人”“人—自然”全面的“中心—边缘”结构，这种演变也同时告诉我们，关于“中心—边缘”的思想内涵，我们也许可以将其追溯到前工业社会，因为“中心—边缘”不可能在工业社会无缘无故地突然降临。但是，工业社会的“中心—边缘”在范围、程度乃至性质上都与农业社会不同，因此我们在“中心—边缘”前面加了“工业社会”的限定语。

正因为二者存在关联，梳理人类中心主义相关理论的发展历程对我们认识“中心—边缘”结构的演进必然有所启示。二十世纪七十年代后，随着人与自然冲突的不断恶化，现代人类中心主义的研究者开始重新审视人与自然的“中心—边缘”关系，不同于近代的“强式”人类中心主义，诺顿(Bryan Norton)提出了“弱式”人类中心主义，反对仅仅从“中心”(人类)的感性偏好出发去掠夺“边缘”(自然)，主张以理性限制和引导“中心”的偏好。虽然弱式人类中心主义在一定程度上承认了边缘(自然)的内在价值，但中心(人类)仍然处于优越地位，对边缘(自然)的承认甚至保护，在某种意义上，是为了更好地利用边缘(自然)为中心(人类)服务。[③] 针对此种批判，“非人类中心主义”的一些理论被提出，其中的“动物权利论”赋予了动物更多的权利和道德关怀，“生物中心论”则摒弃了物种等级观念，强调物种间的平等性，而“生态整体论”则强调将人的价值与生态系统的整体价值统一起来。[④] 需要指出的是，“生态整体论”有时也被称为“生态中心论”，但这种称法引起了一些争议。“中心”的提法很容易让人们产生“将自然生态的利益放在首位”的判断，有学者就

---

① 相反，一些学者则提出，个体主义、群体主义或民族主义之所以引发问题，是因为对“人类中心主义”的违背。高清海的“类哲学”就突出了人类中心主义这里的类概念。参见王致钦.近年来“类哲学”研究述评.哲学动态.1998(3).19-22。

② 参见杨通进.人类中心论与环境伦理学.中国人民大学学报.1998(6).54-59。

③ 杨通进.人类中心论与环境伦理学.中国人民大学学报.1998(6).54-59.

④ 单桦.从人类中心主义到生态中心主义的权利观转变.理论前沿.2006(9).19-20.

指出“生态中心主义”走向了另一个极端，“力图阻止人类的经济社会发展”。[①] 这方面的争议不在本文的讨论范围之内，但它在警示我们，对旧的人与自然的不平等“中心—边缘”关系进行批判，绝不等于颠倒人与自然的地位，反而将自然置于人之上。总体来看，从“人类中心主义”到“生态整体论”的转化，反映了“中心—边缘”结构演进并衰落的一种过程：首先中心与边缘处于完全的对立，中心决定边缘的一切，边缘存在的唯一价值就在于为中心服务；后来，为了维持旧的“中心—边缘”结构，中心对边缘的价值给予一定的承认和肯定，但实际上是为了压制边缘的抗议而更好地利用边缘；逐渐地，边缘被赋予越来越多的权利；当二者的矛盾仍然无法调和时，中心与边缘可能变得平等，最终形成一种二者相协调的整体观念。需要指出的是，这仅仅是演进方式的一种，也绝不意味着“中心—边缘”的消解就是一个自发的过程。在“人—自然”的“中心—边缘”结构中，中心的“人”对于这一结构的发展具有相当的主导力。换作“人—人”的“中心—边缘”，这种结构的消解就变得不那么轻松了，反而相当困难。

6.2 “中心—边缘”视角下的文化人类学

下面我们就将讨论另一种“自我”与“他者”的关系，即“人—人”的“中心—边缘”结构。以全球文化冲突和消解为例，我们将发现，研究者对这一主题的认知变迁与上述“人—自然”关系的演进表现出了某些相似性。关于资本主义在扩散中所形成的全球“中心—边缘”结构，我们在开始时做了讨论。这里，我们再来讨论一下这一结构的文化层面。无论有意还是无意，西方的殖民扩张都伴随着“文化”[②]的入侵，但是，这并不意味着中心完全漠视边缘，只顾注射自己的文化。为了统治边缘，中心不得不研究“野蛮人的生活”，人类文化学正是在这种背景下走向独立的，并在19世纪下半叶出现了第一个学派——古典进化学派。他们坚称各民族的文化发展是单线性的，且遵循同样的路径，这种为人类文化进行等级排序的做法显然和西方列强的意愿一致。依据中心确定的这条单行线，中心文化被定义为先进，而

---

① 参见曾繁仁. 人类中心主义的退场与生态美学的兴起. 文学评论. 2012(2). 107－112。

② 显然，这里的文化不是与政治或经济相对应的艺术活动，而是各种力量较量的一个舞台。参见[美]萨义德. 李琨译. 文化与帝国主义. 北京：生活·读书·新知三联书店. 2003. 前言P2，4。

边缘文化只能是野蛮的，但是，这种进化论思想把各族文化割裂开来，认为各种文化要么独立发展，要么平行发展，忽视了文化之间的相互作用。显然，这是不符合历史的：它掩盖了中心对边缘的文化扩散及文化殖民的事实。因此，19 世纪末出现的传播学派纠正了这种看法，强调各文化间的相互影响。他们看到了文化自中心向边缘扩散的圈层现象。[①] 然而，他们大都探讨的是原始文化的扩散现象。殊不知，资本主义携带其文化在全球的殖民过程才是最强力的文化扩散方式。然而，殖民的过程永远伴随着反抗。为了缓解中心与边缘的文化冲突，"承认边缘"成为中心的一个可选方案。20 世纪 20 年代出现的流行于英国的功能学派就主张关注、了解和承认边缘文化自身的价值，这种认识不再将边缘文化蔑视为野蛮，但其根本目的仍然在于利用边缘文化来为中心服务。这种目的下的承认也只会承认边缘文化静态封闭的一面，而无视其发展[②]，因为中心只在乎自己的未来，而不在意边缘的未来。我们已经多次提到"承认"一词，在一定程度上，我们可以说，工业社会就是一个承认的社会，然而却是"承认的异化形态，而不是主体的相互承认"，这种异化的承认不是出于平等、尊重或信任，而是为了自我认同和利益的实现。[③] 上述人类对自然的承认如此，这里中心对边缘文化的承认也是如此。到 20 世纪初，出现了另一种调和文化冲突的方案——文化相对论，相对论者反对"欧美文化中心主义"，强调所有文化价值平等，没有等级之分，只是形态不同。这种宣扬中心与边缘文化平等的主张，无疑为削弱"中心—边缘"式的文化不平等迈出了重要一步。然而，这种强调平等、呼吁尊重的主张更多是说给中心听的，在一定程度上忽视了边缘文化的发展层面，对于现存的边缘文化是不利的。[④] 因为边缘不能坐等中心来尊重自己，必须自己有所改变。这就是费孝通先生的"文化自觉"概念，从"中心—边缘"的角度看，这一概念呼吁边缘人用自我表达来超越"被他人表达"。[⑤]

伴随着这些思想认识的变化，文化人类学的研究方法也朝着不断了解边缘的

---

① 夏建中. 文化人类学理论学派. 北京：中国人民大学出版社. 1997. P11－67.

② 参见周大鸣，秦红增. 人类学视野中的文化冲突及其消解方式. 民族研究. 2002(4). 30－36。

③ 张康之、张乾友. 认同、承认与通向合作之路. 长白学刊. 2010(1). 22－30.

④ 参见周大鸣、秦红增. 人类学视野中的文化冲突及其消解方式. 民族研究. 2002(4). 30－36。

⑤ 赵旭东. 在文化对立与文化自觉之间. 探索与争鸣. 2007(3). 16－19.

方向发展。至19世纪末，人类学家都是依靠异国旅行者的记录资料[1]来“想象”东方。到20世纪中期，人类学者则力求参与异国文化，“客观地”“详尽地”观察并描述一种文化。[2] 再到二十世纪六七十年代，格尔茨(C. Geertz)提出的“解释人类学”指出，文化研究不是为了客观描述，而是寻求意义的解释，即用当地人的观点解释当地人的文化。[3] 这种研究方法的进化显然对于深入认识边缘文化十分重要。然而，一直以来，正如萨义德在探讨“东方学”时所言，尽管我们可以把“东方学”当作一种描述、认识东方的学科，但其背后更多的是一种权力话语，一种“西方用以控制、重建和君临东方”的机制。这种以殖民为目的的机制就决定了，非西方文化不可能以其独立的主体身份被认识。在这种情况下，非西方当然可以以“科学的”形式被西方人认知，但更多的是以“军事的”“意识形态的”甚至“想象的”方式被“处理”甚至被“创造”。[4] 尽管萨义德的论证过程被指责忽视了人类学者的研究成果，但是他关于东方学的这种描述在时刻告诫我们(包括中心和边缘的人们)，这种文化霸权从18世纪晚期[5]直至今日都依然存在。换句话说，打破这种“中心—边缘”结构是相当困难的。

6.3　“中心—边缘”视角下的解构主义哲学观

无论“人—人”还是“人—自然”，“中心—边缘”都是一种“二元对立”的反映。解构主义指出，西方哲学一直以来都力求设置诸如本质/现象、主体/客体、理性/感性的对立二元，这二者之间也总有着等级区分，即一方支配另一方。[6] 对西方哲学传统的这种批判虽然遭到了很多质疑，然而它却揭示了二元对立的认识确实在我们(不仅是哲学家)的观念中广泛存在。我们可以看到，所有被解构主义批判的“二元论”都可以被纳入广义的“中心—边缘”框架。这不仅呈现在我们前述的国际关

---

① 夏建中. 文化人类学理论学派. 北京：中国人民大学出版社. 1997. P137.

② 周大鸣、秦红增. 人类学视野中的文化冲突及其消解方式. 民族研究. 2002(4). 30－36.

③ 参见夏建中. 文化人类学理论学派. 北京：中国人民大学出版社. 1997. P250－251。

④ [美] 萨义德. 王宇根译. 东方学. 北京：生活·读书·新知三联书店. 1999. 绪论 P4－5.

⑤ [美] 萨义德. 王宇根译. 东方学. 北京：生活·读书·新知三联书店. 1999. 绪论 P10.

⑥ 德里达(Jacques Derrida)认为西方哲学一直以来都遵循“逻各斯中心主义”，其特点之一即设置二元对立，推行等级制。参见赵一凡. 从胡塞尔到德里达——西方文论讲稿. 北京：生活·读书·新知三联书店. 2007. P351。

系、区域发展和规划等现实领域中，包含在社会组织方式、人际与文化交往中，还反映在我们借以表达和传承这些思想的语言文字中。与“言说”相比，“书写”就通常被认为是处在边缘地位的。由于在言说时，说者与听者同时在场，而书写后，符号和思想分离，因此人们在传统上认为，“言说”优于“书写”，甚至后者只有在表现前者时才得以“存在”。然而解构主义者德里达①就鲜明地批判了“言说—书写”这种“中心—边缘”图式，他将其称为“语音中心论”。德里达力图建立“文字学”，以文字的“可重复性”和“不考虑讲话人意图”等特征论证了“文字”也具有某种优越性。②甚至，在德里达看来，言说本身就是一种书写形式，因此书写才构成了语言的基本条件。当然，批判“语音中心论”只是德里达意图消解一切“中心—边缘”结构的案例和理论基础之一。他真正所要批判的是那种僵化的不平等的“结构”观念。这种结构总是存在一个“中心”，中心不仅“引导、平衡并组织结构”，而且“使组织原则对那种人们可称为结构之游戏的东西加以限制”。③ 他的目的就是拆除已经中心化的结构，并转换为“差异游戏”的新结构。这里，中心不是“存在”，而是“缺失”，它是“功能”性的，处在不断流变之中。④ 因此，德里达并不反对“二元”，相反，“差异”成为他完成解构任务的一个重要概念，他反对的是对立的“二元”。他不遗余力地去论证，对传统对立的二元秩序进行颠倒也是可能的，即差异可以先于同一，特殊可以先于普遍，书写可以先于声音⑤。当然，解构主义遭到了众多批判，德里达的解构之路为我们解构工业社会的“政治、经济和法律制度奠定了逻辑基础”⑥的判断可能也言过其实了，但他们的思想确实为我们思考“中心—边缘”提供了可供借鉴的智慧宝藏。首先，无论在国家、种族、民族、区域还是团体之间，“中心—边缘”(符号意义上)的划分可能不是一种客观存在，而更像是一种“文化意义的意指”。重点在于，中心创造了这样的符号意指，并向边缘宣扬它的鲜亮面，而遮蔽其黑暗面，并

---

① 德里达的成长环境也许对他的观点有一些影响，在大学，他是游离于“学院和非学院之间的边缘人”。参见张汝伦. 现代西方哲学十五讲. 北京：北京大学出版社. 2003. P476－477。

② 赵学清. 解构主义视角下的汉语言文字学研究. 陕西师范大学学报(哲学社会科学版). 2008,37(4). 62－68.

③ [法] 德里达. 张宁译. 书写与差异. 北京：生活·读书·新知三联书店. 2001. P502－530.

④ 参见张静. 论德里达的结构观. 江苏社会科学. 2010(3). 114－118。

⑤ 张汝伦. 现代西方哲学十五讲. 北京：北京大学出版社. 2003. P484－485.

⑥ 张一平. 结构与解构——从索绪尔到德里达. 外语学刊. 2006(4). 12－17.

威逼利诱边缘接受这一套逻辑；其次，解构主义者，甚至索绪尔等结构主义者也指出，没有差异，语言就没有了意义。[①] 同样的，没有差异，世界也就没有了意义。因此，消解"中心—边缘"结构并非消除二者的差异，而是消除不平等。实践也已证明，资本主义旧有的发展模式对后发国家并不适用，这种同一化做法并不可取。在文化方面，文化全球化也并不是消解文化冲突的良药。[②]

当然，解构主义者在这方面的论述可能对语言学或文学起着更为直接的作用。对于文学创作者而言，"边缘"已经成为许多作家的关注点和立足点，他们乐于从"边缘的视野"描写、记录"边缘群体"，以找寻被主流话语遮蔽的东西[③]；对于文学评论家而言，利用"中心—边缘"的结构去分析语言和文本则更为普遍，尽管这种普遍性还达不到网络分析法那种系统性的程度。文学评论家没有给予"中心—边缘"结构本身以多少关注，更多的是在文化符号的意义上使用"中心"与"边缘"，希望透过文本考察原作者关于这一社会不平等现象的思索。[④] 梁中贤从此视角对伊丽莎白·乔丽(Elizabeth Jolley)小说的分析就是一个典型的例子。[⑤] 在梁中贤看来，乔丽的作品不仅描述了边缘人物在地理、社会、历史、文化和心理等方面的边缘特征，更致力于破解"中心—边缘"结构。乔丽的破解之道即"理解"，中心与边缘通过相互"理解"并相互"调整"进而达成"谅解"。[⑥] 在个体层面如此，在群体和国家层面同样如此，"文化上的相互尊重和相互理解"才能获得和谐的新秩序。[⑦] 乔丽的作

---

① ［英］约翰·斯特罗克．渠东等译．结构主义以来——从列维·斯特劳斯到德里达．沈阳：辽宁教育出版社．1998．导言 P13．

② 张康之教授指出，如果致力于追求同质性，全球化就会变成抹杀差异的运动，世界也将变成单一的世界。无差异只能导向等级化的秩序，"中心—边缘"结构反而会被加强。差异是合作与信任的基础才能导向和谐。参见张康之．全球化中的合作与和谐．中央民族大学学报(哲学社会科学版)．2006，33(2)．12－17．

③ 沙家强．"边缘"的文化内涵解读——兼论当下文学的边缘化叙事．社会科学家．2011(6)．26－29．

④ 例如一些学者对林语堂、汤婷婷的作品中所隐藏的文化观念的分析，参见李勇．边缘的文化叙事——林语堂散文的结构性．江淮论坛．1997(6)．85－89，以及陈旋波．从林语堂到汤婷婷：中心与边缘的文化叙事．外国文学评论．1995(4)．92－99．

⑤ 梁中贤在此书中还对"中心—边缘"视角在文化、文学与艺术研究，甚至哲学领域的研究做了综述，对我们理解"中心—边缘"结构很有启发。她还区分了认识"中心—边缘"的四种不同层面，即个体、世界、社会和权力层面，参见梁中贤．边缘与中心之间——伊丽莎白·乔利作品的符号意义．上海：上海外语教育出版社．2009．P29－42。

⑥ 梁中贤．边缘与中心之间——对伊丽莎白·乔丽作品的符号学研究．华东师范大学博士论文．2006．论文摘要 P4－7．

⑦ 张康之．论社会及组织结构的"非中心化"．江海学刊．2008(1)．87－93．

品还暗示，对“中心—边缘”模式的批判并不是为了让边缘揭竿而起，以期对中心实施同样的统治，而是怀有“富有创造性和肯定生命的态度”来解决冲突，是要“和平共存”，而不是“互相毁灭”。① 对于其他工业社会的“中心—边缘”结构都是如此，让边缘在既有框架内与中心进行抗争，或者鼓励边缘向中心跃进，都不是消解“中心—边缘”的根本之道。

七、总结与讨论

7.1 总结:“中心—边缘”结构及其对社会治理的启示

至此，关于各个领域内的“中心—边缘”结构及其认识，我们已经完成各自论述。然而，选取的这些领域仅仅是“中心—边缘”结构得到相当程度的研究或运用的领域，除此之外，在女权主义研究、中央与地方政府、政策网络研究、教育学等众多领域，“中心—边缘”结构都得到了一定程度的认识或应用，如果再加上那些没有使用这些词语却表达了类似观念的研究，这个普遍程度是可想而知的。“被边缘化”“围绕着中心”等用语更是普遍存在于我们的日常生活之中，这时，我们不仅仅是在地理空间的意义上指称“中心”或“边缘”，“中心”“边缘”已然成为一种文化符号或标签，使用这些标签更是在表达一种可以意会而无须言传的复杂关系。② 因此，我们已无须再强调“中心—边缘”结构在工业社会存在的普遍性，也无须重复表达发现这种普遍性的惊讶。然而，在完成各自讨论之后，对工业社会的“中心—边缘”结构进行总结，将那些散落于不同思想理论中的要点进行汇总，显得十分必要。

---

① 梁中贤. 边缘与中心之间——对伊丽莎白・乔丽作品的符号学研究. 华东师范大学博士论文. 2006. 论文摘要 P6.

② 在中国学者的一些学术著作和文章中，也有众多以“中心”和“边缘”为题，例如：张国清. 中心与边缘——后现代主义思潮概论. 北京：中国社会科学出版社. 1998；唐亚林. 从边缘到中心——当代中国政治体系构建之路. 华东理工大学出版社. 2006；刘大椿. 从中心到边缘——科学、哲学、人文之反思. 北京师范大学出版社. 2006；孟凡玉. 从中心到边缘——音乐学研究的文化视野. 上海音乐学院出版社. 2011。尽管他们并没有专门讨论“中心—边缘”结构，却从另一个侧面表明了这种意识的普遍存在。

7.1.1 “中心—边缘”的结构特征

7.1.1.1 不平等性

不平等性即中心在上，边缘在下。这是“中心—边缘”最显见的一个特征。不平等性则直接导致了中心对边缘的剥削、统治、控制、支配或影响，即中心对边缘存在“权力”。无论学者们在细节上如何争论，简单地看，中心国家在经济、政治、军事、科技、文化等领域都表现出优势或者霸权，因此往往通过经济剥削、政治压制、军事恐吓、科技传播、文化控制等方式对边缘产生权力；中心城市或区域也往往在经济、科技、管理等方面比边缘城市或乡村具备优势，因此中心区域掌控着更多财富、资本、信息等稀缺资源，拥有更多的政治权力、经济权力和社会权力①；基于同样的原因，社会交往也表现出了某种“中心—边缘”结构，中心行动者由于具备某些优势居于权力关系的上层，对边缘者产生“支配”或“影响”；官僚制组织形式对边缘化的人的压制也十分明显，并且引发了组织与管理中的众多问题，“核心劳动力—弹性劳动力”的弹性人力资源机制则是一种新形式的不平等；除此之外，在生态、文化、文学、语言等领域也广泛存在着更深层次的“中心—边缘”的不平等。而与剥削相对应，边缘对中心则产生了依附或依赖。这种依赖可能是自愿的，也可能是无奈的。主动投怀送抱是因为边缘乐于从这种交往中得到好处（尽管十分有限），无奈则出于对惩罚的恐惧，因为惩罚可能导致边缘的境地进一步恶化，甚至被排斥出这个圈子。官僚制组织方式就是如此，这种组织方式无非靠边缘对中心的恐惧艰难地维系着，被管理者恐惧管理者的公共权力与“故作权威”，内部雇员恐惧上级的责骂与制度的惩罚。弹性人力资源机制则更进一步，在危机面前，以制度的名义将边缘雇员逐出这个圈子。

7.1.1.2 圈层式分布

圈层式分布即中心在里，边缘在外。我们需要强调的是，不平等性虽然是“中心—边缘”结构最外显也最基础的一个特征，但绝不是“中心—边缘”的全部，否则，

---

① 这是普雷维什在论述国内的阶层分化时所做的一种区分，他认为特权阶层掌握更多的经济权力、社会权力和政治权力，而底层劳动者只掌握着工会权力等少数微弱的权力。参见董国辉.劳尔·普雷维什经济思想研究.天津：南开大学出版社.2003.P193-194。

我们将沿用“层级结构”而不会提出“中心—边缘”结构。事实上，唯有将不平等性与圈层式分布相结合，才能成就“中心—边缘”强大的结构力量，这种力量将在第三点被阐释。

这种圈层式分布在区域规划、人际交往、复杂网络中被清晰地展示出来，而在国际关系、组织与管理、文化哲学层面则显得隐蔽一些。我们这里要指出的是，这种圈层式的空间分布的一个“优势”在于：在危机面前，中心让边缘承担风险，外围的边缘显然对内部的中心可以起到保护作用。弹性人力资源管理就是一个典型的例子。在组织裁员压力面前，弹性劳动力往往成为牺牲品，核心劳动力却得到了保护。表面上看，这是十分合理的——谁对组织贡献大，谁就理应得到保护。然而，这种理性的算计正是工业社会教会我们的，也正是后工业社会意欲推倒的。这种算计完全基于组织效率的考量，或者更准确地说，基于组织核心劳动力（中心）的需求。因为工业社会追求稳定，核心劳动力自然也追求稳定的工作，边缘劳动力就只能被划为“临时工”。在国际交往中也是如此。那些充当“桥头堡”的非核心地区在一定程度上就成为中心的挡箭牌。我们是可以从这个角度去理解第二次世界大战时期美英法等资本主义强国的祸水东引政策的。在全球经济危机面前，中心国家将危机引向边缘国家的企图更是路人皆知的。甚至在国内危机中，中心国家也试图通过把矛头指向边缘国家来分散国内的注意力。当然，每一个国家似乎都可以这样做，但是，在由中心把持的世界体系中，中心国更是如此。

7.1.1.3　结构力量

纵向与横向的巧妙组合便形成了一个立体的“中心—边缘”结构。这种巧妙不仅基于中心对边缘的纵向剥削，基于中心对外围边缘的吸附，还基于中心对边缘的某种分隔。前面我们提到了两种比喻：金字塔和轮毂结构。横看金字塔是层级节制，但俯视金字塔就是圈层结构了。因此，我们所做的就是用一种新的视角审视工业社会。轮轴与辐条则是中心对其边缘实施控制的形象比喻，但是，这些比喻都难以展现“中心—边缘”结构所有的特征。显然，我们所强调的是一种“结构”力量，而不平等性只是这种结构力量的一个部分。张康之教授就指出，农业社会里的“中心—边缘”强调更多的是政治统治意义上的不平等，经济和文化的功能在其中只是“从属性”的；而工业社会则是“政治、经济、文化集合而成”的全面的“中心—边缘”

结构。[①] 从加尔通关于新旧帝国主义的比较论中,我们也会发现,结构力量,而非不平等性,才是“中心—边缘”结构的本质。在加尔通看来,纵向不平等是旧帝国主义得以维持的主要力量,它们更依赖于直接的武力征服与威慑;而工业革命后的新帝国主义所展现的“中心—边缘”结构被设计得更加精妙一些。

简言之,这种精细的结构呈现如下特征:(1) 中心优于边缘(即不平等性);(2) 中心与中心达成一致;(3)中心的中心与边缘的中心达成一致;(4) 中心与边缘内部都存在不平等,但边缘内的分化更严重;(5) 中心与它的边缘联系紧密;(6) 中心与其他中心的边缘缺乏联系;(7) 边缘与它的中心联系紧密,却只有通过它的中心才能与外界联系;(8) (因此)边缘与边缘被割裂,同时,中心的边缘与边缘的边缘也被割裂。

显然,如果仅仅是中心在上而边缘在下,那么中心的力量就仅仅局限于从二者的不平等交往中获利。这种简单的剥削机制较为脆弱,中心与中心的恶性竞争、边缘对中心的抗争、边缘之间联合、中心的边缘与边缘的边缘联合都有可能成为摧毁它的力量。由上述因素组合而成的“结构化力量”则显得十分强大,将各种反抗因素最小化。正如加尔通指出的,“垂直机制”是不平等的主要来源(生成机制),但只有“封建机制”这种结构化力量才能维持和巩固这种不平等(强化机制)。当然,需要说明的是,不是所有的“中心—边缘”结构都具备所有以上 8 个特征,一些特征是我们观察到的“中心—边缘”结构所共有的,而一些则是特定结构才表现出的。更准确的说法可能是,一个结构表现的特征越多,它的结构化力量越强大、越接近理想形态。

7.1.1.4 整体性与封闭性

中心与边缘构成的是一个整体,即无论掌握权力的中心还是被边缘化的外围,都是这个结构的一部分。首先,整体性强调的是,在这个结构之外并非一无所有,而是还存在着其他实体。在某个中心强国不断编织其“中心—边缘”网的过程中,只有那些被殖民者开拓、征服且加以重视的地方才能“有幸”成为这个网的一部分。

---

① 张康之. 论社会及组织结构的“非中心化”. 江海学刊. 2008(1). 87 - 93. 工业社会的“中心—边缘”在范围、程度乃至性质上都与农业社会不同,因此我们在“中心—边缘”前面加了“工业社会”的限定语。

这些小的“中心—边缘”结构所表现的整体性越强，就越发限制若干结构之间的互动。加尔通就指出，这种互动只局限于中心国之间的交往。显然，没有哪个中心国愿意别国(无论它是中心国还是边缘国)未经自己的许可与自己的边缘国联系。这样的逻辑在人际交往中同样适用，人们都希望自己的下属与外界的接触是经过自己许可的，因为每个人都有一种控制欲，只是程度不同而已。在组织方面同样如此。未经组织许可就接受媒体采访的做法显然不被接受。可见，这种整体性同时意味着封闭性，它阻碍了组织间的合作。其次，整体性表明中心与边缘对于结构本身都十分重要，二者缺一不可。我们虽然强调边缘劣势、边缘对中心的依附或依赖，但是这并非意味着边缘一无是处。在某种意义上，我们当然可以说，中心对边缘也有依赖。中心国依赖于边缘国的原材料、劳动力和市场，以及在危机面前为自己充当挡箭牌。官僚制组织依赖于边缘化的人以零件的方式运作起来，高级雇员依赖于低级雇员的信息收集和工作报告，唯此他们才可制定决策并发号施令。毕竟，权力是一种相互作用，作用的双方都不可或缺。中心很清楚这一点，因此极力将边缘笼络在自己周围，在万不得已时才将其逐出圈子。因此，官僚制极力网罗并改造边缘化的人，并保证“谁也不允许离开这个圈子”，但是，无需多言，这种相互依赖绝不是平等的相互作用。更为重要的是，作为“中心—边缘”的一个特征，整体性向我们展示了一种消解这一结构的战略选择——“脱钩战略”(delinking)。阿明提出的“脱钩战略”强调，边缘国家要拒绝既有的“中心—边缘”结构所确立的价值、理性标准，制定适合自己的独立的发展策略。[①] 阿明申明，这种强调独立自我的脱钩绝不意味着闭关锁国，也不是文化保守主义，而是在自身价值标准的指导下参与国际交往。[②] 尽管在具体政策方面引发了很多争议，但是作为一种宏观导向，脱钩战略意在告诉我们，唯有跳出“中心—边缘”的框架进行思考，方能找到破解它的出路。

7.1.1.5 制度化

无论工业社会的“中心—边缘”结构具有什么样的特征，中心都不会再像农业

---

① Jan Nederveen Pieterse. “Delinking or globalization?” *Economic and Political Weekly*. 1994(1). 239 - 242.

② 马马杜·阿尔法·巴里等. 徐拓编译. 萨米尔·阿明谈全球化与“脱钩”. 西亚非洲. 1998(5). 70 - 71.

社会那样运用赤裸裸的绝对权力来维持之,而是将所有特征以法律制度的形式确定下来。中心事先制定、事后解释规则,而边缘只能遵守和服从,任何未被认可的行为都被中心界定或解读为“不合法的”。我们所谈到的“中心—边缘”结构的所有特征以及核心要素都被制度化了。“在全球层面,社会则通过中心—边缘的斗争被制度化或重新制度化”。① 而事实上,这不仅仅局限于全球层面。“组织”被制度化了:专业化、权力责任、层级控制、命令链、薪酬等等都以制度的形式出现,甚至基层官僚被赋予的自由裁量权都被制度事先设定了范围。“竞争”被制度化了:为了“分而治之”而鼓励斗争,同时又为了防止社会被斗争撕得粉碎,竞争被法律确定下来,并被限制在一定的范围内。“创新”被制度化了:只有中心才有权认可新事物,所谓的“知识产权”更是限制了创新的传播。② 不仅竞争,连“联合”也被制度化了:由于缺乏信任,联合的各方必须“处处提防坐享其成的投机分子”③,因此只能以契约的方式参与协作。

7.1.2 “中心—边缘”的关系

在上述结构特征的总结中,我们提到了中心与边缘的复杂关系及其编织成的强大结构,这里,我们将就其中几种关系进行单独阐述。

7.1.2.1 内部分化

中心/边缘的内部分化即上述的特点4。加尔通指出帝国主义结构的一个重要部分在于:尽管中心/边缘的内部都是不平等的,但中心国内的差异相对较小,而边缘内的分化更加严重。区域发展研究者弗里德曼也指出,与边缘区内部相比,特定中心区的内部成员之间的互动相对较多,这种强互动能够产生更多的思想碰撞,因而更容易产出“创新”。④ “城—乡”“中心—边缘”结构也是如此,城市居民之间

---

① Miško Šuvaković. “The Transgressive Policy of Parasitism”. http://www.parasite-pogacar.si/theorymisko.htm. 2012年12月20日访问。

② 我们将在后面论述“创新”及其传播对“中心—边缘”结构的生成的重要意义。张康之指出,知识产权拒绝了合作,而我们只能进行有限的协作。参见张康之.论为了竞争的合作与超越竞争的合作.天津社会科学.2012(4).66-74。

③ 张康之.论社会及组织结构的“非中心化”.江海学刊.2008(1).87-93.

④ David Walker. *Canada's Industrial Space Economy*. London: Bell & Hyman Limited. 1980. P48-50.

的交往由于表现出功利化色彩被人批评，但正是这种工具性的交往符合工业社会的总体要求而显得高效，农村成员以感情为纽带的交往显然难以融入工业化浪潮。因此，从这个角度看，城市居民间的联系是全面密切的，而农村成员间却相对分裂。

7.1.2.2 中心间的互动

中心间的互动即上述的特点 2 和 3。加尔通已经强调中心之间（中心的中心与边缘的中心）利益一致的核心意义所在。同时，他还指出，中心国与中心国之间可能将竞争关系维持在一个相对“中立”的范围内，以求共同维护现有框架。普雷维什在讨论创新及其传播机制时也指出，由于中心国家之间具有某种同质性，产生在某一国的革新会迅速地在其他中心国传播开来，而向边缘国家的传播就显得滞后、不均衡且充满障碍。弗里德曼同样强调，中心区与中心区之间的信息共享促进了创新的共享（例如，尽管工业革命产生于英国，却迅速被其他中心国家接受并促成其国内的相应变革）。[①] 社会交往层面同样如此，亲属密友之间自然来往频繁，组织内的核心成员之间也需要频繁会面。在组织之间也是如此，各公司（尤其是隶属相似行业的公司）的大股东之间需要密切接触，以交流信息，共商行业大事。事实上，不仅出于工作需要，他们还有很深的私交，俨然结合成了一个利益群体，以对抗其他利益相关者。[②]

7.1.2.3 边缘间的割裂

边缘间的割裂即上述的特点 8。与中心间的较强互动相对应，边缘之间缺乏联系，这一点在国际关系、社会网络、复杂网络和组织方式中都可以看到。这里我们要说的是，中心需要将边缘与边缘割裂开来，防止他们的联合，因为边缘的联合将可能是中心及其缔造的“中心—边缘”结构面对的最大挑战。中心如何才能成功地“分而治之”？首先，中心需要与它的边缘保持密切联系，同时尽量避免或减少边缘与边缘的直接接触，只有这样才能保持自己的核心地位；其次，中心努力扮演边缘的“眼睛”，而且是唯一的眼睛，边缘只有通过它才能了解和接触外面的世界，至

---

① David Walker. *Canada's Industrial Space-Economy*. London: Bell & Hyman Limited. 1980. P48.

② Westphal & Poonam. “Keeping Directors in Line: Social Distancing as a Control Mechanism in the Corporate Elite”. *Administrative Science Quarterly*. 2003, 48(3). 361 - 398。联合董事问题已经成为公司治理中的一个重要议题。

少在自己的许可和监视下与外界联系。这就降低了边缘被其他中心俘获的可能性,也同时阻止了边缘与外界边缘的联合。再次,中心国家可以针对边缘区的不同国家采取不尽相同的政策,从而进一步阻碍边缘的联合。阿明认为,20 世纪 70 年代到 20 世纪末的 20 年里,第三世界已经分裂为"新兴国家集团"[①]和"贫困化的、被排挤的国家集团",所谓的第三世界的共同战线已经不复存在了。[②] 在某种意义上,这就可以看作中心国"分而治之"的一种胜利。除此之外,分而治之更重要的机制在于"竞争"。我们前面已经指出,工业社会的一个重要特征在于全面化的、制度化的、温和的并且被鼓励的竞争机制。这种机制下,边缘化的组织成员只能是竞争对手,最多只能是业务往来,而不能真正携手。同时,这种竞争机制使得边缘国家争相向中心讨好,向中心汇合,意欲完成向半边缘乃至中心的跳跃。当边缘都向中心看齐时,自然也就忽略了联合。

7.1.2.4 文化殖民与思想控制

文化殖民或思想控制当然可以看作与经济剥削、政治统治、军事恐吓等等相平行的一种影响方式,但是,在某种意义上,它又是一种更深层次的贯穿于其他剥削方式的工具。一方面是由于,比起先前的权治和显性的规则,文化或话语霸权更懂得如何伪装自己;另一方面,中心确立和宣扬特定的话语符号和体系,而边缘被迫接受它们,因为只有通过它们才能宣示自己的存在,否则自己的存在将无法得到承认。一些学者,尤其是一些边缘区域的学者正努力为我们指出,我们现在所使用的语言表达和学术研究的话语体系都是由中心国家确立的,如果我们盲目地遵从这个体系,我们将很难摆脱"中心—边缘"结构的束缚。普雷维什和依附论者的观点表明,如果继续相信正统经济学关于经济发展的某些观点,如边缘国家在既有框架下也能变得发达等类似的鬼话,边缘国家将永不翻身。除此之外,中心所宣扬的那种政治上的民主、文化中的人道等概念都不能一味遵从,否则,这将导致中心对边缘在理论、思想和意识形态上的全面渗透和压制。很明显,中心的理论建设并没有多少出于对边缘发展的单纯考虑,即使提出了"探索外围现实的任务",也总是为自

① 这些新兴国家的出现,在阿明看来,并不意味着它们的胜利,反而它们才是"未来的真正外围国家"。因为这种发展完全是在竞争机制催生下符合既有框架和标准的成长。

② [埃及] 萨米尔·阿明.高铦译.不平等的发展.北京:商务印书馆.2000.序言 P2-3.

身的利益服务。总之，边缘为了得到中心的"承认"而接受中心的话语体系，即用别人的话语来证明自己的存在。而中心即使试图"承认"边缘的价值，也依旧是为了自身的利益。这种承认都是异化的承认，从来也谈不上信任。

7.1.3 动态的"中心—边缘"结构

我们已多次强调，工业社会的"中心—边缘"结构是一个动态的过程，正是在这个过程中，它不断生成，不断巩固，遇到障碍时也在尽力地不断调整，但仍然表现出了去中心化的趋势，走向了消解的进程。

7.1.3.1 "中心—边缘"结构的生成与强化

在"中心—边缘"结构的时间维度上，寻找这一结构诞生的一个确切时间点的做法明显有违历史。多数涉及这一问题的学者可能倾向于以英国工业革命这种标志性事件作为一个重要的时间段，即使将寻源的目光往前延伸①，工业革命都是所有意欲讨论这一结构的人所重点讨论的。这不仅表明了这一时间段本身的重要性，更说明了"中心—边缘"结构的工业化属性。

当然，这个结构的生成问题可能相当复杂，仅仅说清楚工业革命的来龙去脉这件事情本身就是一个相当大的话题。然而，我们暂且可以说，一些"偶然"因素促使某些地区的发展领先于另一些地区。然而，重要的是，此时仍然处于农业社会向工业社会过渡的时期，这就意味着地理或者区位仍然是一个极其重要的因素。如何让其他地区和优势地区良好地互动（因为互动才意味着收益），如何安排其他地区的生活方式，以更高效地供给优势地区，这就是杜能等区位论者所考虑的问题。当人们以这种方式考虑问题的时候，距离因素变得相当重要。于是，杜能就确立了收益与距离的函数，以此设计了以城市为中心向外扩散的不同农业圈层。正是如此，优势地区的优势就逐渐转化为一种位置优势，而这种位置优势就成了"中心—边缘"的核心。我们提到这一点，就是为了说明在工业社会"中心—边缘"的生成过程中，农业社会向工业社会过渡的时期是如何发挥作用的。

我们前面提到了"偶然"一词，这听起来让人觉得是在回避问题。首先，到底是

---

① 一般都延伸至1500年前后的地理大发现所引发的殖民浪潮，例如沃勒斯坦就从延长的16世纪（1450—1640）讨论现代世界体系的生成。

什么东西促成一些国家/地区的发展领先于另一些国家/地区(国际关系及区域发展的"中心—边缘"),或者一些行动者相比另一些行动者占据某种优势(社会交往中的"中心—边缘"),关于这些问题的争论很大。其次,一些学者也常用"偶然"来代替细致的考察,因为像沃勒斯坦那般做出细致而全面的考察绝非易事。再次,即使考察了众多因素而得出"众多因素导致某些地区优先发展"等类似的结论,这样的解释又在多大程度上回答了问题也值得考量。另外,诸如工业革命这类"革命性"事件本身就带有某种历史的偶然性,因此,"偶然"这个词也并非一无是处。无论如何,讨论"中心—边缘"的学者似乎都强调了一个共同的因素,即"创新"或者"变革"。普雷维什就指出,首先发生技术进步的英国成了世界经济体系的中心,技术进步使得英国足以确立一种新的国际分工,而在技术和组织方面落后的地方不得不接受这种分工而成为边缘。[①] 当然,笼统地看,在沃勒斯坦的细致叙述中,几乎每一个现代世界体系的要素(生产方式、国际分工、劳动控制、科技进步、官僚机器等等)都是中心创造的,只不过沃勒斯坦并不赞扬而是批判了这些创造。在区域发展的"中心—边缘"结构里,弗里德曼同样强调革新,这种革新可能来源于自身,也可能来源于向他人的学习。重要的是,中心区域具有创新的需求,以及乐于接受新事物的社会机制。[②] 因此,即使某项特定技术产生于某个中心国家,仍能在其他中心国家之间迅速地传播开来。中心之间的创新共享让中心作为一个整体走在前列。在人际交往中,伯西兹同样强调,中心不仅在产出创新方面存在优势,更在执行创新方面占据优势,例如在科研群体中,那些核心科研人员常常因为高产和创新而成为某个领域的中坚。而在组织和管理中,众所周知,官僚制组织压制任何形式的创新,所有的创新都必须由高级雇员做出,并最终以制度形式被确立,基层雇员拥有很小的自由裁量权,被管理者除了遵循既定程序别无选择。这种状况在公共部门尤其如此,那些拥有创新能力的公务员往往被强大的组织机器磨掉性子,那些

---

① 董国辉. 劳尔·普雷维什经济思想研究. 天津:南开大学出版社. 2003. P55-57.

② 参见 David Walker. *Canada's Industrial Space-Economy*. London: Bell & Hyman Limited. 1980. P48-50。弗里德曼的这些观点显然受到了熊彼特的"创新理论"的影响。熊彼特更明确地指出,资本主义强盛的一个很重要的原因就在于它具有"容许甚至保护"创新的社会机制。参见田佑中. 论沃勒斯坦与熊彼特经济发展史研究的异同. 天津社会科学. 2003(3). 59-64。

无法被同化的公务员则可能面临惩罚或被逐出组织。

7.1.3.2 “中心—边缘”结构的扩张

如同中心国家在大航海时代之后对外殖民扩张一样，所有的“中心—边缘”结构在确立了自己的某种优势之后，都走上了对外扩张的道路。我们已经指出，“中心—边缘”结构存在着一种圈层式的结构，而“中心—边缘”结构的扩张就是以自身的这种方式一圈一圈地向外推出。中心国以内部殖民主义方式将邻近的区域包裹进来形成现代国家，又以外部殖民主义的方式对外扩张，在将一些地区纳入自己的殖民范围并将其确立为“边缘”后，又与边缘的中心联手，将边缘地区改造成经济落后、政治不稳定、社会矛盾激化的地区。同样地，我们前面也已论述，官僚制组织在确立了“制度—雇员”的“中心—边缘”结构后，不断扩充自己的圈子，形成了“制度—高级雇员—低级雇员—临时雇员—管理对象—弱势群体”的圈层结构。城市居民的功利化交往方式向农村的扩展也反映了工业社会之工具理性的强大渗透力量。

7.1.3.3 “中心—边缘”结构的弱化趋势

然而，无论如何，在一些领域，“中心—边缘”结构已经表现出弱化趋势。在总结“中心—边缘”的结构特征时我们已经提到，具备的特征越多，“中心—边缘”结构就可能越强大。在时间之维度，同样如此。随着时间的推进，一些原本强大的“中心—边缘”结构逐渐失去了一些特征，这恰表明了其弱化的趋势。加尔通所提到的那种较完备形态的“中心—边缘”式的帝国主义已不再是当初的模样了。例如边缘间的割裂现象已有所改观，20 世纪后期以来，各种边缘国组成的超国家组织层出不穷，联合现象已经相当多了。当今，全球化已将地球大大地缩小了，任何两个国家之间(包括边缘与边缘、边缘与中心)的往来都已经相当普遍了，也没有哪个边缘国永远只跟在一个中心国后面，它完全可以自由地、自愿地跟所有国家往来。同时，一些新兴国家不断崛起并开始在国际舞台上扮演重要的角色。区域发展方面也呈现出许多新局面，例如一些旧城开始衰弱，曾经集政治、经济和文化功能于一身的中心已将功能分散到其他大城市，弗里德曼提到的后工业化阶段已非常明显。无中心的大都市区的出现、人口向郊区甚至农村的逆流等现象都表明了区域发展中的去中心化趋势。在组织发展与人际交往中，交通与通信技术的发展让远程办公和电视电话会议等变得流行起来，综合性的办公中心也在衰弱，功能被分散，甚至转变为人们临时聚集的休闲场所。临时性的、边界模糊的、灵活的、强调信任与合作的组织（无论它被学者们称作什么）在现实中不断涌现。

如上，"中心—边缘"结构的弱化在现实中表现为传统的中心与边缘关系的重大变化，例如中心的弱化、多中心的出现、边缘的联合与抗争、边缘的上升、中心与边缘的颠倒等。在理论方面也是如此。众多学者关于"中心—边缘"结构的探讨本身就是一种进步，因为要消解"中心—边缘"结构的第一步就是认识其本质，这也是我们这里所做的工作。管理理论从古典理论到关注边缘化的雇员的行为科学，再到没有主导理论的丛林时期，这种进程就显示着某种"中心—边缘"弱化的趋势。同时，在官僚制组织之外，诸多关于未来组织形态的理论被提出，未来的组织也必将呈现出多元化图景。人类中心主义和文化人类学的发展历程也向我们昭示：中心不得不认真了解、尊重和承认边缘，并重新审视它与边缘的关系。在社会交往中，学者们也发掘了多种社交形态，各种形态在不同方面表现出各自的优势。社会交往理论还有一个重要的发现，即边缘的创新力。例如，格拉诺维特（M. Granovetter）等人的"弱关系的强度"[①]就告诉我们，紧密联系的中心行动者虽然便于共享信息，但较难获得新信息。他们比边缘更具同质性，更深地融入社会体制，而且新事物往往意味着冲突和风险，因此他们不愿意放弃既有观念来开发新知识。而边缘由于处于外围，更容易与外界产生联系以获得新信息[②]，受旧模式的禁锢也较弱，因此可能更愿意做出某种革新。在国际政治方面，我们也可以看到，当前，一些边缘国家在经济发展、社会管理，以及科学技术等许多方面都有所创新。这一认识的重要意义则在于：前面我们已经讨论了创新对于"中心—边缘"生成的重要意义，这就意味着，如果边缘的创新力得到发挥，那么中心也就失去了某种原动力。

7.1.3.4 "中心—边缘"结构的新形态

显然，作为中心，它们所思考的是如何抵御这种弱化趋势，如何重新确立自己

① ［美］约翰·斯科特. 刘军译. 社会网络法分析法. 重庆：重庆大学出版社. 2007. P29.

② Gino Cattani & Simone Ferriani. "A Core/Periphery Perspective on Individual Creative Performance: Social Networks and Cinematic Achievements in the Hollywood Film Industry". *Organization Science*. 2008, 19(6). 824-844.

的中心地位。中心正努力构筑着“中心—边缘”结构的新形态。我们已经看到，基于传统要素的“中心—边缘”结构已经衰落，在领土方面，旧的帝国主义已将触角伸到了全球的所有角落，地球上已没有地方可以被吸入帝国主义的魔爪；在传统经济方面，那种以制成品、技术和资本交换原材料、劳动力和市场的剥削方式也不如以前那样强有力。旧结构将因为无法继续扩张而失去动力，于是旧中心开始打造新的“中心—边缘”结构。正如阿明指出的那样，从1800年到1980年，“中心—边缘”的对立是工业化与非工业化的对立，而20世纪80年代以后，对立被建立在新的标准上，这些标准包括“金融全球化、技术创新、取得世界资源、通信与信息手段、大规模毁灭性武器”。[①] 在这些新要素方面，旧中心成为新的领航者，基于新标准的“中心—边缘”结构再次起航，圈层式地向外扩展，它们将重新吸收新成员，直到全球的所有角落。正是在这个意义上，阿明坚称，一些所谓的新兴国家（如韩国、新加坡等）并没有“赶上”中心而脱身“外围国家”，相反，如果新兴国家主动进入或者被迫卷入基于新标准的国际分工，就会沦为“未来的真正外围国家”。区域发展方面，尽管去中心化趋势有所表现，一些中心区域在地理空间方面也已没有了当初的优势，但在信息技术建立的虚拟社区面前，旧的中心将由于先天优势（例如硬件设备）更容易再次占据新核心。正如有学者指出，新的远程通信技术的发展肯定破坏了一些地理特征，但又创造了新的地理特征。[②] 尽管虚拟空间可能没有中心，但是它与现实空间的结合既遵循又强化了原有的中心。[③] 弹性人力资源管理也可以被视为一种新形态，当旧有的“制度—高级雇员—低级雇员”和“中心—边缘”结构无法适应快速变化的后工业社会环境时，“核心劳动力—弹性劳动力”的结构被确立，以保护中心。复杂网络研究中“富者愈富”的特征则向我们表明，在由中心确立的基于新标准的“中心—边缘”新形态面前，网络外的成员仍然会倾向于与中心再次联结，自然而然地强化“中心—边缘”结构。

上面我们也提到，无论在国际政治还是社会交往与组织中，边缘的联合已经相当普遍。然而，这些联合只停留在形式上的协作，而非实质上的联合，我们更倾向

---

① ［埃及］萨米尔·阿明.高铦译.不平等的发展.北京：商务印书馆.2000.序言P4.

② 甄峰.信息时代的区域空间结构.北京：商务印书馆.2004.P26.

③ 甄峰.信息时代的区域空间结构.北京：商务印书馆.2004.P50.

于把这种真正的联合称为“合作”。组织里的边缘化雇员，在竞争机制下，最多只有基于利益算计的业务往来，边缘国家的联盟也主要“基于领域认同并谋求在普遍竞争的环境中获得更多机会和更大利益”①，而非基于信任的真正合作。因此，“边缘间的割裂”不再是旧时的那种真正的不来往，而是一种新形态，即形式上的协作，却在合作意义上仍是割裂的。

7.1.3.5 关于“中心—边缘”的未来

我们已经看到，“中心—边缘”结构的消解过程必将是一个长期的过程。旧中心一定会不断调整策略，减缓现有结构弱化的势头，同时不断开创新要素和新标准，并在未来引领这些领域。不得不承认，当前的“中心—边缘”结构还十分稳固，我们所看到的许多弱化趋势也只局限在较小的范围内。例如城市规划和区域发展的均衡化趋势只在一些中心国家的部分地区有所表现，而在边缘国家内仍追求片面的发展，城市间和城乡间仍然表现出清晰的“中心—边缘”结构。

那么消解“中心—边缘”结构的关键在什么地方？我们可以从“中心—边缘”结构的生成机制中找到一些启示。在“中心—边缘”生成的第一步，中心因为某些“偶然”因素而具备了一些边缘不具有的差异，然而，为什么这种差异随之被定义为“优势”？既然差异性是世界永恒的特征，边缘也必然具有中心所不具有的特点，为什么这些差异无法成为边缘的优势？另外，创新也是“中心—边缘”结构生成的一个重要环节。既然，如某些学者所言，边缘其实在创新方面更具备优势，为什么边缘无法引领新事物？因为中心拥有赋予某种新事物“合法性”(legitimacy)和“支持”(support)的权力。② 显然，是中心将那种自认为先进的、有利可图的并且可以驾驭的新事物称为“创新”。这两点都指向了一个共同的地方，即“标准”。中心为这个世界确立了价值观和标准，而边缘则接受了这一价值标准，在这个标准的衡量下，中心将某些“差异”定义为“优势”，将某些新事物定义为“创新”，从此，它们便可引领新事物并将“创新”传播开来，将自己的“优势”转化为一种“位置优势”。伯西兹

① 张康之. 论合作制组织的开放性. 探索. 2009(1). 153 - 159.

② Gino Cattani & Simone Ferriani. “A Core/Periphery Perspective on Individual Creative Performance: Social Networks and Cinematic Achievements in the Hollywood Film Industry”. *Organization Science*. 2008, 19(6). 824 - 844.

关于社交网络"中心—边缘"结构的生成中同样指出了"共识性的单一标准"(a single criterion with a unanimously accepted ranking)这一点。博阿斯(Franz Boas)的文化相对论同样指出，一种文化不应由其他文化的标准和价值来评价。

工业社会是一个线性思维时期，稳定的"中心—边缘"结构得以形成的一个重要的原因在于一种顽固的单一的衡量标准。无疑，在工业化社会的几乎任一领域，我们都可以轻易找到单一的价值观和评判标准。基于单一标准进行排序自然就造就了唯一的"中心—边缘"。然而，一方制定的、确切的、单一的标准在高度复杂和高度不确定的后工业化社会显然无法继续生存下去。后工业社会是一个开放的社会，"那些在封闭社会或多或少不变地同个体相连的特征成了可变的特征"[①]，因此基于单一标准的单一排序不再可能。或者说，"那种在封闭系统中谋求和谐秩序的方法再也不能发挥作用了"。[②] 可以想象，如果单一价值和标准被打破，旧的边缘也许在某种标准下处于劣势，但在别的标准下就可能居于优势。各主体之间各有优劣，只有这种多元化的差异，而非不平等的差异性或者完全的同质性，才能"导致社会构成因素的互补和交往互动"[③]，才能把我们引向合作的未来。

7.1.4　对社会治理的启示

在完成对"中心—边缘"结构诸多特征与机制的总结和分析后，我们有必要再一次回到"社会治理"上来，因为无论何种分析视角，一方面要为我们提供一种观察社会的工具，另一方面要为我们预测或建构未来提供一些启示。正如加尔通在论述帝国主义的"中心—边缘"结构时指出的那样，对于理论，不仅要看它是否符合"当下现实"，还要看它是否为"潜在现实"提出了某种指向[④]。这些启示在本文各处的论述中都有所涉及，在此做一下集中探讨。当然，需要指出的是，这些启示是基于本文对"中心—边缘"结构的有限认识做出的，许多地方都需要进一步的分析和探讨，有些认识和判断也有待商榷。这也是为什么只能将其暂且称为"启示"的一个原因，在未来完成对"中心—边缘"结构的深入探讨后，我们大概就可以将"启

① ［德］米歇尔·鲍曼.道德的市场.北京：中国社会科学出版社.2003.P471.

② 张康之.论合作制组织的开放性.探索.2009(1).153-159.

③ 张康之.论合作制组织的开放性.探索.2009(1).153-159.

④ Galtung. "A Structural Theory of Imperialism." *Journal of Peace Research*. 1971,8(2). 81-117.

示”升级为“观点”了。

在前面的分析中我们指出，“中心”为整个“中心—边缘”结构确立了单一的标准，垄断了(包括产出、执行和合法化)创新，并号召甚至鼓励边缘以标准为参照、以创新为榜样参与竞争。而边缘对此表示认同(或只能无奈)，认为中心就代表着先进和未来，向中心看齐并试图僭越中心，这恰恰再一次掉入了线性思维模式，“中心—边缘”式的结构得到了强化。在国内治理方面，这种情况相当普遍，区域均衡发展的思想和倡议可谓老生常谈，但是，作为“中心”的中央政府或中心城市不断树立区域发展的典型，号召其他区域向标杆学习，甚至“中心”会颁发“管理创新奖”之类的奖项，这种对“创新”的垄断式认可，显然深受单一标准的线性思维毒害。如果说，肯定创新或者树立典型的做法有某些可取之处的话，那就是鼓励各区域基于自身资源去发展适合自己的模式，而不是盲目照搬他人的所谓成功经验。另外，所谓“城市竞争”的观念也只是工业社会的全面“竞争”意识下的产物，这一观念催生出一批追求数量和规模的“大都市区”。弗里德曼对我国所谓的“城市竞争”和“打造城市品牌”的做法表现出厌烦和不理解，他指出，这种竞争只会是“零和博弈”，而这种竞争游戏“真正的输家是与全球经济没有直接联系的人民”。他强调“内生性发展”，即任何发展都必须，也只能从自身的资产和需求出发。[①] 如果“中心”不跳出工业社会的线性思维，依旧以单一的标准衡量区域发展或组织成员的业绩，那么区域发展只可能朝着统一的死胡同前进，而无法呈现百花齐放的景象；同样地，如果“边缘”一味地向所谓的创新和标准靠拢，“没条件也要创造条件”参与恶性竞争的洪流，最终只会伤害自身的利益，当然，最主要的是边缘之边缘民众的利益。

不仅在国内治理方面，在应对国际关系方面，同样需要认清这一结构的实质及其未来。在后工业社会的所有层面，那种仍然依靠“中心—边缘”式线性思维的做法无法帮助我们更好地思考，将全世界打造成“中心—边缘”这种看似理性的确定式结构只会让我们在危机面前无所适从。如果边缘国家在既有体系内，以中心国家的标准，向中心国僭越，并不会结束边缘化的状态。相反，当边缘国一味地向中

---

① 胡以志访，武军译. 我从来不赞成城市之间的竞争——对话约翰·弗里德曼教授. 国际城市规划. 2011,26(5). 109 - 110.

心僭越时，例如在内部发展中重复中心国家的老路子，追求经济发展，而忽略生态平衡（“人—自然”的“中心—边缘”）；打造现代化城市，而忽略广大农村（“城—乡”的“中心—边缘”），则正中“中心”的计谋，当边缘窃喜自己成为旧标准里的中心时才傻傻地发现，自己只不过处于一种新形态的边缘地位。因此，边缘要消除那种对中心提出的理论的“囫囵吞枣的渴望”，不能把其“当作已经揭示的真理拿来”[①]，只有放弃现有的由中心确立的价值体系，跳出“中心—边缘”的线性思维模式，建立适合自己的独立的发展策略，开发适合自己的独立的理论工具，才有可能走出困境。

同时，“中心—边缘”结构从“差异”到不平等的“优势”再到结构化的“位置优势”这一生成过程对我们看待社会治理也有诸多启示。这里再次以几个现实的复杂网络为例，我们前面已经提到，互联网、交通网和疾病扩散网络的“中心—边缘”结构恰恰证明了“中心—边缘”结构的脆弱性，这种脆弱性在后工业社会很可能演变成大的危机。当然，追求这些网络的完全均质化在一些层面可能是不现实的。例如，人类的群居天性难以改变，让城市布局完全均匀分布的可能性并不大，更不用说让人在一个区域内均匀分布了。然而，我们在这里强调的是区域发展的功能化扩散。换言之，那种集各种功能于一身的区域发展策略是不可取的，居住、办公、商业、社交、娱乐等众多功能应当由不同地域分散承担，更重要的是，要树立这样的观念，即这些功能之间有差异而无等级。在互联网的例子中，一方面我们强调的是互联网节点之间必然存在差异，但这种差异不能上升为不平等性；另一方面，作为一种虚拟存在的互联网本质上理应属于后工业社会的事物形态，然而在现阶段却沦为工业社会的工具，各国政府都试图用工业社会的法律和规则框架限定它，这种基于“中心—边缘”式思维的做法只能加剧危机。总之，用“中心—边缘”结构视角的术语来说就是，“差异”是未来的重要特征，或者正如上文所述，是未来的必备要素，然而“差异”不能被导向不平等甚至结构化的不平等。

关于未来，有城市规划学者指出，信息通信技术等引领的新空间与传统的物质

---

① ［阿根廷］劳尔·普雷维什著；苏振兴、袁兴昌译. 外围资本主义：危机与再造. 北京：商务印书馆. 1990. P27－28.

空间之间的互动影响将决定未来城市生活的形态。① 区域经济学者也声称，新技术的离心力和向心力同时存在，其对经济的合力结果并不能一概而论。② 类似的，阿明就国际政治指出，新兴国家与传统中心国的对抗结果，将决定未来的世界面貌。③ 他们都指出了未来的不可确定性，却都诉诸中心与边缘的对抗，或者传统"中心—边缘"结构与其新形态的斗争。而我们更愿意相信，未来是以合作的面目出现的。前面我们已经提到"协作"与"合作"的问题，事实上，不仅边缘的联合，中心之间的交往也都仅仅停留在协作形态。国际舞台上的各中心国都只是出于自身的利益算计而与其他中心国协作或联盟，与其他边缘国来往；人际交往里的中心行动者同样基于他人的承认与利益的考量而与其他人联系。但未来的交往方式必将是真正"合作"的。如果边缘能够以高于协作的合作方式与他人交往，那么它就抢得了未来的先机，在这个方面也就超越了中心，也就可能突破"中心—边缘"结构的束缚。这就是机遇所在。另外，在国际层面，我们所引述的大多数讨论，本身就多见于中心国家，而在边缘地区出现得较少。这从一个方面也印证了中心的创造力及其文化霸权。然而，这并不意味着边缘的人们无所作为，相反，在深受这种结构之苦以后，他们的观点显得更具洞见！诸如普雷维什等拉美学者、受边缘化生活影响的德里达、以色列的伯西兹，以及塞尔维亚的苏瓦科维奇等就为我们提供了重要的思想智识。边缘的人们完全有能力创造属于自己的理论。当然，对这些机遇的认识和把握绝不意味着以此来对抗中心，并在将来扭转乾坤，将旧中心打成边缘，因为后工业社会必将是去中心化的，如果仍然沿着线性思维来赶超中心，那么会再次跌入"中心—边缘"的窠臼。

有一点需要特别说明，"中心—边缘"结构在一定程度上的弱化以及在未来的消解，是所有主体（包括中心和边缘）都面临的趋势。因此，这并非意味着边缘的胜

---

① Holger Floeting. "Virtual Cities? Telematics and Spatial Development". Paper presented at the TAN3 Conference on Cyberspace and the Loss of Concentration. Berlin. 1999. P28 - 31.

② 参见甄峰.信息时代的区域空间结构.北京：商务印书馆.2004.P23.Andrew Gillespie 等人总结了三种理解"新经济"（与信息技术相关联的经济活动）的视角，不同的视角在回答"新经济是积聚还是扩散?"的问题时得出不同的答案。参见 Andrew Gillespie et al. "Regional Development and the New Economy". EIB Papers. 2001, 6(1). 109 - 131。

③ ［埃及］萨米尔·阿明.高铦译.不平等的发展.北京：商务印书馆.2000.序言 P3.

利。变动就意味着风险。“中心—边缘”的这种弱化趋势对中心和边缘都是一种挑战。在国内治理层面，治理主体的多元化已经是一个不可阻挡的事实，这本身就意味着民主的没落和公共性的扩散[①]，也意味着以政府管理为核心的“中心—边缘”治理结构被削弱，然而，这同时也意味着国家力量的衰弱，国家认同遭遇了“去中心化”，即国家不再是公民认同的唯一落脚点，而被其他一些次级组织（如宗教、种族）削弱。这对所有国家，尤其是国家力量本来就弱的边缘国家，是极大的挑战。[②] 因此，尽管目前政府在国内治理中和国家在国际政治中都依然扮演着主要角色，然而，无论实践还是理论研究都表明，其他治理主体在国内治理和国际社会中的地位不断上升。同时，不要误认为我们对“中心—边缘”结构的批判是在为边缘辩护。在既有框架中被边缘化，固然可以将部分原因归结于中心的霸权，但更大的责任在于边缘自身，无论国内的边缘区域或边缘群体还是国际社会中的边缘国家，都是如此。总之，工业社会向后工业社会转型的这一时期无论对于中心还是边缘，都是风险与机遇并存的，但是，这绝不能催生出斗争意识，而必须以合作取之。因此，转型期对于整体而言也是风险与机遇并存：机遇是整体走向合作，而风险则是在全面斗争的泥潭里越陷越深。

7.2　讨论

7.2.1　可能的创新

本研究的众多思想和理论都源自不同研究领域的不同学者，他们的论述无疑为本研究奠定了重要基础。然而，正如我们多次强调的那样，他们的探讨都只局限于特定领域，而没有综合各家之言以提出一种总体性结构的迹象。因此，首先本文旨在捡起这些散落在学术和现实沙滩上的贝壳，并尝试提炼和锻造出一种新的样式，尝试总结了“中心—边缘”这一总体性结构的若干特征。其次，本研究通过这一新视角观察了一些现象，例如官僚制、组织与管理理论、人类中心主义，以及文化人

① 张康之、张乾友. 民主的没落与公共性的扩散——走向合作治理的社会治理变革逻辑. 社会科学研究. 2011(2). 55 - 61.

② 郭艳. 全球时代的后发展国家：国家认同遭遇“去中心化”. 社会观察. 2004(10). 59.

类学等，并形成了一些初步的观点。最后，本研究试图扩展基于特定领域的学者们对“中心—边缘”结构的某些认识，尝试分析了工业社会之“中心—边缘”结构的若干重大问题（例如“中心—边缘”结构的生成、巩固与消解），提出了进一步解答这些问题的一些可能的关注点，例如“创新”“单一标准”，以及“线性思维”对“中心—边缘”结构生成的意义，“中心—边缘”结构及其逻辑的“圈层式扩张”，以及“竞争”与“合作”、“承认”与“认同”、“结构”与“构成”等概念对于解释这一结构的重要性。

7.2.2 不足之处

需要重申，本书属于建构“中心—边缘”这一观察和解读工业社会的可能视角的初步尝试，这就意味着它存在诸多不足之处。首先，本研究所选取的领域仅仅是“中心—边缘”结构或语词得到相当程度探讨的领域，而无法涵盖全部。例如，女性主义研究者们显然就非常喜欢用这样的语词表达他们的感受并论述相关问题。其次，即使在本文提到的很多领域，利用“中心—边缘”框架分析相关问题都表现得相当不足。例如，官僚制组织形式在“中心—边缘”的视角下还需进一步的观察和分析。再次，文中对许多重要问题的探讨显然都只是蜻蜓点水。例如，“创新”对“中心—边缘”结构生成的重要意义就需要相当深入的探讨。最后，“中心—边缘”视角本身的许多问题在文中并没有过多的阐述，例如，人们难以达成统一的关于“中心”或“边缘”的定义；“中心—边缘”的二分仅仅是一种简化，完全可以扩展为三分法或连续光谱，以及“中心—边缘”视角本身存在的缺陷。因为无论放大镜还是显微镜，任何视角都存在局限性，只有承认这些缺陷，限定“中心—边缘”视角的观察对象与方式，这样建立起的观察视角才会被认同。

7.2.3 结语：打破“中心—边缘”式隔阂的学术研究

无须多言，在学术界，“中心—边缘”现象同样存在。“在现代社会中，任何类型的知识与知识分子都不应当成为霸权，不应当再制造中心/边缘的等级关系。”[①]在“知识分子”方面，复杂网络中关于科研合作网的研究，社会交往理论中对于核心科研人员“霸权”的探讨都表明“中心—边缘”结构在学术研究者中的存在。在“知识”

① 陶东风. 中心与边缘的位移——中国知识精英结构的变迁. 1994. http://www.cctv.com/tvguide/tvcomment/tyzj/zjwz/593_11.shtml. 2012 年 11 月 12 日访问.

方面，基于工业社会的专业化要求，学术研究被划分为一个个独立的相互割裂的领域，它们之间的交流非常缺乏，我们也不得不以学科来划分本文的各个章节，但是，我们已经看到，各领域关于“中心—边缘”结构的研究发现在一些方面表现出惊人的相似。然而，遗憾的是，大部分学者都只关注自己领域的研究成果，研究者之间在理论和方法上并没有充分的交流和借鉴。学术研究中的“中心—边缘”结构，如同其他领域的“中心—边缘”结构一样，也是我们在后工业社会意欲消解的。如果社会网络研究和复杂网络的定量方法能够被广泛应用到其他领域，一定会结出许多成果；如果国际政治中关于此结构的深刻认识扩及其他领域，也一定会有诸多收获；同时“中心—边缘”结构在行政管理领域发展得不景气多少让人有些遗憾。显然，“中心—边缘”的结构视角也完全可以被用来重新解读官僚制组织、中央—地方政府间的关系，以及政策网络等议题。创造性来源于“概念的移置”，即把一个领域的概念用到另一个领域以“带来新的洞察力”。[①] 可以想象，如果我们所做的努力足以引起人们对于“中心—边缘”分析视角的注意，把这种分析结构广泛运用到其他领域，用到那些未曾使用“中心—边缘”或使用得不充分的研究领域，我们对工业社会的这一总体性结构必将认识得更加深入和透彻。不仅是“中心—边缘”这一研究议题，对所有学术研究都是如此。简言之，消解“中心—边缘”结构的任务之一就是打破学科之间传统的“中心—边缘”式隔阂，走向学科间真正的合作之路，这也是走向普遍合作之未来的任务之一。

---

① ［英］查尔斯·汉迪. 王凯丽译. 非理性时代：掌握未来的组织. 北京：华夏出版社. 2000. P23.

参考文献

一、中文文献：

著作类：

1. ［美］保罗·克鲁格曼. 张兆杰译. 地理和贸易. 北京：北京大学出版社. 2002.

2. ［美］查尔斯·葛德塞尔. 张怡译. 为官僚制正——一场公共行政的辩论. 上海：复旦大学出版社. 2007.

3. ［英］查尔斯·汉迪. 王凯丽译. 非理性时代：掌握未来的组织. 北京：华夏出版社. 2000.

4. ［法］德里达. 张宁译. 书写与差异. 北京：生活·读书·新知三联书店. 2001.

5. 董国辉. 劳尔·普雷维什经济思想研究. 天津：南开大学出版社. 2003.

6. 方振邦编著. 管理思想百年脉络(下册). 北京：中国商业出版社. 2004.

7. 方振邦，徐东华. 管理思想史. 北京：中国人民大学出版社. 2011.

8. ［法］费尔南·布罗代尔. 顾良，张慧君译. 资本主义论丛. 北京：中央编译出版社. 1997.

9. ［德］贡德·弗兰克. 刘北成译. 白银资本. 北京：中央编译出版社. 2000.

10. 何大韧等. 复杂系统与复杂网络. 北京：高等教育出版社. 2009.

11. 江时学. 拉美发展模式研究. 北京：经济管理出版社. 1996.

12. ［阿根廷］劳尔·普雷维什. 苏振兴，袁兴昌译. 外围资本主义：危机与再造.北京:商务印书馆.1990.

13. 李小建主编.经济地理学(第二版).北京:高等教育出版社.2006.

14. 梁中贤.边缘与中心之间——伊丽莎白·乔利作品的符号意义.上海:上海外语教育出版社.2009.

15. 刘军.社会网络分析导论.北京:社会科学文献出版社.2004.

16. 马戎.西方民族社会学的理论与方法.天津:天津人民出版社.1997.

17. [德] 米歇尔·鲍曼.肖君译.道德的市场.北京:中国社会科学出版社.2003.

18. [埃及] 萨米尔·阿明.高铦译.不平等的发展.北京:商务印书馆.2000.

19. [美] 萨义德.李琨译.文化与帝国主义.北京:生活·读书·新知三联书店.2003.

20. [美] 萨义德.王宇根译.东方学.北京:生活·读书·新知三联书店.1999.

21. 盛邦和,[日] 井上聪主编.新亚洲文明与现代化.上海:学林出版社.2003.

22. 王旭.美国城市发展模式.北京:清华大学出版社.2006.

23. [美] 沃勒斯坦.罗荣渠译.现代世界经济体系(第一卷).北京:高等教育出版社.1998.

24. 夏建中.文化人类学理论学派.北京:中国人民大学出版社.1997.

25. 肖枫.西方发展学和拉美的发展理论.北京:世界知识出版社.1990.

26. [英] 约翰·基恩.刘利圭等译.公共生活与晚期资本主义.北京:社会科学文献出版社.1999.

27. [美] 约翰·斯科特.刘军译.社会网络法分析法.重庆:重庆大学出版社.2007.

28. [英] 约翰·斯特罗克.渠东等译.结构主义以来——从列维·斯特劳斯到德里达.沈阳:辽宁教育出版社.1998.

29. 张汝伦.现代西方哲学十五讲.北京:北京大学出版社.2003.

30. 赵一凡.从胡塞尔到德里达——西方文论讲稿.北京:生活·读书·新知

三联书店. 2007.

31. 甄峰. 信息时代的区域空间结构. 北京：商务印书馆. 2004.

32. 郑长德，钟海燕. 现代西方城市经济理论. 北京：经济日报出版社. 2007.

论文类：

1. 安然. 沃勒斯坦的现代化思想研究. http://www.modernization.com.cn/beida4.htm. 2012 年 12 月 5 日访问.

2. 陈旋波. 从林语堂到汤婷婷：中心与边缘的文化叙事. 外国文学评论. 1995(4). 92－99.

3. ［美］E. H. 莱纳. 水刃译. 依附论：入土为安. 国外社会科学. 1991(12). 37－38.

4. 高丽娜，蒋伏心. 空间经济学与区域经济学的分异与融合. 南京师范大学学报(社会科学版). 2010(6). 50－55.

5. 郭艳. 全球时代的后发展国家：国家认同遭遇“去中心化”. 社会观察. 2004(10). 59.

6. 胡恩华，刘洪. 管理科学研究范式的转换. 系统科学学报. 2007，15(1). 74－78.

7. 胡以志访，武军译. 我从来不赞成城市之间的竞争——对话约翰·弗里德曼教授. 国际城市规划. 2011，26(5). 109－110.

8. 江时学. “内部殖民主义论”概述. 国外理论动态. 1993(15). 5－8.

9. 赖国栋. 布罗代尔的“经济世界”与沃勒斯坦的“世界经济”. 古代文明. 2010，4(3). 10－17.

10. 李学智. 马克思恩格斯地理环境学说析论. 天津师范大学学报(社会科学版). 2010(4). 1－6.

11. 李勇. 边缘的文化叙事——林语堂散文的结构性. 江淮论坛. 1997(6). 85－89.

12. 廉如鉴. “差序格局”概念中三个有待澄清的疑问. 开放时代. 2010(7). 46－57.

13. 梁中贤. 边缘与中心之间——对伊丽莎白·乔丽作品的符号学研究. 华东

师范大学博士论文. 2006.

14. 罗珉. 泰罗科学管理的遗产及其反思. 外国经济与管理. 2011,33(9). 1-10.

15. 马马杜·阿尔法·巴里等. 徐拓编译. 萨米尔·阿明谈全球化与“脱钩”. 西亚非洲. 1998(5). 70-71.

16. ［墨］帕索斯. 余幼宁译. R. 普雷维什与拉丁美洲的经济发展. 国外社会科学. 1982(1). 65-66,79.

17. 乔依德. 试评发展经济学中的激进派观点. 世界经济. 1983(9). 44-50.

18. 秦岭. 区域经济学理论与主体功能区规划. 江汉论坛. 2010(4). 10-13.

19. 沙家强. “边缘”的文化内涵解读——兼论当下文学的边缘化叙事. 社会科学家. 2011(6). 26-29.

20. 单桦. 从人类中心主义到生态中心主义的权利观转变. 理论前沿. 2006(9). 19-20.

21. 孙来斌、颜鹏飞. 依附论的历史演变及当代意蕴. 马克思主义研究. 2005(4). 70-76.

22. 陶东风. 中心与边缘的位移——中国知识精英结构的变迁. 1994. http://www.cctv.com/tvguide/tvcomment/tyzj/zjwz/593_11.shtml. 2012 年 11 月 12 日访问.

23. 田佑中. 论沃勒斯坦与熊彼特经济发展史研究的异同. 天津社会科学. 2003(3). 59-64.

24. 王致钦. 近年来“类哲学”研究述评. 哲学动态. 1998(3). 19-22.

25. 吴彤. 复杂网络研究及其意义. 哲学研究. 2004(8). 58-63.

26. 吴苑华. 社会主义是什么? ——沃勒斯坦论社会主义. 长春市委党校学报. 2009(1). 4-6.

27. 徐晓军. 内核—外围:传统乡土社会关系结构的变动. 社会学研究. 2009(1). 64-95.

28. 阎云翔. 差序格局与中国文化的等级观. 社会学研究. 2006(4). 201-213.

29. 杨通进. 人类中心论与环境伦理学. 中国人民大学学报. 1998(6). 54-59.

30. 杨云彦等. 边缘化区域及其发展研究. 学习与实践. 2011(12). 10-17.

31. 余谋昌. 走出人类中心主义. 自然辩证法研究. 1994,10(7). 8-15.

32. 曾繁仁. 人类中心主义的退场与生态美学的兴起. 文学评论. 2012(2). 107-112.

33. 曾昭耀. 关于进口替代工业化战略的再思考. 拉丁美洲研究. 1996(6). 1-9.

34. 翟学伟. 再论"差序格局"的贡献、局限与理论遗产. 中国社会科学. 2009(3). 152-158.

35. 张继焦. 差序格局:从"乡村版"到"城市版". 民族研究. 2004(6). 50-59.

36. 张静. 论德里达的结构观. 江苏社会科学. 2010(3). 114-118.

37. 张婧婧. 复杂网络中心化的研究. 西安理工大学硕士学位论文. 2007.

38. 张康之. 关注"中心—边缘"结构,发展"积极的政治学". 中国社会科学报,2010年10月7日.

39. 张康之. 合作制组织及其治理功能. 中共宁波市委党校学报. 2009(1). 5-14.

40. 张康之. 论合作. 南京大学学报(哲学·人文科学·社会科学). 2007(5). 114-144.

41. 张康之. 论合作制组织的开放性. 探索. 2009(1). 153-159.

42. 张康之. 论全球化运动中的"去中心化". 理论探讨. 2012(2). 5-10.

43. 张康之. 论社会及组织结构的"非中心化". 江海学刊. 2008(1). 87-93.

44. 张康之. 论为了竞争的合作与超越竞争的合作. 天津社会科学. 2012(4). 66-74.

45. 张康之. 论信任、合作以及合作制组织. 人文杂志. 2008(2). 53-58.

46. 张康之. 论组织变革的困境与出路. 教学与研究. 2008(9). 32-38.

47. 张康之. 论组织管理中的信任与合作. 浙江学刊. 2007(2). 124-130.

48. 张康之. 全球化中的合作与和谐. 中央民族大学学报(哲学社会科学版). 2006,33(2). 12-17.

49. 张康之. "协作"与"合作"之辨异. 江海学刊. 2006(2). 98-105.

50. 张康之、张乾友. 民主的没落与公共性的扩散——走向合作治理的社会治理变革逻辑. 社会科学研究. 2011(2). 55－61.

51. 张康之、张乾友. 认同、承认与通向合作之路. 长白学刊. 2010(1). 22－30.

52. 张雷声. “依附论”与“世界体系论”之比较分析. 江淮论坛. 1990(5). 22－26.

53. 张一平. 结构与解构——从索绪尔到德里达. 外语学刊. 2006(4). 12－17.

54. 赵旭东. 在文化对立与文化自觉之间. 探索与争鸣. 2007(3). 16－19.

55. 赵学清. 解构主义视角下的汉语言文字学研究. 陕西师范大学学报(哲学社会科学版). 2008,37(4). 62－68.

56. 郑慧子. 对两种意义上的人类中心主义的批评. 自然辩证法研究. 2005,21(12). 5－9.

57. 周大鸣、秦红增. 人类学视野中的文化冲突及其消解方式. 民族研究. 2002(4). 30－36.

58. 周立红. 弗兰克思想的转航与悖论. 史学月刊. 2002(1). 107－112.

二、外文文献：

著作类：

1. David Walker. *Canada's Industrial Space Economy*. London: Bell & Hyman Limited. 1980.

2. John Friedmann. *Regional Development Policy: A Case Study of Venezuela*. Cambridge, Mass: M. I. T. Press. 1966.

3. Peu Ghosh. *International Relations*. New Delhi: PHI Learning Private Limited. 2009.

4. R. Hyman and W. Streeck (eds.). *New Technology and Industrial Relations*. New York: Basil Blackwell. 1987.

5. Wheeler S. M. & Beatley T. (eds). *The Sustainable Urban Development Reader*. London: Routledge. 2004.

论文类：

1. Alba，R. D. & Moore，G. Elite Social Circle. *Sociological Methods & Research*. 1987，7(2). 167－188.

2. Andrew Copus. From Core-Periphery to Polycentric Development: Concepts of Spatial and Aspatial Peripherality. *European Planning Studies*. 2009，9(4). 539－552.

3. Andrew Gillespie et al. Regional Development and the New Economy. *EIB Papers*. 2001，6(1). 109－131.

4. Arne L. Kalleberg. Organizing Flexible: The Flexible Firm in a New Century. *British Journal of Industrial Relations*. 2001,39(4). 479－504.

5. Stephen P. Borgatti & Martin G. Everett. Models of Core/Periphery Structures. *Social Networks*. 1999，21(4). 375－395.

6. Daniel Chirot & Thomas D. Hall. World System Theory. *Annual Review of Sociology*. 1982,8. 81－106

7. David Snyder & Edward L. Kick. Structural Position in the World System and Economic Growth，1955－1970: A Multiple-Network Analysis of Transnational Interaction. *American Journal of Sociology*. 1979，84(5). 1096－1126.

8. Dotan Persitz. Power and Core-Periphery Networks. 2010. http://dx.doi.org/10.2139/ssrn.1579634. 2013 年 1 月 2 日访问.

9. Elisabeth L. Gidengil. Centres and Peripheries: An Empirical Test of Galtung's Theory of Imperialism. *Journal of Peace Research*. 1978，15(1). 51－66.

10. Gino Cattani & Simone Ferriani. A Core/Periphery Perspective on Individual Creative Performance: Social Networks and Cinematic Achievements in the Hollywood Film Industry. *Organization Science*. 2008，19(6). 824－844.

11. Holger Floeting. Virtual Cities? Telematics and Spatial Development. Paper presented at the TAN3 Conference on Cyberspace and the Loss of

Concentration. Berlin. 1999. 28 - 31.

12. Jan Nederveen Pieterse. Delinking or Globalization? *Economic and Political Weekly*. 1994(1). 239 - 242.

13. Johan Galtung. A Structural Theory of Imperialism. *Journal of Peace Research*. 1971,8(2). 81 - 117.

14. John Friedmann. Regional Economic Policy for Developing Areas. *Papers in Regional Science*. 1963,11. 41 - 61.

15. John Friedmann. Regional Planning: A Problem in Spatial Integration. *Papers and Proceedings of Regional Science Association*. 1959,5. 167 - 180.

16. Karl H. Müller & Niko Toš. The Organization of Modern Societies: Core-Periphery or Vertically Stratified? *Teorija in Praksa*. 2012, 49 (3). 566 - 586.

17. Kathy Pain. Examining 'Core-Periphery' Relationships in a Global City-Region: The Case of London and South East England. *Regional Studies*. 2008,42(8). 1161 - 1172.

18. Miško Šuvakovi ć. The Transgressive Policy of Parasitism. http://www. parasite-pogacar. si/theorymisko. htm. 2012年12月20日访问.

19. Patrick Lehner & Gunther Maier. Does Space Finally Matter? The Position of New Economic Geography in Economic Journals. *ERSA Conference Papers*. 2001.

20. Peter Cappelli & David Neumark. External Churning and Internal Flexibility: Evidence on the Functional Flexibility and Core-Periphery Hypotheses. *Industrial Relations: A Journal of Economy and Society*. 2004. 43(1). 148 - 182.

21. Petter Holme. Core-Periphery Organization of Complex Networks. *Physical Review E*. 2005, 72(4).

22. R. Prebisch, The Economic Development of Latin America and its Principal Problems. *Economic Bulletin for Latin America*. 1962, 7(1).

23. R. Prebisch. Commercial Policy in the Underdeveloped Countries. *American Economic Review*, 1959, 49.

24. Ronan Van Rossem. The World System Paradigm as General Theory of Development: A Cross-National Test. *American Sociological Review*. 1996, 61 (3). 508 - 527.

25. Tyrel G. Moore. Core-Periphery Models, Regional Planning Theory, and Appalachian Development. *Professional Geographer*. 1994, 46 (3). 316 - 331.

26. Vincenzo Corvello & Piero Migliarese. Virtual Forms for the Organization of Production: A Comparative Analysis. *International Journal of Production Economics*. 2007, 110(1 - 2). 5 - 15.

27. Westphal & Poonam. Keeping Directors in Line: Social Distancing as a Control Mechanism in the Corporate Elite. *Administrative Science Quarterly*. 2003,48(3). 361 - 398.

28. Wim Ettema. The Centre-Periphery Perspective in Development Geography. *Tijdschriftvoor Econ. En Soc. Geografie*. 1983,74(2).

29. Yann Bramoulle & Rachel Kranton. Strategic Experimentation in Networks. *Journal of Economic Theory*. 2007, 135(1). 478 - 494.

图书在版编目(CIP)数据

中心—边缘结构：一个社会科学研究的新视角 / 张桐，王亚婷编译. — 南京 ：南京大学出版社，2019.12
(公共事务与国家治理研究丛书)
ISBN 978-7-305-22824-7

Ⅰ.①中… Ⅱ.①张… ②王… Ⅲ.①社会科学—研究 Ⅳ.①C

中国版本图书馆 CIP 数据核字(2019)第 298088 号

出版发行 南京大学出版社
社　　址 南京市汉口路 22 号　　邮　编 210093
出 版 人 金鑫荣

丛 书 名 公共事务与国家治理研究丛书
书　　名 中心—边缘结构：一个社会科学研究的新视角
编　　译 张　桐　王亚婷
责任编辑 梁承露　郭艳娟

照　　排 南京南琳图文制作有限公司
印　　刷 南京玉河印刷厂
开　　本 718×1000　1/16　印张 18　字数 282 千
版　　次 2019 年 12 月第 1 版　2019 年 12 月第 1 次印刷
ISBN 978-7-305-22824-7
定　　价 88.00 元

网址：http://www.njupco.com
官方微博：http://weibo.com/njupco
官方微信号：njupress
销售咨询热线：(025) 83594756